行为模拟案例教程

主 编 赵 铭 杨 勇
副主编 张旭军 齐旭高
参 编 闫 妍 曹 洁

机械工业出版社

本书是管理专业的实训教材，通过对特定情景下的行为进行解析来帮助管理专业学生更好地完成由书本知识到具体实践的转化。全书主要分为六个单元，分别涵盖基础组织行为、核心技能、管理能力、行为面试、创业能力和综合模拟练习。

本书使用案例分析、情景观察和模拟来帮助学生更有效地学习知识。本书的指导思想是能力本位，基本内容围绕着定义能力、解析能力、模拟能力、强化能力展开。本书体现了以学生为主体的教学思想，强调参与性和互动性，能够使学习从被动变为主动。

本书可以作为本科阶段人力资源管理专业的实训教材，也可以作为其他管理类专业的专业选修课教材或辅导用书，还可以作为非管理专业的素质拓展选修课教材。

图书在版编目（CIP）数据

行为模拟案例教程 / 赵铭，杨勇主编. —北京：机械工业出版社，2021.3
ISBN 978-7-111-67313-2

Ⅰ. ①行… Ⅱ. ①赵… ②杨… Ⅲ. ①组织行为学－案例－高等学校－教材 Ⅳ. ①C936

中国版本图书馆 CIP 数据核字（2021）第 015140 号

机械工业出版社（北京市百万庄大街 22 号　邮政编码 100037）
策划编辑：丁　伦　　责任编辑：丁　伦
责任校对：张艳霞　　责任印制：李　昂
唐山三艺印务有限公司印刷
2021 年 4 月第 1 版·第 1 次印刷
185mm×260mm·12.25 印张·301 千字
0001－1500 册
标准书号：ISBN 978-7-111-67313-2
定价：49.00 元

电话服务　　　　　　　　　　　网络服务
客服电话：010-88361066　　　机　工　官　网：www.cmpbook.com
　　　　　010-88379833　　　机　工　官　博：weibo.com/cmp1952
　　　　　010-68326294　　　金　书　　网：www.golden-book.com
封底无防伪标均为盗版　　　　　机工教育服务网：www.cmpedu.com

前　　言

市场经济飞速发展的今天，企业的竞争更趋激烈。结合我国的实际情况，企业的升级转型成为其可持续发展的重要保障。在这个时代背景下，企业管理职能越来越重要，而企业中各角色的行为直接影响着一个企业的管理水平，因此对组织中角色进行行为观察模拟显得尤为重要，其对改进管理工作、培养选拔各级管理人才、提升核心技能、改进领导作风、促进企业长久的发展等都有着重要的意义。国家中长期人才发展规划纲要（2010—2020年）对于高技能人才队伍建设提出了明确的发展目标和主要举措。高技能人才队伍建设的发展目标：适应走新型工业化道路和产业结构优化升级的要求，以提升职业素质和职业技能为核心，以技师和高级技师为重点，形成一支门类齐全、技艺精湛的高技能人才队伍。本书将对组织中角色进行行为模拟教学，以培养适应企业发展和市场需要的人才，为向社会输送高技能应用型人才打下良好的理论和实践基础。

行为模拟案例训练具有很强的趣味性和互动性，与传统的"教师讲授，学生倾听"的教授型教学模式不同，能够促使学生变被动为主动，所以在强调实践应用和创造力发展的人力资源管理专业的学生培养当中具有重要地位。从当前影响力较大的"挑战杯"大学生创业大赛、全国大学生企业经营模拟大赛就可以看出，在应用型分析类比赛中，学生能够全身心投入，学习效果极佳。通过行为模拟案例分析，学生能够提升实际运用人力资源管理专业基本理论知识的能力和解决问题的能力，进一步夯实了专业理论基础，并培养了团队意识、沟通能力和快速反应能力。

人力资源管理专业是实践性很强的专业，其教学设计需理论联系实际。课程设计中这一理念要得到充分体现，避免出现理论与实践脱节的问题。目前，人力资源管理专业的理论课程基本上都围绕人力资源管理的各模块展开，如人力资源规划、工作分析、招聘、培训、薪酬、绩效、员工关系、职业生涯规划等，重在理论体系的讲授，使学生掌握系统化的人力资源基本理论。在与实践相结合方面，一方面受限于学时，教师无法安排更多的实训活动以满足学生转化知识的需要；另一方面，人力资源管理专业的实训类教材较少，或者针对性不强，无法承担学生迁移理论知识的重任。

本书以行为模拟案例形式展现，针对高校人力资源管理专业实训教材短板，旨在融合多学科知识，以现实案例再现情景，突出解决实际问题的训练，塑造学生运用理论解决实际问题的意识和能力。本书既是人力资源管理专业学生的实训课教材，也是一本管理学案例习题集，同时也可以作为职业指导和创业教育的辅助案例。

管理类、职业生涯类的学科在教学过程中，更多的是运用案例教学法。案例教学属于情景模拟方法的一种，本书中列举了很多应用性很强的例子，可以为没有企业工作经验的教师提供素材，更好地提升教学效果。同时本书还可以为"现象教学法"提供思路和素材，对创新教学方式方法有一定的贡献。

管理类专业教学工作有两个区别于其他专业的重要特点：其一是表面是"教书"，更多的时候是在"育人"。"育人"本质上是价值观的培育，毕竟很难想象不负责、不规范、不合作的人会成为优秀的管理者；其二，相比工程技术类专业，其能力体现出更多的抽象性，如团队合作、人际关系技能等，其本身的内涵是非常抽象和复杂的。能力的形成，需要通过很多具体的模拟案例学习来实现。本书在这方面做了深入系统分析案例的教学尝试。

对于非管理专业的大学生来说，学校的基础课程和素质教育缺乏对学生的社会性培养，学生走入社会后缺乏基础组织行为能力。本书为大学生个人能力、个人素质和职业化的培养打下了基础，为他们走入社会做好了一定的铺垫。

本书分为如下7个部分。

绪论：主要介绍书中的概念、名词、术语，学习本书的目的、意义，内容介绍，理论体系等。

第一单元：基础组织行为方面的案例分析，包括规范、合作和责任。

第二单元：核心技能方面的案例分析，包括适应能力、表达能力和媒介沟通能力。

第三单元：管理能力方面的案例分析，包括学习能力、领导能力和沟通能力。

第四单元：行为面试方面的案例分析，包括客户服务、分析解决问题和自我管理的行为面试。本单元属于人力资源管理专业的一项重要的职业能力。

第五单元：创业能力方面的案例分析，包括带领创新、建立信任和营销能力。

第六单元：综合模拟练习，包括以上5个单元内容为主题的综合性案例、情景模拟和拓展思考题。

这6个单元都是通过分析典型行为深入解析情景和要素，并辅以相应的行为观察模拟练习。

本书由赵铭和杨勇任主编，各部分的编写分工如下：绪论赵铭，第一单元齐旭高、赵铭，第二单元闫妍，第三单元曹洁，第四单元张旭军，第五单元齐旭高，第六单元杨勇。

本书可以作为管理类专业的实训教材或者案例分析辅助教材，也可作为非管理专业素质提升的选修教材。

很多学校和企业为本书的编写工作提供了帮助，在此一并表示衷心的感谢。

本书中所涉及的案例和情景模拟都由本书的专家团队自行创作，涉及的公司名称和人物姓名均属杜撰，如有案例类似或相同人名和公司名称属于偶然巧合，特此说明。

由于初次编写此类教材，加之编者水平所限，书中难免存在疏漏和不足之处，敬请广大读者批评指正。

编 者

目 录

前言
绪论 ································ 1
  0.1 概念、名词、术语 ·············· 1
    0.1.1 概念 ······················ 1
    0.1.2 名词 ······················ 3
    0.1.3 术语 ······················ 4
  0.2 案例分析的目的和意义 ·········· 5
  0.3 内容介绍 ······················ 6
    0.3.1 内容体系 ·················· 6
    0.3.2 应用范围 ·················· 7
    0.3.3 指南和结构 ················ 7
  0.4 小结 ·························· 8

第一单元 基础组织行为 ················ 9
  1.1 单元目的 ······················ 10
  1.2 规范行为 ······················ 10
    1.2.1 定义 ······················ 10
    1.2.2 典型行为（正面和负面）······ 12
    1.2.3 情景与要素分析 ············ 15
    1.2.4 模拟案例：为什么会出错 ······ 17
    1.2.5 模拟案例：没有回音的建议书 ·· 18
    1.2.6 观察练习：岗位规范行为观察 ·· 19
    1.2.7 模拟练习：人力资源管理经理
        的规范行为 ················ 19
  1.3 合作 ·························· 19
    1.3.1 定义 ······················ 19
    1.3.2 典型行为（正面和负面）······ 20
    1.3.3 情景与要素分析 ············ 23
    1.3.4 模拟案例：谁的问题 ········ 26
    1.3.5 模拟案例：新人的专业任务 ···· 26
    1.3.6 模拟案例：无法收到的传真 ···· 26
    1.3.7 观察练习：合作行为观察 ······ 27
    1.3.8 模拟练习：课程作业小组的
        合作行为 ·················· 28

  1.4 责任 ·························· 28
    1.4.1 定义 ······················ 28
    1.4.2 典型行为（正面和负面）······ 29
    1.4.3 情景与要素分析 ············ 31
    1.4.4 模拟案例：收货员小李有麻烦 ·· 34
    1.4.5 模拟案例：小王的工作职责 ···· 34
    1.4.6 模拟案例：基层邮递员的责任 ·· 35
    1.4.7 观察练习：岗位观察 ·········· 35
    1.4.8 模拟练习：负责行为扮演 ······ 36

第二单元 核心技能 ···················· 37
  2.1 单元目的 ······················ 38
  2.2 适应能力 ······················ 39
    2.2.1 定义 ······················ 39
    2.2.2 典型行为（正面和负面）······ 40
    2.2.3 情景与要素分析 ············ 43
    2.2.4 模拟案例：我该怎么适应
        大学生活 ·················· 47
    2.2.5 观察练习：大一新生如何
        适应大学生活 ·············· 48
    2.2.6 模拟练习：如何融入新环境 ···· 48
  2.3 表达能力 ······················ 48
    2.3.1 定义 ······················ 49
    2.3.2 典型行为（正面和负面）······ 49
    2.3.3 情景与要素分析 ············ 51
    2.3.4 模拟案例：王珂应该怎么做 ···· 54
    2.3.5 模拟案例：小孙如何做好
        人际沟通 ·················· 55
    2.3.6 模拟案例：朱珠和李琳区别
        在哪里 ···················· 56
    2.3.7 观察练习：表达过程观察 ······ 57
    2.3.8 模拟练习：如何向上级汇报
        工作 ······················ 57

- 2.4 媒介沟通能力 ················ 57
  - 2.4.1 定义 ················ 58
  - 2.4.2 典型行为（正面和负面）········ 58
  - 2.4.3 情景与要素分析 ········· 63
  - 2.4.4 模拟案例：瑞丰公司的经营会议 ················ 68
  - 2.4.5 模拟案例：优秀的推销员小王 ··· 69
  - 2.4.6 模拟案例：公司里的电话沟通 ··· 70
  - 2.4.7 观察练习：电话沟通 ······· 71
  - 2.4.8 模拟练习：这个电话怎么打 ····· 71

第三单元 管理能力 ················ 72
- 3.1 单元目的 ··············· 73
- 3.2 学习能力 ··············· 74
  - 3.2.1 定义 ················ 75
  - 3.2.2 典型行为（正面和负面）········ 75
  - 3.2.3 情景与要素分析 ········· 80
  - 3.2.4 模拟案例：Z集团的行动式学习 ················ 81
  - 3.2.5 观察练习：学习渠道变了吗 ····· 83
  - 3.2.6 模拟练习：如何做人员介绍 ····· 83
- 3.3 领导能力 ··············· 83
  - 3.3.1 定义 ················ 84
  - 3.3.2 典型行为（正面和负面）········ 84
  - 3.3.3 情景与要素分析 ········· 87
  - 3.3.4 模拟案例：H公司的领导力哲学 ················ 89
  - 3.3.5 模拟案例：管理之道 ········ 91
  - 3.3.6 观察练习：哪种领导者最有效 ··· 95
  - 3.3.7 模拟练习：旅游计划评比 ······ 95
- 3.4 沟通能力 ··············· 95
  - 3.4.1 定义 ················ 95
  - 3.4.2 典型行为（正面和负面）········ 96
  - 3.4.3 情景与要素分析 ········ 100
  - 3.4.4 模拟案例：如何改善销售现状 ················ 102
  - 3.4.5 观察练习：有效沟通 ······· 103
  - 3.4.6 模拟练习：多角色沟通 ······ 103
  - 3.4.7 模拟练习：项目中的有效沟通 ················ 103

第四单元 行为面试 ··············· 105
- 4.1 单元目的 ·············· 106
- 4.2 概述 ················· 106
  - 4.2.1 结构化面试法 ··········· 106
  - 4.2.2 行为面试 ············· 107
  - 4.2.3 胜任力 ·············· 107
  - 4.2.4 胜任力模型 ············ 108
- 4.3 客户服务 ·············· 112
  - 4.3.1 定义 ··············· 112
  - 4.3.2 典型行为（正面和负面）······· 113
  - 4.3.3 情景与要素分析 ········ 113
  - 4.3.4 评价标准 ············· 114
  - 4.3.5 模拟案例：赢得老年消费者 ···· 115
  - 4.3.6 观察练习：服务行为与效果 ···· 116
  - 4.3.7 模拟练习：胜任服务的行为 ···· 116
- 4.4 分析解决问题 ············ 117
  - 4.4.1 定义 ··············· 117
  - 4.4.2 典型行为（正面和负面）······· 120
  - 4.4.3 情景与要素分析 ········ 122
  - 4.4.4 评价标准 ············· 124
  - 4.4.5 模拟案例：选聘集团行政部部长 ················ 126
  - 4.4.6 观察练习：考官履职行为 ····· 128
  - 4.4.7 模拟练习：晚会组织过程 ····· 128
- 4.5 自我管理 ·············· 128
  - 4.5.1 定义 ··············· 129
  - 4.5.2 典型行为（正面和负面）······· 129
  - 4.5.3 情景与要素分析 ········ 135
  - 4.5.4 评价标准 ············· 139
  - 4.5.5 模拟案例：自我管理能力 ····· 146
  - 4.5.6 观察练习：英语六级备考 ····· 147
  - 4.5.7 模拟练习：竞聘能成功吗 ····· 147

第五单元 创业能力 ··············· 148
- 5.1 单元目的 ·············· 149
- 5.2 带领创新 ·············· 149
  - 5.2.1 定义 ··············· 150
  - 5.2.2 典型行为（正面和负面）······· 151
  - 5.2.3 情景与要素分析 ········ 153
  - 5.2.4 模拟案例：A公司的创新 ····· 155
  - 5.2.5 模拟案例：创业者如何带领团队 ················ 157

	5.2.6	观察练习：创业者如何带领创新·················· 157
	5.2.7	模拟练习：带领创新行为模拟·················· 157
5.3	建立信任 ································· 158
	5.3.1	定义····································· 158
	5.3.2	典型行为（正面和负面）·················· 159
	5.3.3	情景与要素分析·························· 161
	5.3.4	模拟案例：难以开展的合作······ 163
	5.3.5	模拟案例：M公司团队是怎样炼成的················ 164
	5.3.6	观察练习：信任是如何建立起来的···················· 164
	5.3.7	模拟练习：怎样向陌生人求助······················ 164
5.4	营销 ····································· 165
	5.4.1	定义····································· 165
	5.4.2	典型行为（正面和负面）·················· 166
	5.4.3	情景与要素分析·························· 169
	5.4.4	模拟案例：如何营销你的产品······················ 170
	5.4.5	模拟案例：无法进行的教仪创业项目················ 171
	5.4.6	观察练习：商家如何开展营销······················ 172
	5.4.7	模拟练习：如何将产品卖给别人···················· 172

第六单元　综合模拟练习 ··············· 173

6.1	基础组织行为综合练习 ············ 174
	6.1.1	模拟案例：H公司的问题········ 174
	6.1.2	模拟案例：小李应该怎么办······ 175
	6.1.3	模拟练习：有趣的比赛·········· 177
	6.1.4	观察练习：趣味比赛的启示······ 177
6.2	核心技能综合练习 ················ 178
	6.2.1	模拟练习：争吵为什么发生······ 178
	6.2.2	模拟案例：不同利益主体间沟通···································· 178
	6.2.3	观察练习：行为建议············ 179
6.3	管理能力综合案例 ················ 180
	6.3.1	模拟案例：李经理的管理措施··· 180
	6.3.2	模拟案例：吴钢跳槽············ 181
	6.3.3	模拟练习：信息会失真吗········ 182
	6.3.4	观察练习：合适的行为·········· 183
6.4	行为面试综合案例 ················ 183
	6.4.1	模拟案例：某快递公司选拔分部经理的情景面试·············· 183
	6.4.2	模拟练习：无领导小组面试······ 184
	6.4.3	模拟练习：校园招聘············ 185
	6.4.4	观察练习：你的行为有效吗······ 185
6.5	创业综合案例与情景模拟 ·········· 186
	6.5.1	模拟案例：微商创新营销········ 186
	6.5.2	模拟练习：成功销售············ 187
	6.5.3	观察练习：销售过程各方表现···································· 187
6.6	拓展讨论题··························· 188

绪　　论

0.1　概念、名词、术语

为了对行为模拟进行更清晰明了的研究，我们首先从不同角度对组织行为观察模拟的核心概念进行解释，并对本书中所采用的部分概念进行界定。

0.1.1　概念

1. 行为

关于行为一词的定义，在不同的学科，有不同的解释，学者们也给出了众多定义。《辞海》中给出的行为定义：受思想支配而表现在外面的活动。由这个定义可知，第一，行为是人类特有的，因为人是世界上唯一有思想、受思想支配的生物，其他动物的行为都是受本能支配的；第二，人的行为是其思想的外在表现形式，通过人的行为可以分析其思想动态。

《英汉大辞典》中，行为的英文释义为 Behavior，《牛津词典》则解释：1）the action or reaction of something (as a machine or substance) under specified circumstances；2）(behavioral attributes) the way a person behaves toward other people；3）(psychology) the aggregate of the responses or reactions or movements made by an organism in any situation；4）manner of acting or controlling yourself.

心理学上将行为解释为有机体在外界环境刺激下引起的反应，包括内在的生理和心理变化。

社会学上将行为解释为人在社会中的角色，即 The Role of Man in Society。

不同领域和专业中对行为的定义各有不同，为了更好地诠释组织行为模拟，在**本书中我们将所涉及的行为的定义限定在社会学范畴**，以进行更具体和更专业化的研究。

2. 角色

为了深入研究社会学上对行为的定义，对角色的界定也有必要陈述一下，这里所指的角色限定在组织范围中。

《辞海》中对角色的解释：1）戏剧或电影、电视中，演员扮演的剧中人物；2）比喻生活中某种类型的人物。

《英汉大辞典》中，角色的英文释义为 role。《牛津词典》对角色的释义：1）the actions and activities assigned to or required or expected of a person or group；2）an actor's portrayal of someone in a play；3）what something is used for；4）normal or customary activity of a person in a particular social setting.

本书中角色的定义为被期望的行为，即"The actions and activities assigned to or required or expected of a person or group"。

3．胜任力

国外对于胜任力的研究较早。胜任力体系正式确立的标志是 1973 年戴维·麦克利兰在《美国心理学家》杂志发表的《测量胜任力而非"智力"》。国外学者对胜任力模型的研究领域各有不同。《辞海》中对胜任力没有释义，但其中对胜任的解释为足以担任。

《英汉大词典》中，胜任力的英文释义为 competence，《牛津词典》中对 Competence 的释义：1）the ability to do something well；2）the power that a court, an organization or a person has to deal with something；3）a skill that you need in a particular job or for a particular task.

国外学者许多关于胜任力研究的成果中均用 competence 和 competency 交替来表达胜任力的含义。根据我国学者王建民和杨木春（2012 年）在《胜任力研究的历史演进与总体走向》中的阐述，competence 是"用于提高绩效的知识、技能和行为的综合"，而 a competency 是"一组能够提供结构化指导的行为规则，可用于识别、评估和开发个体员工行为"。这意味着 competence 和 competency 均可以作为"胜任力"概念使用，区别只在于 competency 可以作为可数名词。因此，当强调"胜任力"由一定"要素"构成，而且构成胜任力的"要素"具有多样性、多元化和复杂性等特点时，就应该采用 a competency 或 competencies 来表述。本书为了阐述的方便，胜任力指三个要素：一是态度，二是知识，三是技能。

4．能力

《辞海》中对能力的解释：掌握和运用知识技能所需的个性心理特征，一般分为一般能力与特殊能力两类，前者指大多数活动共同需要的能力，如观察力、记忆力、思维力、想象力、注意力等；后者指完成某项活动所需的能力，如绘画能力、音乐能力等。

《英汉词典》中，能力的英文释义有 ability、capacity、capability。

《牛津词典》对 ability 的释义：1）the fact that somebody/something is able to do something；2）a level of skill or intelligence。

capacity 的释义：1）the number of things or people that a container or space can hold；2）the ability to understand or to do something；3）the official position or function that somebody has；4）the quantity that a factory, machine, etc. can produce。

capability 的释义：1）the ability or qualities necessary to do something；2）the power or weapons that a country has for war or for military action.

本书我们对能力的解释为 capability，即 "The ability or qualities necessary to do something"。

明确以上概念，对研究行为观察模拟以及对本书的理解都有着基础性和指导性的作用。

5. 现象教学法

现象教学法，又称融合式教学法，是从学生感兴趣的现象或话题出发，融合多个领域、多门学科的一种应用型教学方法。它的教学理念传承了美国著名教育家杜威的"社会活动中心"课程教学模式中"以学生为中心、以生活为中心、教育即生活、在做中学"的理念，要求从宏观、全局和发展的视角来处理课程内容，并关注课程与其他学科的关联性。同时，它还综合了德国赫尔巴特学科教学重视知识培养的教学理念，将这两种教学模式完美结合。现象教学法的理论依据主要来自建构主义的认知理论。

认知理论认为学生是学习认知的主体，应发挥其主观能动性，在学习中不断探究，并与他人合作。同时，教师起到了教练员的作用，从旁不断帮助和促进学生学习，其指导作用也不可忽视。因此，现象教学法要求明确学生在学习中的主体地位，为学生营造民主的氛围，充分发挥学生学习的自主性，就指定的现象或话题展开思考，根据自身的经验和已有知识进行阐述，教师进行必要的协助和指导。

自从 2016 年芬兰明确提出"现象教学"这一概念，并在其《国家课程框架》中要求学生必须参与基于现象的学习时段的规划之后，不少国内教育研究者都到芬兰学习取经，或者邀请芬兰的教师来国内进行示范教学，对现象教学法开展研究，并将其与其他教学模式进行比较。国内学者构建了现象教学法的基本程序，具体包括展示现象、描述现象、解释现象、分析现象和解决方法，归纳了现象教学法应涵盖的课程类型，并尝试设计跨学科的融合式教学方案，部分教师在具体的课程中也应用了现象教学法。

0.1.2　名词

1. 角色

"角色"（role）一词是一个戏剧舞台术语，原意是指舞台表演艺术的人物造型。美国社会心理学家乔治·米德最早将这个词应用到社会心理学中。自从戈夫曼把其作为研究社会行为的方法之后（1959 年），"社会角色"问题就开始受到社会学界和心理学界越来越多的重视。随着社会角色研究的深入，通过对角色的分析来解释社会行为的角色理论也逐渐形成，并成为社会心理学中的一个重要理论。社会学家一般认为，"社会角色是指与人们的某种社会地位、身份相一致的一套权利、义务的规范与行为模式，它是人们对具体特定身份的人的行为期望，它构成社会群体或组织的基础"。社会学中的社会角色偏重于从社会层面上来理解，对角色的作用及其性质做了明确的界定。随着社会角色研究的深入，通过对角色的分析来解释社会行为的角色理论也逐渐形成，并成为社会心理学中的一个重要理论。

2．情景模拟

情景模拟（simulation）是指根据对象可能担任的职务，编制一套与该职务实际情况相似的测试项目，将被测试者安排在模拟的工作情景中处理可能出现的各种问题，用多种方法来测评其心理素质、潜在能力的一系列方法。

情景模拟也是一种教学方法。情景模拟教学法是教师根据教学内容和教学目标，有针对性地设计情景，并让学生扮演情景角色，模拟情景过程，让学生在高度仿真的情景中获取知识和提高能力的教学方法。这种教学方法突出操作性、讲究趣味性、注重实效性，实现了理论与实践的接轨、素质教育与社会需要的接轨。

3．目标

在心理学中，目标被定义为"愿望状态的内部表征"。也有人认为目标是个体要努力达到的具体的成绩标准和结果。由此可见，我们可以把目标理解为个体或群体在一定时间内所期望达到的行为结果，是满足人的需要的对象。学习目标导向的个体以能力的增长理论为基础，认为个体的能力是可以改变的，他们相信能力可以通过不断努力和实践得到发展，失败对他们来说，是努力不够或策略运用有偏差的指示器，能够因此提高他们行为的动机和效果。

0.1.3　术语

1．教学模式

教学模式是依据教学思想和教学规律形成的教学过程中必须遵循的比较稳固的教学程序及其方法的策略体系，包括教学过程中诸多要素的组合方式、教学程序及其相应的策略。

2．课程体系

课程体系即一个专业所设置的课程相互间的分工和配合，课程体系主要反映在基础课、专业基础课和专业课，理论课与实践课，必修课与选修课之间的比例关系及相互衔接上。

3．现象教学法的教学理念

现象教学法是以社会对人才的需求为高等教育的终极目标，即"坚持理论学习、创新思维与实践相统一，不断培养学生服务社会的责任感、勇于探索的创新精神、善于解决问题的实践能力"，对于提高人才培养质量，建设创新型国家和人力资源强国具有重要而深远的意义。

4．情景模拟教学法

本文中所讲的"情景模拟教学法"是指学生在模拟的各种管理情景中，经历实际的业务操作过程，如行为面试情景、创业情景等，亲身体验人力资源管理岗位的工作责任、技能要求、知识需求，从而让学生更清楚企业的岗位要求，自我树立学习目标，并激发强烈的求知欲望，达到有目标自我学习的教学模式。美国教育部门已经开发了一种关于人力资源管理的课程模式来发展学生在时间、人力和经济资源管理上的知识和技能。例如，在时间管理的活动中，学生研究分析事件，涉及有效的时间管理和形成，使用和评估一周活动的时间安排。在管理人力资源中增长技能，学生研究分析事件，讨论人力资源管理成功的例子，参加小型的头脑峰会，如关于给定组的成员如何为组的成败贡献个人力量的会议。经济资源管理包括学生成功完成金融目标和懂得规划个人预算等。

5. 以学生为主体的教学理念

现代高等教育的教学理念越来越强调以学生为主，重视学生的发展，激发学生的学习兴趣，培养学生的学习主动性和创造性。传统的教学模式、思维方式和课程体系设置方式在一定程度上束缚了实践教学作用的发挥。实践教学用来训练学生结合所学专业知识来解决实际应用领域中遇到的专业相关问题，是课堂实习和课程设计基础上的提高，在授课过程中，教师更应该少讲，甚至不讲，把主动权交给学生，激发学生学习的主动性。自己动手、自己讨论、自己制定实习计划、自己总结、自己发现并解决问题，教师只进行适当引导和总体内容的把握，从而培养学生主动学习的精神、团队合作精神、组织能力、项目设计能力等。

0.2 案例分析的目的和意义

高等院校人力资源管理类专业的理论教师将人力资源管理的基础知识、基本理论和方法分析结合起来教授给学生。这种教学模式虽然有助于学生对人力资源管理基本概念和理论的理解，但无法让学生产生深刻的印象并真正把握人力资源管理的原理和内涵；同时也忽略了学生独立思考和分析能力的培养，面对现实复杂的社会人力资源问题不能深入理解、分析，只会生搬硬套，综合素质得不到有效提高。近年来，国内外人力资源管理教育工作者对如何提高人力资源管理教学的实用性进行了一定的研究。有学者提出人力资源管理教学的核心是注重培养学生掌握并灵活运用一套系统的人文思维，以便提升其在平时的学习、工作与生活中运用管理思维方式去发现、分析与解决实际问题的能力；也有的学者认为人力资源管理的教学工作不只是知识的传授，更是一种能力的培养，必须以知识和方法的讲授为基础，培养和完善学生的辩证、发散、求异和创新的思维能力，能够更好地将理论和实践结合，提高综合分析问题能力的作用。行为观察是人力资源管理的基础课，同时也是一门应用性很强的学科。目前大多数高等院校的人力资源管理教学仍沿用传统的教学模式，以讲授为主。国内人力资源管理教育工作者虽然已认识到加强人力资源管理课程教学中应用性的重要性，但在具体的方法上仍局限于案例教学或实验教学，没有较好的突破。目前，人力资源管理教学过程中普遍存在以下几个问题。

第一，国内人力资源管理教材普遍重理论轻案例。绝大多数国内人力资源管理教材的编写注重概念的阐释、理论的介绍，缺乏实际运用的案例，即使有案例，也没有案例和相关概念之间关联的分析，令人难以理解，枯燥乏味，不利于学生自学和培养学生的学习兴趣。在教材中，更是无法体现其和其他课程的关联性。

第二，受到学时的限制，教师无法拓展内容。行为观察课程为人力资源管理的专业基础课，是许多后续人力资源管理课程的基础。大多数应用型本科院校的人力资源管理总课时为48学时，人力资源管理内容丰富，现有的学时数教师无法完成教材内容的讲解，更没有时间讲解结合现实的案例和其他相关课程的内容。

第三，教学形式单一，学生缺乏学习兴趣。大多数人力资源管理课程以教师单向教授为主，虽然部分学校增加了案例教学和实训课程，但学生仍处于被动接受的状态，学习积极性不高。基于已有的相关研究和上述存在的问题，可以在人力资源管理教学中引入现象教学法，改进教学模式，改善课堂氛围，促进学生学习的主动性，提高学生知识的综合运用能力，提升人力资源管理的教学质量，以达到培养应用型人才的目标。

2018年6月，教育部《关于加快建设高水平本科教育全面提高人才培养能力的意见（征求意见稿）》中提出，要构建全方位全过程深融合的协同育人新机制，要求健全培养目标协同机制，联合相关部门制定人才培养标准，提高实践教学水平。2018年6月21日，教育部召开的新时代全国高等学校本科教育工作会议上，陈宝生部长强调，教育要回归常识，引导学生求真学问、练真本领，提升大学生的学科挑战度，真正把内涵建设、质量提升体现在每一个大学生的学习成果上。现象教学法正是符合国家教育部教育理念要求的教学模式。这些都为现象教学法在人力资源管理专业课中的应用推广提供了较好的机遇。

在行为观察教程中应用现象教学法意义重大：其一，现象教学法是一种提高学生主动参与度、培养团队合作精神和提升创新思维能力的新型教学模式。将现象教学法运用到行为观察课程教学过程中，可以让学生自己选择现象，发现问题，并享受解决问题的成就感，从而激发学生学习积极性，增加学习参与度，提高对知识的运用能力；其二，教师也可以在与其他教师的集体备课和交流中，取长补短，提升教学水平，达到提高培养学生能力的目的。

0.3 内容介绍

0.3.1 内容体系

本书对行为模拟观察研究包括五部分，即基础组织行为、核心技能、创业能力、管理能力和行为面试，分别涉及以下理论或知识体系：基础组织行为包括规范、负责、合作；核心技能包括适应能力、表达能力、媒介沟通能力；创业能力包括带领创新、建立信任、营销能力；管理能力包括学习能力、领导能力、沟通能力；行为面试包括客户服务、分析解决问题、自我管理。

根据以上理论体系，全书共分为六个单元，1～5单元分别对应一个行为理论进行深入阐述和研究。为了能够更好地诠释理论、将理论应用实践中去，本书采用案例教学，每一个项目中理论体系都给出具体案例及解析，包括课后练习也采用案例题目的方式，让学生充分地将理论联系到具体的生活实践中，以更好地理解枯燥的理论，为以后的实际应用打下良好的基础。最后一个单元则是综合性的案例分析和情景模拟。

本书所涉及的案例、观察练习、模拟练习、练习题等，有些相对复杂，涉及管理的方方面面，为避免思路过于发散，在题目后面给出了提示，相对简单的内容则没有给出提示。如有对题目答案的异议，欢迎与本书相关编者联系探讨。

0.3.2 应用范围

首先，本书作为关于对行为观察模拟进行训练的应用型教材，从胜任力角度切入，更好地诠释了包括技能、知识、能力、行为等方面的胜任力，切合了国家中长期人才发展规划纲要（2010—2020年）中关于高技能人才队伍建设提出的明确发展目标和主要举措，为培养具有高实践能力的技能人才提供了一定的理论和实践基础。

其次，可以为职业教育的实践，以及管理类学科的能力训练、开发作为补充或参考，并且针对现有组织中行为评价标准模糊、水平较低的情况做了全面、清晰的界定和研究提升，对组织行为评价专业领域的发展有着借鉴意义。

再次，对于大学生步入社会时普遍存在着缺乏基础组织行为能力、为人处世不成熟等问题，本书可以作为一个能力的提升和教育，使刚走出校门的学生能够更快地适应社会。

此外，本书中的现象教学法是指老师在教学当中通过现象引发学生学习动机，由相关老师与全体学生共同合作。我们分别从老师和学生两个角度来阐述现象教学法的应用，从老师角度来说，现象教学法可以对人力资源管理或职业生涯规划的教师提供一个教材、一个案例，并且在现象教学中，老师的主要职责是辅助，做知识和生活的导师，关键时进行帮助或指点；从学生的角度来看，现象教学法可以培养学生多元思考、多样化生活技能、多学科读写、信息搜集与整合、个人学业及事务规划、师生交流与表达、集体合作与协同等能力。对人力资源管理专业的学生还可以提升5个基本能力，即组织行为能力、核心技能、创业能力、管理能力和行为面试能力。

0.3.3 指南和结构

本书适合以学生为主体，教师应扮演引导和鼓励的角色，提倡自主学习，理论联系实际，动手动脑，倡导正确的逻辑思维，不用强调统一答案。

本书结构框架清晰明了，理论和案例相辅相成，我们注意运用相关理论对组织中出现的行为进行实际问题分析，同时也努力对行为实践中出现的新问题进行总结和研究，以提炼出新的方法和理论。全书结构如图0-1所示。

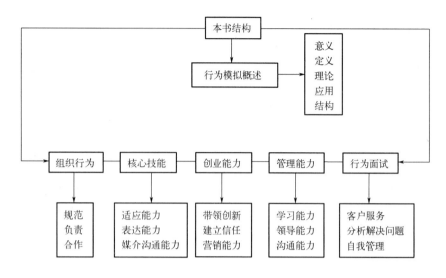

图 0-1 全书结构

0.4 小结

本章对行为模拟案例教程这门课程进行了简要概述,解释了基本概念、名词、术语,说明了本书学习的目的和意义,并介绍了本书结构。

第一单元　基础组织行为

【引导案例】三位青年教师应该怎么做？

三位青年教师同时进入某学校工作，住同一幢集体宿舍，业余时间联系密切，但很少与学校其他教职人员交流，引起了学校里一些人的议论。一次，学校组织去西柏坡参观学习，三位青年教师却分别请假去看最近上映的电影《流浪地球》。这事让学校领导感觉很不舒服，产生了两种意见：一种意见认为，学校要形成良好的教师集体，就要制止这种"小团伙"，要严肃处理三人；另一种意见认为，不能简单粗暴地处理"小团伙"，而要以适当的方式帮助教育。三位青年教师则认为，自己已经事先请假，并得到领导同意，这种行为并没有什么不妥，对于领导和同事的意见很不理解，感觉自己不能融入学校。

以上案例涉及本单元将讨论的三个基础组织行为：规范、合作和负责。从个人角度看，基础组织行为是个人从进入组织到成为组织个体应具备的符合组织规范的标志性行为；从组织角度看，组织要进行有效运转，就需要一定的规范来统一组织内成员的个体行为。当个体的社会行为符合组织规范时，便会得到组织的肯定及赞许；当个体的社会行为背离组织规范时，就会受到组织的否定及指责。组织规范的这种制约作用正是维持一个组织稳定和发展的前提。

组织规范通常被认为是和自由相互对立的概念，但根据辩证法的原理，相互对立也意味着相互依存和辩证统一。哲学家康德说："所谓的自由，不是随心所欲，而是自我主宰。"荀况说："人之生不能无群，群而无分则争，争则乱，乱则穷矣。"这些都道出了规范和自由的辩证统一。

组织规范不仅是规范和自由的辩证统一，从结果看，融入组织（即被组织所认同）本质上是一种个体信用资本的形成和积累，意味着个体的长期利益，即职业生涯发展。个体在组织中的晋升是个体信用资本的收益，一个随心所欲、不负责任、独往独来的个体要在组织中获得晋升，唯一的可能就是他具备超出常人的能力或具有某种特殊的资源。

1.1 单元目的

从某种意义上说,产品和服务就是知识的载体,而知识管理的关键在于人。关注企业绩效,首先要关注员工的行为,因为员工的行为决定了企业的绩效。作为组织,只有能理解、引导、规范员工行为,才能使人在组织这个平台上发挥更大的价值;作为组织中的员工,只有很好地理解人(包括自己和他人)的行为,才能有效地组织化、开展合作、自觉承担责任,共同应对企业面临的各种挑战。

个体(组织当中的个人就是个体)是组织的基本单元和细胞,直接影响组织的整体素质。组织被定义为有共同规范的群体,个体行为是相对于群体行为而言的。从一般意义上讲,个体行为指在一定的思想认识、情感、意志或信念支配下,个体所采取的符合或不符合一定规范的行为。个体价值的产生需要个体行为与组织对接,而个体行为与组织的对接需要员工从个人到组织个体的角色转化。从组织管理的角度看,这种角色转化需要人与组织、人与人、人与事之间的对接;从个体角度看,这是一个社会化、组织化、提高能力、适应组织、促进自身发展的过程。

个体行为与组织的对接中,体现组织中人与组织、人与人、人与事之间对接的规范行为、合作行为和责任行为是个体组织化的三种重要基础行为。因此,本单元通过理解规范、合作、责任等基础行为的定义及典型行为分析、情景与要素分析、行为观察模拟练习等环节,引导学生观察、分析、探讨、交流,提升学生对组织基础行为的理解,让学生了解个体在组织中应呈现的行为,有效改善大学生步入社会后仍缺乏基础组织行为能力的情况;同时在教学上有效解决理论原理难以形象化讲授、课题知识点难以通过实践加以验证的问题。

1.2 规范行为

你是否注意到了这种现象:通过观察一些人的言行举止,可以较准确地判断出他们的职业是什么,或者他们属于哪家公司。原因何在?答案就是规范。任何组织或群体都有自己的规范,这些规范会要求或潜移默化地影响组织或群体中的个体,让其成员知道,自己在特定的情景下应该做什么、不应该做什么。个体要与组织对接、成为组织人,就要学习、理解、认可和接受这些规范,并呈现出组织规范行为。

1.2.1 定义

规范(norms)是组织成员共同接受的一些行为标准,是任何特定组织的规章制度、组织机构设计、管理工作程序、组织成员的行为准则和技术操作制度等一系列标准的总称,是组织成员从事各种工作的行为标准和准则。这些标准表明了组织内什么行为被鼓励和提倡,什么行为被制止,对人们的行为具有指导性和约束力。组织行为规范可以用文字等表达出来,也可以通过习惯和理念等方式为组织成员所感知,人们会自觉按此规范去行动。组织行为规范的基础是组织的价值观。高度规范化的组织拥有清晰的工作描述、大量的规章制度,以及涵盖各方面工作内容的明确程序。

规范行为(normal behavior)是指与行为规范的要求相符合的行为,是个体行为规范接受及内化的外在标志,是在一定的社会交往情景下发生的行为,是主体对直接或间接的人际交往情景的一种社会性适应,是主体在对行为的价值取向进行自主选择的基础上所产生的一种社会行为。社会情景的作用是规范行为发生的外因,品德结构及其对行为的价值取向的选择是规范行为产生的内因。规范行为的稳定性与行为规范的接受程度相一致,行为规范的接受越好、内化层次越深,则规范行为越稳定、自觉。因此,依据规范行为的稳定性可推断其行为规范的接受程度。

行为规范学习(learning of behavior norm)是指个体接受行为规范、内化社会价值,将外在于主体的行为要求转化为主体内在的行为需要,从而构建主体内部的社会行为调节机制的过程。行为规范学习具有三点特征:逐步积累交往经验,构建行为规范的遵从经验结构;在社会交往中实现,通过主体对作用于自身的行为规范影响的能动反映,实现知、情、行的整合;将外部的社会要求向个体内部转化的过程,有不同的深度和广度,呈现一定的阶段性。

行为规范遵从(conformity of behavior norm)是指个体对社会要求的接纳及趋同。是个体接受外部的社会要求,使自己与行为规范的要求相符或一致,包括依从、认同与信奉等多种规范接受水平。

行为规范依从(compliance of behavior norm)是指个体对行为规范的一种接受水平或遵从水平,是个体对行为规范的依据或必要性缺乏认识、甚至有抵触的认识和情绪时,迫于外部的情景压力和安全需要而被迫执行的一种被动态度,是行为规范学习的开端。依从有两种类型:从众,指个体对某种行为要求的依据或必要性缺乏认识与体验、跟随他人行动的现象;服从,指个体对某种行为本身的必要性缺乏认识甚至有抵触时,由于某种权威的命令或现实的压力,仍然遵从要求的现象。依从行为具有四个特点:盲目性,对行为本身的依据缺乏认识和体验;被动性,由于外力的推动、而非行为主体内部的需要做出行为;工具性,个体呈现规范行为是为了趋利避害,满足安全的需要;情景性,个体是否呈现规范行为随压力情景的变化而变化。

行为规范认同(identification of behavior norm)是个体对行为规范的一种自觉接受形式或自觉遵从水平,是个体自觉规范行为的内部调节机制。弗洛伊德把认同看作一种自我防御机制,即自居作用。美国社会心理学家凯尔曼与阿伦森将认同看作人们接受社会影响的一种特殊反应,是个体希望与施加影响者建立一种令人满意的关系,使自己成为与施加影响者一样的人。中国学者冯忠良认为,行为规范的认同是个体接受行为规范的一种自觉机制,其本质是思想与行为上对规范的趋同,即个体通过对规范本身必要性的认识,并与原有经验沟通,消除意义障碍与情感障碍,达到思想上的趋同。行为趋同表现为个体对榜样的模仿学习,获得规范行为的方式。规范认同是思想与行为两方面整合的结果,有三个主要特点:自觉性,行为的动机出自个体对规范本身必要性的认识及其对榜样的仰慕,是一种自觉行为;主动性,行为是自主的,出自内心的;稳定性,认同行为不受情景制约,不带工具色彩,行为持久而广泛。

行为规范信奉（belief of behavior norm）是个体对行为规范的一种高级接受水平或高度遵从态度，是个体品德形成的最高阶段。行为规范信奉表现为个体的规范行为动机以行为规范本身的价值信念为基础，由行为规范的价值信念驱动，具有三个特征：高度的自觉性，行为由个体对规范的价值信念引起，同主体的认识、情感体验相一致；高度主动性，行为由个体对规范的认识及个体自身内在奖励所驱动，不受外力制约，完全是一种自主行为；行为的坚定性，由于信奉行为与个体的价值体系相一致，其动机具有深远性，因而行为具有高度的稳定性及灵活性。

行为规范内化（internalization of behavior norm）简称"规范内化"，是个体对行为规范的接受，即将外在于个体的行为要求转化为个体内在的行为需要。行为规范内化最初由法国的涂尔干等人提出，指社会意识向个体意识的转化，即意识形态的诸要素移置于个体意识之内。后来美国心理学家英格利希认为，内化是将某些东西结合进心理或个性中，采纳别人或社会的观念、实际做法、标准或价值观为自己的东西。美国社会心理学家凯尔曼认为，内化是指个体的行为受到与其价值观体系相一致的诱因驱使的状态。美国社会心理学家阿伦森将内化看成是将准则、信念纳入自己的体系。行为规范的内化包括依从、认同与信奉三个基本阶段。

1.2.2 典型行为（正面和负面）

规范几乎涵盖了组织行为的每个方面，从外观规范（着装规定、职业性表现等）、社会安排规范（员工待人接物方面的规范性要求）、岗位规范（员工个体在工作中必须遵守的一些共性要求）、工作程序规范（员工与他人协调工作的程序性行为规定，包括与上级、同事和下属协同和配合的具体要求）到绩效标准规范（员工应以何种努力程度工作、以何种方式完成工作、以何种工作态度应对工作冲突等），它详细阐明了员工在特定情景中应呈现出的符合组织标准的正面行为，以及不被组织接受、被组织禁止的负面行为。

本小节以规范中最普遍的岗位规范、工作程序规范和社会安排规范为例，分析典型的正面行为和负面行为。

1. 岗位规范

岗位规范是根据劳动岗位特点对上岗员工的一些共性要求，是员工在工作中必须遵守的，其目的是使每个工作岗位上的员工表现出规范行为，保证岗位活动正常运转。岗位规范是组织进行员工岗位工作管理的基础。工作岗位规范典型行为如表 1-1 所示。

表 1-1　工作岗位规范典型行为表

行 为 类 型	典 型 行 为
正面行为	1）不迟到、早退、中途离开 2）按公司规章请销假 3）保守属于组织的技术、工艺、商业、人事、财务等方面的秘密 4）按岗位职责要求，认真开展岗位工作 5）工作认真，以良好精神状态投入工作

(续)

行为类型	典型行为
负面行为	1）出现迟到、早退或工作中间非工作需要串岗 2）因本人原因需休息时，未执行请销假程序 3）当需讨论或研究公司保密事项时，未请无关人员回避 4）工作过程中具有失职行为 5）工作有时会出现差错；工作时精神状态不佳；未能全身心投入工作中，如工作中玩手机

岗位规范行为是指员工在从事岗位工作时应呈现的规范行为。由于组织中个体工作能力、态度不同，以及存在个性特征差异，个体所呈现的行为也会有所差别，这些行为中既有正面行为、也有负面行为。对岗位规范正负面典型行为的分析将有助于个体了解在组织岗位工作中应呈现什么样的行为、不应呈现什么样的行为。

典型的正面行为表现为在遵守组织规章制度、劳动纪律以及在认真履行岗位职责时呈现的行为，如遵守考勤制度的行为（不迟到、早退、中途离开，按规定请销假等），认真开展岗位工作，以良好精神状态投入工作的行为等。相反地，典型的负面行为则指违反公司规章和劳动纪律、工作状态不佳、失职等行为。

2．工作程序规范

工作程序规范是对员工与他人协调工作的程序性的行为规定，包括与上级、同事和下属的协同和配合的具体要求。工作程序把一个个独立的工作岗位进行关系整合，使企业成为和谐团结的统一体，保证企业内部高效有序的运转。工作程序规范典型行为如表1-2所示。

表1-2 工作程序规范典型行为表

行为类型	典型行为
正面行为	1）能够正确接受上级指令 2）迅速、准确、高效地执行指令任务，发现问题或出现困难时积极应对，执行结束后，以口头或书面形式向上级反馈 3）能够按规定独立承担岗位工作，包括岗位日常工作程序、出差等 4）召集会议事先通知、明确议题，参加会议做好准备、按时出席、不到则要请假 5）工作中与同事能够相互配合 6）尊重同事和下级，通过沟通解决矛盾与冲突 7）按组织要求格式书面或口头报告有关工作情况
负面行为	1）没有正确理解上级指令 2）迫于时间压力执行指令任务，发现问题或出现困难时，不积极解决和反馈，而是停止执行，并以此为理由应对组织任务检查 3）对组织安排的岗位职内任务，以任务多为由抵触，不能够按规定独立承担岗位工作 4）不事先通知召集临时会议，不事先通知、明确议题，参加会议不做准备 5）与同事合作时推诿、扯皮，不能与同事相互配合 6）工作中出现矛盾与冲突时消极应对、怠工 7）向上级口头汇报或书面报告的程序和格式不符合公司要求

工作程序规范行为指组织中员工与他人在协调工作时，是否按照规范程序，在与上级、同事和下属合作中呈现出组织要求的规范程序，在与上级工作接触中，能够清晰准确地获取上级的指令，正确理解上级下达的任务，并高效地执行，执行过程中遇到问题或困难及时向上级汇报，并不定期向上级汇报工作进展，以便上级了解任务执行情况。向上级口头汇报或书面报告程序和格式需符合公司要求，汇报请示要有方案，汇报问题要有原因分析，汇报总结要有结果。履行本岗位职责过程中能够独立承担岗位职

责、履行日常工作程序。组织或参加会议时遵守相关的会议程序，召集会议时遵守召集会议的程序，参加会议时遵守会议安排并做好充足准备。例如，在召集会议时，事先通知参加人、明确议题，准备好会议材料，做好会议记录，负责达成会议效果；在参加会议时，做好准备、按时出席、不到则要请假；在与同事协调中，能够尊重同事，相互配合，讨论相关事项时针对事情本身不针对个人，通过沟通解决矛盾与冲突；在与下级工作对接中，能够尊重下级，为下级提供必要的服务和支持，下达的指令清晰，提供或帮助协调下级完成任务所需资源，不断跟进下级工作进展，对下级汇报及时反馈。

3. 社会安排规范

社会安排规范指员工待人接物方面的规范性要求。由于现代企业越来越多地受外部环境的影响，企业对外交往活动的频率、形式和内容都因此有较大的增加，社会安排规范不仅是塑造企业形象的需要，而且也是培养高素质员工的必要途径之一。社会安排规范涉及的内容比较复杂，包括组织要求员工遵守组织所在地风俗习惯、道德规范、法律规范、宗教规范等，在组织活动中，除了上述所有范围外，主要体现为待人接物的规范，包括礼貌用语、基本礼节、电话礼仪、接待客人、登门拜访等方面。社会安排规范典型行为如表1-3所示。

表1-3 社会安排规范典型行为表

行为类型	典型行为
正面行为	1）遵守组织所在地的风俗习惯 2）遵守道德规范，表现出道德行为 3）遵纪守法 4）坐、立、行的姿态及表情、手势、握手、秩序得体 5）语言文明，礼貌用语成为最习惯的用语 6）接打电话用语规范 7）接待客户、关系单位人员、一般来访者时热情、礼貌 8）与工作关系组织保持良好友谊 9）登门拜访用户、潜在的用户和政府、社区等重要关系者先预约，充分准备，促进拜访目的达成
负面行为	1）不遵守组织所在地风俗习惯，给组织带来不良影响 2）不遵守道德规范，给组织带来负面舆论 3）违法乱纪，使组织社会形象受损 4）不得体的坐、立、行的姿态及表情、手势、握手、秩序等。例如，向领导汇报工作或给下级布置工作时，坐姿向后仰，头背斜靠椅背 5）工作场所使用粗话、脏话 6）接打电话随意，用语不规范 7）冷落来访客户、关系单位人员和一般来访者 8）没能与工作关系单位建立和谐关系 9）登门拜访用户、潜在的用户和政府、社区等重要关系者不预约，没有充足准备

社会安排规范行为指组织中的个体作为组织人在代表组织进行待人接物方面遵守社会规范所表现出的规范性行为，是调节组织成员社会行为的标准、准则或规则。社会安排规范可分为成文的和不成文的两类：风俗习惯、部分道德规范、部分法律规范、待人接物规范，以及宗教规范是不成文的；法令、条例、规章和大部分法律等是成文的。

风俗习惯是出现最早最普遍的一种社会规范。自发的行为规范被众多人反复不断地长期遵守便成为风俗，故风俗一般是传统的、长期存在的，它的作用是在没有外部压力的情况下实现的，主要通过模仿转化为人们的习惯行为。道德规范是比风俗习惯规范高一层次的社会规范，人们对那些与社会共同生活关系较为重要的事物、行为，给予是非善恶、公正和偏私的评价，加以褒贬，由此形成道德标准，具有一定普遍性和连续性。道德规范是一种内化了的行为规则，道德行为是自觉采取的，违反道德的行为，要受到社会舆论和良心的谴责；法律规范是一种具有强制性的行为规范，它是以全民的形式出现的，法律法规在不同程度上反映了社会全体成员的共同愿望，因此，法律规范也具有普遍性和继承性；待人接物规范是组织为规范对外接待、赢得组织良好形象、对组织中个体与组织内外接触时的规范性要求。例如，规范工作场合用语、规范接打电话用语、规范接待来访客户、与组织得益相关者保持和谐关系等。

1.2.3 情景与要素分析

与规范有关的情景通常表现为新员工的两个典型任务：组织融入和上下级协调。本节分析这两个常见的典型情景和其具体的要素。

1. 新员工组织融入

新员工组织融入是任何组织和新入职员工都需面对的问题，但也是一项容易被忽视的组织实践。对新员工组织融入的规范行为的分析，将有助于新员工理解并内化组织行为，为人力资源管理部门和新员工部门负责人帮助新员工融入组织提供启示。

新员工组织融入行为指个体进入组织后主动适应、主动融入新环境，在工作程序规范、岗位规范等组织规范上符合组织要求的行为。新员工组织融入情景规范要素如表1-4所示。

表1-4 新员工组织融入情景规范要素表

要素	内容
信息搜寻	1）努力了解正式组织结构 2）努力了解组织政治 3）努力了解组织中的重大政策和程序 4）努力了解非正式组织结构
与上级建立关系	1）努力花尽可能多的时间与上级在一起 2）努力与上级形成良好关系 3）努力了解上级
寻求反馈	1）任务结束后寻求绩效反馈 2）从上级那里寻求批评建议 3）在任务开展过程中寻求绩效反馈 4）征求上级对自己工作的意见
工作变化协商	1）与其他人（包括上级、同事）协商理想的工作调整 2）与其他人（包括上级、同事）协商自己的工作任务 3）与其他人（包括上级、同事）协商对自己的工作要求 4）与其他人（包括上级、同事）协商他们对自己的工作期望
正面框架	1）努力把自己所在的处境看作机会而非威胁 2）努力去看事物积极的一面 3）努力把自己遇到的困难看作挑战而非问题
一般社会化	1）参与到办公室社交活动中去结识人（如集体活动） 2）参加组织的各种社交集会（如工作同事自组织的爱好俱乐部） 3）参加办公室聚会、聚餐活动
构建关系网	1）主动与公司不同部门的人进行交流 2）努力和非本部门的人员进行社交 3）努力尽可能多地认识其他部门的同事

新员工组织融入情景是组织中常见的情景之一，社会人转化为组织人的过程中，个体若能主动表现出正向的新员工融入组织行为，将帮助个体快速融入组织。在这一过程当中，新员工表现出什么样的规范行为才能帮助其快速融入组织呢？主动融入规范行为要素主要包括七个：信息搜寻、与上级建立关系、寻求反馈、工作变化协商、正面框架、一般社会化和构建关系网。

信息搜寻主要指个体为了尽快融入组织，主动了解与组织相关的信息，包括努力了解正式组织结构、努力了解组织政治、努力了解组织中的重大政策和程序和努力了解非正式组织结构。通过了解这些必要的信息，个体对组织协调关系、权力职责分布、运行方式、非正式组织规范将会有较全面的认知；与上级建立关系是新员工在融入新环境时协调对上关系的重要方面，新员工需主动了解上级的工作习惯、工作方式，通过与上级建立良好关系，获得更多来自上级的指导和帮助；寻求反馈指新员工在工作任务完成后，主动获取上级对工作结果的评价，通过评价了解自身在工作上可供长期坚持的优点，改进工作中的不足，在较短时间内提高自身工作水平，不断满足或超越组织对自身工作能力的要求；工作变化协商是新员工在工作中遇到客观条件发生变化需对工作任务或目标进行调整时主动与上级或同事协商的行为，包括与上级协商工作目标和期望、工作条件和资源等，也包括与同级协商工作任务分配调整、工作协作条件等；正面框架能够确保新员工在新环境中遇到困难和问题时始终保持积极的心态，正面考虑问题，更好地迎接工作的挑战，也更好适应工作环境；一般社会化指员工主动参与到组织集体活动中，参加组织或部门组织的各项集体活动（如部门聚餐、团体娱乐活动）。通过参与一般社会化活动，新员工可以与同事建立融洽的人际关系；构建关系网指新员工主动与公司不同部门的人进行交流，更多地认识组织中的同事，这可以帮助新员工获得多方面的信息，也可以在工作上得到来自更多同事的理解与支持。

2．上下级工作协调

上下级关系协调是缓解冲突、加强共识的最佳办法，是组织达成任务整合目标的基础保证，是一种符合工作程序规范行为的达成过程。上下级关系协调情景规范要素如表1-5所示。

表1-5　上下级关系协调情景规范要素表

要素	内容
相互尊重	1）上级尊重下级的工作知识和能力 2）上级以尊重的态度对待下级 3）制订工作计划时，上级尊重下级的观点 4）下级尊重上级，并努力执行上级布置的任务
一致的行为	1）下级的行为与上级要求的行为一致 2）参与组织活动与上级步调一致 3）下级的阶段目标是上级要求达成目标的组成部分 4）上级对下级的承诺能够一一兑现
沟通	1）上级了解下级的工作状态与进展 2）下级会适时向上级汇报、反馈工作进展情况和工作结果 3）上下级会进行定期和不定期地沟通交流

(续)

要　素	内　容
基于认知和情感的信任	1) 上下级可以自由分享想法、感受及期望 2) 上下级可以自由谈论工作中的问题，并且知道对方乐意倾听 3) 上下级相互认同对方工作的专业性和奉献精神 4) 上下级相互信赖，相信对方不会粗心大意，以至连累自己的工作 5) 当工作中发生问题时，上下级都愿意分担责任

上下级关系协调是组织中工作程序规范的重要方面。在与上下级协调关系中，上级和下级分别表现出来的规范行为可帮助建立良好的上下级关系。上下级关系协调情景规范要素主要包括：相互尊重、一致的行为、沟通、基于认知和情感的信任。

相互尊重体现了上下级在人格上的平等，是建立良好工作关系的基础。上级以尊重的态度对待下级，下达指令和任务时充分考虑下级的建议。下级尊重上级的管理权威，对上级下达的任务尽最大努力执行；一致的行为是上级对下级的工作结果能够按照承诺兑现，下级的工作目标、工作步调和工作结果与上级的要求一致。沟通是上下级关系协调的基础，上级需主动了解下级的工作进展、工作困难、需提供的帮助，不定期组织上下级沟通活动。下级要适时向上级汇报工作结果、工作中的问题，反馈工作进展情况；基于认知和情感的信任是上下级关系协调的前提，在认知和情感基础上建立信任关系，上下级才可以自由分享想法、感受及期望，自由谈论工作中的问题，更愿意分担责任。

前面介绍了关于规范的定义、情景和要素，下一小节将通过具体案例分析和情景模拟练习，进一步展开与规范行为有关的能力开发。

1.2.4　模拟案例：为什么会出错

A公司是一家经营家用电器的公司，销售网点遍布全国。某县级销售公司的专卖店被分配了三位新招聘的大学毕业生：小张，小王和小李。他们都是学习企业管理专业的，公司因为管理人才缺乏，所以对他们寄予厚望，希望他们在熟悉业务以后能够很快担负起基层的管理工作。

公司对专卖店的管理有一套规范的制度，对出勤、着装、环境卫生、接听电话、接待顾客、礼貌用语等内容都做了详细的规定。上岗之前公司经理和三位新人进行了简单的谈话，嘱咐他们要在实际工作中尽快锻炼成长，同时要遵守公司的各项规章制度。三位新人的具体工作是由基层专卖店的店长根据实际情况来安排的，因为专卖店销售人员普遍文化程度不高，所以让他们主要负责给顾客填写销售订单、票据和保修单等文字性的工作。店长还为他们安排了一位老员工作为师傅，帮助他们熟悉本职工作之外的其他工作。

一切似乎都很顺利，三位新人由于知道公司对自己寄予厚望，也很有工作热情，对公司的各项规章制度也都严格遵守。但还是有几件意料之外的事情发生了，小张在为顾客填写票据时因为对维修条款不熟悉，引起了几次顾客投诉，甚至还导致了退货；小王因为对产品不熟悉，给顾客推荐产品时闹了几次笑话，甚至还引发了冲突；小李则在发放赠品时出了错误，导致顾客重复领取了赠品……最严重的一次是有一天师傅临时有事不在，发货部门来送货，他们三人擅自收货，结果因为收货不符，货物入库位置出错，当天所有人员不得不临时加班盘点和重新放置货物。尤其最后一件事，让公司其他员工意见很大。

讨论题：
1）小张、小王、小李在融入组织过程中出现了哪些负面和正面行为？
2）小张、小王、小李应以什么样的规范行为主动融入组织？

1.2.5 模拟案例：没有回音的建议书

小李是新进入公司人力资源管理部的员工，毕业于名校人力资源管理专业，是公司重点招入的大学生之一。小李到岗后，感觉公司办公环境很好，公司的各种事都很新鲜，也期望在公司发挥自己的价值。但是慢慢地他发现，公司并没有重视他，只是安排他学习公司的最基本的规章制度，或者安排他送送文件、跑跑腿。小李想，这样下去，什么时候才能发挥自己的专长、进入领导的视野、受到公司重视呢？小李越想越觉得自己看不到未来。于是，小李决定给公司董事长写一封改进公司人力资源管理的建议书，而且马上着手去写了。小李把最近观察到的公司的问题一一列出来，又一个个地按照自己的想法提出了改进建议。为写建议书，小李熬了一个通宵才完稿。看着自己的成果，小李想象着领导看到后欣赏的眼光。

第二天，小李趁着部门经理让他给董事长送文件的机会，把建议书交给了董事长。董事长接过建议书，看了看小李说："小伙子，哪个大学毕业的？"小李如实回答。董事长又说："好好做工作，将来一定有你施展拳脚的机会，这个先放在这儿，我有空看一看。"小李走出了董事长办公室，心想这次肯定能引起领导的重视。

但是小李等了好久，董事长也没提起建议书的事。

《任正非正传》一书里记录了类似的故事：华为一个新员工，北大毕业，刚到华为时，就公司的经营战略问题，洋洋洒洒写了一封"万言书"给任正非，原本以为自己独到的见地能够打动领导，但结果任正非批复"此人如果有精神病，建议送医院治疗，如果没病，建议辞退。"不想当将军的士兵不是好士兵，但一个士兵如果不去处理好眼前的任务和敌人，只顾着给将军提意见、吐槽军队弊端，这个仗还能打吗？想靠一封建议书就引起老板的重视、得到领导给予的额外机会，是非常不切实际的想法。

每个公司都会存在这样那样的问题，如果不能改变这些问题，那么踏实做好自己的事情比什么都重要。与其花时间写建议书怒斥公司存在的问题，不如扎扎实实做好自己的岗位工作。

讨论题：
1）你认为员工在组织工作中应呈现怎样的规范行为？这些行为中哪些你认为是基础行为？
2）若你是一位新入职的员工，你将怎样呈现规范行为，以使自己受到组织青睐？

1.2.6 观察练习：岗位规范行为观察

以实际生活中某种特定背景人员或某组织中的某种岗位人员为观察对象，观察典型规范行为（包括正面和负面行为），并总结此种岗位的规范行为要素。例如，以学生宿舍生活为特定背景，观察宿舍同学的规范行为；以学院教学管理岗位或专任教师岗位的某个教师为观察对象，观察规范行为，最后完成一份规范行为观察总结报告。

1.2.7 模拟练习：人力资源管理经理的规范行为

模拟练习可自拟情景主题，组织学生进行规范行为模拟与观察，总结出在模拟的特定情景下成员应呈现出的规范行为。模拟过程可进行视频录制，可通过视频反复观察分析。

本小节以"人力资源管理经理的规范行为"为模拟观察对象，以人力资源经理处理员工绩效投诉为情景主题，学生分角色模拟人力资源经理与绩效投诉员工，进行情景模拟呈现与观察，写出人力资源管理经理规范行为观察报告。

操作指导如下。
1) 教师向学生阐明训练目的和知识准备。
2) 学生分组，每一大组又分为行为模拟小组和行为观察小组。
3) 教师指导大组选择情景主题，进行场景布置。
4) 行为模拟小组和行为观察小组分别进行模拟和观察准备。
5) 教师指导实施行为模拟观察。
6) 观察组阐述行为观察结果。
7) 每一大组提交一份行为观察模拟训练总结报告。

1.3 合作

个体在工作中与组织中的上下级、同级接触和相互配合共同完成组织任务是组织活动的必然要求。随着组织工作变得愈来愈复杂，当组织单个成员难以独立完成全部工作程序时，这种要求就显得尤为重要。因此，合作成为个体参与组织活动过程时呈现的最基础行为之一。组织通过合作达成个体与个体、个体与群体的对接，从而协同配合，共同达成组织目标。理解合作内涵和要素，分析合作典型的正面和负面行为，有助于个体呈现出组织希望的合作行为。个体可以对照合作要素与典型行为，检测不同成员间合作的程度，这为建设高效的合作组织提供了有益指导。

1.3.1 定义

合作（cooperation）就是不同成员通过密切配合、相互支持，使群体产生巨大潜在活动能量的过程。合作是把分力汇聚成合力，既可以使群体有序地开展活动，又能增强群体的活动效能。合作行为表现为个人与个人、个人与群体、群体与群体之间的对接，是成员为达到共同目的，彼此配合的一种联合行动。合作是人际交往中十分重要的方式。许多事情、任务单凭个人或个别团体是难以完成的，必须借助于大家力量的联合，这种联合即是合作。

团队合作（team work）指团队里面通过共同的合作完成某项事情，是一群有能力、有信念的人在特定的团队中，为了一个共同的目标相互支持、合作奋斗的过程。它可以调动团队成员的所有资源和才智，并且自动地驱除所有不和谐和不公正现象，同时给予那些诚心、大公无私的奉献者适当的回报。如果团队合作出于自觉自愿，它必将会产生一股强大而且持久的力量。1994年，斯蒂芬·罗宾斯首次提出了"团队"的概念：为了实现某一目标而由相互协作的个体组成的正式群体。在随后的十几年里，关于"团队合作"的理念风靡全球。

同质合作（homogeneous cooperation）即合作者无差别地从事同一活动，如无分工地从事某种劳动。合作成员具有一些共同特征，比如相似的年龄、相似的技能、相同的兴趣，或者具有共同的问题。同质性合作往往只关注形成成员间的凝聚力，成员共同的问题促进了大家一起分享以及相互学习。

异质合作（heterogeneous cooperation）即为达到同一目标，合作者有所分工，如按工艺流程分别完成不同工序的生产。异质合作中成员特征具有显著差异，成员间为共同目标达成互补，发挥各自优势，相互配合，联合行动。异质合作成员既利用自身优势支持成员达成任务目标，也会积极接受其他成员提供的支持。随着工作复杂程度不断增加，异质合作成为当前组织工作中最广泛的合作形式。

非正式合作（informal cooperation）发生在初级群体或非正式组织之中，是人类最古老、最自然和最普遍的合作形式。这种合作无契约上规定的任务，也很少受规范、传统与行政命令的限制。非正式组织在组织中的普遍性，使非正式合作行为也成了组织中个体关注的重要方面。

正式合作（formal cooperation）是指具有契约性质的合作，这种合作形式通过一定法律程序明文规定了合作者享有的权利和义务，并受到有关上级的保护和支持。正式合作在组织中具有明确目的和功能，有正式的规章依据，成员间具有比较明确的角色结构和行事规则。

1.3.2 典型行为（正面和负面）

合作是不同成员为同一个目标而协同活动，促使某种既有利于自身、又有利于其他成员的结果得以实现的行为或意向。合作行为是组织中普遍存在的行为，从同质性合作到异质性合作，从正式合作到非正式合作，从个体与个体的合作到团队合作，无一不需要组织成员表现出积极的、组织期望的合作行为。

本节以异质合作、同质合作和团队合作为例，分析典型的正面行为和负面行为，将这两种行为进行对照，以助个体呈现规范的合作行为。

1. 同质合作行为

同质合作行为是具有相似特征的成员间合作时应表现出的行为。通常情况下，进行合作的成员间在需要、动机、信念、兴趣、认识水平等方面越具有相似性，行为一致性就越高，合作就越默契，态度就越一致，凝聚力也会越高。但有时也会因为工作性质的相似性，造成成员间的竞争行为，使合作效率变低。同质合作行为典型行为如表1-6所示。

表1-6 同质合作行为典型行为表

行为类型	典型行为
正面行为	1) 相信同事在相同工作上的专业性，愿意听取成员对工作的建议 2) 与同事一起引入新的工作方法，把工作方式变得更加轻松 3) 对工序的改进，都在与同事达成共识的前提下才做出改变 4) 工作中能够与同事相互支持，遇到同事需要临时离岗，愿意提供顶岗支持 5) 愿意与同事共同讨论工作当中的问题 6) 不因为与同事在任务上有竞争关系，放弃对同事的支持
负面行为	1) 因为与同事具有相同的专业知识背景，不愿意听取别人的建议 2) 为在相同工作中获得突出成绩，只愿意独立改进工作方法 3) 愿意独立完成工作，忽略同事间的相互支持 4) 把与同事间的关系看作竞争关系，不愿分享新想法 5) 不愿意与同事共同讨论工作问题

同质合作虽然个体在具备的专业知识、从事的工作性质上具有相似性，表现出较高的一致性，但成员间的竞争性会削弱合作效果。组织需要引导同质合作中的个体相互配合、相互支持，从而高效完成工作任务。

典型的正面行为表现为在组织成员之间相互支持，不会因为所处同一个专业领域而相互轻视，愿意分享想法，愿意合力改善工作方法、提高工作效率。不因为与同事在任务上有竞争关系，放弃对同事的支持。例如，愿意与同事共同讨论工作当中的问题，共同想办法解决；遇到同事需要临时离岗，愿意提供顶岗支持；对工序的改进，都在与同事达成共识的前提下才做出改变。

相反，典型的负面行为则指个体把自己与同事间的关系只看作竞争关系、不愿分享新想法，为在相同工作中获得突出成绩、只愿意独立改进工作方法，不愿意与同事共同讨论工作问题、忽略同事间的相互支持。例如，因为与同事具有相同的专业知识背景，轻视同事的能力，对同事不是帮助，而是言语贬低。

2. 异质合作行为

异质合作行为是具有显著差异成员间为达成共同目标，发挥各自优势，相互配合、互补支持，联合行动表现出的行为。异质合作行为要求成员间高度互补，成员间的行为虽然各不相同，但互补支持，一个成员的行为影响并支持着其他成员行为的达成；要求成员行为协同配合，发挥出个体行为所不能达成的整体作用，实现"1+1>2"的协作效果。异质性合作行为虽然能发挥各个成员的优势，产生协同效应，但也会因会成员间的差异，常常导致各成员的行为难以协调，影响合作效率。异质合作行为典型行为如表1-7所示。

表 1-7 异质合作行为典型行为表

行为类型	典型行为
正面行为	1）自身行为的最终目标为组织整体目标 2）即使可能对个人产生负面影响，也要为整体目标提供支持 3）明确知道自己在组织中的角色和发挥的作用 4）明确知道自己的工作结果会影响其他成员的工作达成，并尽最大努力为其他成员提供支持 5）成员间共享信息，合作紧密 6）成员间密切配合，完成任务时，愿意与其他成员协作完成
负面行为	1）只关注自身目标的达成，忽视整体目标 2）基于个人优势，轻视其他成员对组织的作用，夸大个人行为的作用 3）与其他成员很难达成一致意见，工作中常常存有分歧 4）与其他成员就工作出现扯皮、相互推诿 5）成员之间缺少沟通，信息分享不够

异质合作行为是在差异个体间展开合作时个体所表现的行为，在这些行为中既有正面行为，也有负面行为。对异质合作行为正负面典型行为的分析，将有助于组织个体了解该如何与其他成员之间优势互补，提高合作效果。

典型的正面行为表现为个体自觉将个人目标调整为与组织目标一致，在影响整体目标时，不惜牺牲个人利益，并尽最大努力为其他成员提供支持。例如，个体目标与整体目标冲突时，即使可能对个人产生负面影响，也要为整体目标提供支持，在完成工作时通过自己的工作支持帮助其他成员；明确知道自己的工作结果会影响其他成员的工作达成，并尽最大努力为其他成员提供支持。

相反，典型的负面行为则指基于个人优势，轻视其他成员对组织的作用，夸大个人行为的作用；只关注自身目标的达成，忽视整体目标；基于个人利益，与其他成员很难达成一致意见，工作中常常存有分歧；工作中不是出于对整体工作的推进，成员间相互协作、相互支持，而是与其他成员就工作出现扯皮、相互推诿。

3. 团队合作行为

团队合作行为是团队成员在共同完成目标任务、发挥每位成员特长、产生协同效应的过程中表现出的基本行为。团队合作行为广泛存在于各类组织中，是组织中最常见的成员与成员间的合作行为。团队合作具有共同的整体目标，成员的技能或优势相互补充，承担不同的工作任务；成员坦然面对彼此之间的差异，彼此信任，充分共享信息，将个人利益升华到团队利益。团队合作也会因为成员间的差异、角色分配、个体偏好、成员冲突等降低团队工作效果。团队合作行为典型行为如表1-8所示。

表 1-8 团队合作行为典型行为表

行为类型	典型行为
正面行为	1）与团队成员分析本团队的使命，共同设置目标来实现该使命 2）成员开放，频繁互动，充分共享信息 3）信任其他成员，坦然面对成员在任务分配、角色承担、个体特征方面的差异 4）很清楚哪些是自己的责任，哪些是共同的责任 5）知道每个成员的成功取决于其他成员的成功，相信其他团队成员会提供最大的支持 6）能够及时察觉其他成员什么时候需要支持，并积极出手帮助；与其他成员密切合作，发挥个人专长，完成团队任务

(续)

行为类型	典 型 行 为
负面行为	1）只关注自身目标的达成，忽视整体目标，在共同目标完成过程中"搭便车" 2）缺少与其他成员的沟通，很少与其他成员互动，分享信息不充分 3）对自己责任关注多，忽视团队的共同责任 4）缺乏对其他成员的信任，与其他成员很难达成一致意见，工作中常常存有分歧 5）与其他成员就工作时常出现扯皮、相互推诿 6）对其他成员工作不了解，不知道何时能提供支持 7）认为个人工作不依赖于他人，拒绝接受其他成员的支持，也不愿主动支持其他成员的工作

典型的正面行为表现为团队成员有共同目标、成员间相互信任、成员间相互支持、公开表达自己的感受、信息共享、正面解决矛盾和冲突。例如，与团队成员分析本团队的使命，共同设置目标来实现该使命；信任其他成员，坦然面对成员在任务分配、角色承担、个体特征方面的差异；能够及时察觉其他成员什么时候需要支持、并积极出手帮助，与其他成员密切合作，发挥个人专长，完成团队任务。

相反，因为成员间的差异、角色分配、个体偏好、成员冲突等，产生典型的负面行为，成员间相互不信任、目标个人化、基于人而不是事产生冲突、不愿分享信息，降低团队合作效果。例如，只关注自身目标的达成，忽视整体目标，在共同目标完成过程中"搭便车"；认为个人工作不依赖于他人，拒绝接受其他成员的支持，也不愿主动支持其他成员的工作。

1.3.3 情景与要素分析

与合作有关的情景通常表现为组织个体的两个典型任务：同部门合作和跨部门合作。本小节将分析这两个常见的典型情景和具体的要素。

1. 同部门合作

部门化是组织结构设计的关键要素之一，这种设计要求把相似的专业及拥有相同技能、知识和定位的人员组合到一起，以获得更高水平的专业化。部门是组织架构的基本组成部分，个体进入组织，就会归入某个职能部门，与具有相似的专业技能、知识和定位的人员组合到一起，相互配合开展类似的工作任务。同部门合作行为是个体进入到部门需呈现的基本行为，是与同部门同事相互支持、相互配合共同完成部门任务的要求。同部门合作情景合作行为要素如表1-9所示。

表1-9 同部门合作情景合作行为要素表

要　素	内　容
一致的目标	1）部门目标是共同目标 2）成员目标是部门目标的组成部分
统一的认识和规范	1）部门同事具有对工作计划、实施步骤和工作方法的统一认识 2）认同部门工作方式规范

(续)

要素	内容
成员情感	1）告诉同事我支持他们 2）告诉同事我相信他们 3）顾及同事的感受 4）当同事情绪低落时，我帮他恢复信心 5）诚实对待同事
建立信任	1）相信其他成员不会占自己便宜 2）愿意为部门同事承担风险 3）愿意向其他部门同事坦白弱点
信息共享	1）经常与同事沟通，频繁互动 2）经常与同事讨论工作进展与存在的问题 3）对于工作中的新发现，愿意与部门同事分享
成员支持	1）为同事的工作奋斗助一臂之力 2）把同事介绍给熟悉的组织中的其他成员 3）如果做的工作是同事喜欢并想做的，邀请他们协助一起做 4）在一些重要人物面前赞扬同事 5）不因为与同事在任务上有竞争关系，放弃对同事的支持
成员协作	1）会与同事协商部门工作计划、实施方案和工作办法 2）工作中与同事相互协作，不计较个人工作任务多少 3）乐于与专业相似的同事工作在一起，这样更能相互协作 4）对部门工作的改变，事前与同事达成共识 5）与其他部门协作时，和部门同事一起努力帮助达成目标

同部门合作情景是个体在组织工作中不可避免的情景。同部门成员具有相似的专业及拥有相同技能、知识，从事的工作性质相似，是典型的同质合作。个体进入某个部门后如何有效地与同部门成员合作？他应表现出何种行为才能融入部门、受到大家欢迎，与同事高效地合作？解决这个问题就需要个体知道在部门合作情景中行为要素都包括哪些，应该从哪些方面改进自己的同质合作行为。

同部门合作情景合作行为要素主要包括七点：一致的目标、统一的认识和规范、成员情感、建立信任、信息共享、成员支持、成员协作。

一致的目标要素要求部门个体将部门目标作为部门全体成员的目标，个体目标要聚焦于部门目标，当成员目标与部门目标产生冲突时，以保证部门目标为前提解决问题；统一的认识和规范要素要求个体作为部门成员具有对工作计划、实施步骤和工作方法的统一认识，认同部门工作方式规范；成员情感要素要求个体成员处理好与部门成员间情感关系，让其他成员知道自己支持他们、相信他们，并且在实际工作中顾及同事的感受，当同事情绪低落时帮他恢复信心，诚实对待同事；建立信任要素要求个体与其他部门成员建立信任，相信其他成员不会占自己便宜，愿意为部门同事承担风险，愿意向其他部门同事坦白弱点；信息共享要素要求个体作为部门成员要经常与同事沟通，频繁互动，经常与同事讨论工作进展与存在的问题，对于工作中的新发现，愿意与部门同事分享，建立良好工作关系；成员支持要素是个体愿意为同事提供必要的支持，包括工作支持、关系支持、激励支持例如把同事介绍给熟悉的组织中的其他成员、在一些重要人物面前赞扬同事等；成员协作要素要求个体不遗余力地与部门同事合作，包括与同事协商部门工作计划、实施方案和工作办法，工作中与同事相互协作、不计较个人工作任务多少，与其他部门协作时和部门同事一起努力帮助达成目标等。

2. 跨部门合作

跨部门合作使组织内部（甚至不同组织）不同领域的员工能够充分交流信息，激发灵感，采用新办法解决问题，齐心协力完成复杂项目。随着组织任务变得越来越复杂，跨部门合作成为组织应对复杂项目任务的重要组织形式，跨部门合作行为也成为个体合作行为中的重要组成部分。跨部门合作行为会受到个体复杂性和多样性的影响，成员需要一定时间才能建立起信任，并真正地合作共事，对跨部门合作要素的理解，能够帮助加快这一进程。跨部门合作情景合作行为要素如表 1-10 所示。

表 1-10 跨部门合作情景合作行为要素表

要 素	内 容
一致的目标	1) 合作目标是共同目标 2) 成员目标是合作目标的组成部分
建立信任	1) 乐于认可其他部门成员专业特长，即使这些长处超过了自己 2) 成员彼此之间敞开心扉，坦率承认自己的弱点或错误 3) 彼此信赖、互相支持的良好气氛
良性冲突	1) 识别虚假的和谐，引导和鼓励适当的、建设性的冲突 2) 问题决策，部门成员充分表达意见和建议 3) 讨论问题针对事情本身，不指向某个部门或个体
坚定不移的行动	1) 基于本部门在合作中的角色，坚定不移地采取行动 2) 不过多关注工作职能边界，积极主动地采取措施推进合作工作进展 3) 不做观望者，任务一旦确定，就不遗余力地采取行动
彼此负责	1) 清楚需要做什么，提醒注意那些无助成功的行为和活动 2) 向其他部门反馈工作进展 3) 不以非我责任为借口拖延工作
成员协作	1) 会与其他部门共同确定工作计划、实施方案和工作办法 2) 工作中与其他部门相互协作，不计较部门任务差异 3) 乐于与其他部门成员工作在一起 4) 对合作工作的改变，事前与其他部门达成共识

随着工作任务变得越来越复杂，跨部门合作越来越成为组织工作中的常态。跨部门合作能够发挥不同成员的优势，高效完成组织任务，但成员间在专业知识、技能、从事工作性质上会具有巨大差异，也给合作带来了不利因素。跨部门合作行为属于异质合作行为，在合作中，跨部合作成员要明晰在跨部门合作情景中合作行为的要素，以帮助个体有效开展与其他成员的合作。

跨部门合作情景要素主要包括六点：一致的目标、建立信任、良性冲突、坚定不移的行动、彼此负责、成员协作。

一致的目标要求个体将合作目标作为共同目标，个人目标是合作目标的组成部分，聚焦于合作目标；建立信任要求成员彼此之间敞开心扉，彼此信赖，坦率承认自己的弱点或错误，乐于认可其他部门成员专业特长，即使这些长处超过了自己；良性冲突要求引导和鼓励适当的、建设性的冲突，问题决策时部门成员充分表达意见和建议，讨论问题针对事情本身，不指向某个部门或个体；坚定不移的行动要求成员基于本部门在合作中的角色，坚定不移地采取行动，不过多关注工作职能边界，积极主动地采取措施推进合作工作进展，不做观望者，任务一旦确定，就不遗余力地采取行动；彼此负责要求成员清楚需要做什么，提醒注意那些无助成功的行为和活动，向其他部门反馈工作进展，不以非我责任为借口拖延工作；成员协作要求成员与其他部门共同确定工作计划、实施方案和工作办法，不计较部门任务差异，乐于与其他部门成员工作在一起。

前面介绍了关于合作的定义、情景和要素，下面通过具体案例分析和情景模拟练习，进一步展开与合作行为有关的能力开发。

1.3.4 模拟案例：谁的问题

近段时间，公司 4S 店的总经理杨勇非常恼火。三个月前他召集公司财务部、人力资源部、市场部、维修车间、售后服务部的责任人讨论确定了乘用车销量提升攻坚项目，但三个月过去了，4S 店乘用车销售量与去年比不增反降。他找到市场部负责人，市场部负责人说不是市场部不积极开展工作，而是人力资源部新招聘来的销售员质量不符合要求，难于管理，业绩提不上去。人力资源部负责人却说不是自己招来的销售员质量不高，是市场部人员需求急，又没有管理好新聘员工。另外，财务部在分配财务资源时，没能给招聘工作提供应有的支持，这已是在现有资源下招聘到的最高质量的员工了。而财务部却说维修车间近期屡次出问题，维修量下降许多，导致公司财务压力较大。维修车间负责人说问题不在于车间，而是售后服务部门客户满意率下降，导致到访顾客数量下降。售后服务部争辩说，客户服务满意度不是主要原因，主要原因是现在市场整体情况下滑，市场形势堪忧。杨勇听完这些，头都大了。如何才能使各部门员工通力合作，达成攻坚项目目标呢？

讨论题：
1）案例中有哪些跨部门合作中的负面行为？
2）跨部门合作中需表现出哪些正面行为？结合案例理解跨部门合作的要素。

1.3.5 模拟案例：新人的专业任务

赵铭是新分配到人力资源部的大学生。人力资源部的同事均是非人力资源专业，但具有丰富的人力资源管理实践经验。报到第一天，同事就布置给赵铭一份公司的人力资源培训开发方案。赵铭对此非常恼火，这应该是一位资深人力资源管理者才能完成的任务，让一个新入职的大学生去完成很不现实。作为新员工，虽然自己是人力资源管理专业毕业，有丰富的人力资源管理知识，但实践经验不足，几乎不可能独立完成此项任务。若不接受任务，同事会嘲笑自己专业能力；若接受任务，做得不好结果可能也会被嘲笑。如何与同部门同事很好地合作成为赵铭最棘手的问题。

讨论题：
1）同部门合作应表现哪些正面或负面行为？
2）案例中赵铭和他的同事们应该怎么做？

1.3.6 模拟案例：无法收到的传真

星期一刚上班，综合办王主任还没来得及整理自己的办公桌，就被总经理通知马上到办公室。王主任边快步走向总经理办公室，边想公司不会是出什么大事了吧，怎么总经理这么急叫他去。根据以往经验，这种情况肯定会有人倒霉。他刚一出现在总经理办公室门口，总经理就冲他怒吼："你们综合办怎么搞的？传真机周末时为什么不设置自动接收？客户给我反映他们的传真发不过来，导致今天不能及时发货，公司订单送货都要延迟！"王主任镇静地道："我回去查下原因，然后报给您。另外，我马上电话联系客户，现在接收传真，直接送物流部，把时间延迟压缩到最短，争取获得客户谅解。"王主任的应对方案得到了总经理认可："快去办。"

王主任回去后首先处理了客户订单问题，获得了客户谅解，并未给公司带来大的影响。处理完后，王主任开始调查问题的原因。

秘书科出问题只是早晚的事，王主任对此早有预料，也想利用这次出现的问题理一下秘书科的工作。秘书科隶属综合办公室，承担全公司的文件起草、收发、档案管理、文印、公司决议督办等工作。在秘书科中，小黄是刚来公司半年的新员工，中文系，由于文笔很好，很快被提拔为秘书科长；小李来自于生产一线，公司改制调岗过来，负责文印及传真收发；孙姐是公司综合办公室的老员工，负责文件收发和档案管理。公司综合办公室重组半年来，秘书科的三个人一直配合得不顺畅，小黄觉得自己是大学生，认为自己专业性很强，又受到公司领导赏识，有点看不上孙姐和小李，作为科长没有起到部门人员协调管理作用；孙姐长期在综合办公室工作，熟悉各项文件收发、档案管理业务，觉得自己能胜任秘书科长，但这次办公室重组公司任命了新来的小黄为科长，所以对小黄交代的一些工作，总是能推即推；小李由于新调来秘书科，业务不是很熟悉，学习劲头十足，但由于孙姐和小黄关系僵硬，难以从二人那里获得业务上的指导。这次传真机在周末没按规定设置为自动接收，也体现了秘书科人员之间的不配合。上周五下午，小黄派小李给外联单位送文件，由于送完文件已经到了下班时间，向小黄请示后，小李没回公司就直接下班回家了。而同一个办公室的孙姐认为传真收发并不是自己的职责，下班时没有检查传真机。

王主任了解了情况，决定分别找秘书科的三位谈一谈。

讨论题：

1）案例中表现出了哪些团队合作的负面行为？
2）思考团队合作的要素包括哪些？

1.3.7 观察练习：合作行为观察

在学生身边有许多团队组织，组织学生以这些团队为观察对象，观察成员的合作行为。例如，以班级、班委、学生社团组织、所在专业的教师团队等为观察对象，观察合作行为（正面和负面），并总结观察对象合作行为要素。通过观察总结加深对合作行为的理解，提升学生合作行为呈现能力。

以所在班级班委集体为观察对象，观察班委在班级管理过程中的合作行为，完成一份班委合作行为观察报告。

1.3.8 模拟练习：课程作业小组的合作行为

模拟练习可自拟情景，进行合作行为模拟与观察，总结出在特定情景下成员应呈现出的合作典型行为。模拟过程可进行视频录制，以便反复观察分析。

本小节以课程大作业小组的合作完成课程作业为模拟情景，模拟成员在完成某课程小组大作业时的行为，分析成员表现出的典型正面合作行为和负面行为，形成合作行为模拟观察总结报告。

操作指导如下。
1）教师向学生阐明训练目的和知识准备。
2）学生分组，每一大组又分为行为模拟小组和行为观察小组。
3）教师指导大组选择情景主题。例如，课程大作业小组的合作行为。
4）行为模拟小组和行为观察小组分别进行模拟和观察准备。
5）教师指导实施行为模拟观察。
6）观察组阐述行为观察结果，指导教师点评。
7）每一大组提交一份合作行为观察模拟总结报告。

1.4 责任

责任，对于每一个人来说，都并不陌生。因为有了责任，我们每个人才会努力奋斗；因为有了责任，我们每个人才会对工作时时保持热忱。一个人即使聪明才智差一点，假使他愿意对工作负责，成功的机会也必定比只有聪明才智而无责任感的人要大。责任，一是指社会道德上个体应做的事，如职责、尽责、岗位责任等；二是指没有做好自己工作，而应承担的不利后果或强制性义务。责任成就员工，更成就卓越组织。做有责任的员工，不仅是员工自身的高度自觉，也是组织对员工的殷切希望。责任准确描述了员工为达成目标努力与投入的程度。有责任的员工重视组织利益，能做出自我牺牲，会正确地做事。对于组织来讲，对责任行为的分析可以帮助组织管理者了解并强化员工责任意识，增强员工责任感；对于员工来讲，理解责任行为，提高责任感，有助于提升自我效能感，有利于后续职业发展。

1.4.1 定义

责任（responsibility）指个体分内应做的事情，也就是承担应当承担的任务，完成应当完成的使命，做好应当做好的工作，并承担应当承担的不利后果。责任强调必须、重在必须，是必须且应该付出的利益。因此，一般说来，凡是与职位有关的、职位所要求的必须且应该付出的利益，都因其更强调必须性、强制性、法规性而称为责任。

责任感（felt responsibility）指个体的一种信念，认为自己作为组织中的个体，有义务为组织承担任务，带来建设性变革，从而自主地、非强制性地促进组织高效运作。

责任导向（duty orientation）反映的是个体的意志导向，包括忠诚服务和忠诚支持组织中的其他成员，通过奋斗和牺牲来完成组织的任务与使命，并信守组织的规范和准则。

责任行为（responsible behavior）指基于对组织的认同自主承担任务的一种自愿行为。责任行为是组织乐见的，是个体在与组织对接中表现出的基础行为之一。

岗位责任（post responsibility）指一个岗位所需要去完成的工作内容以及应当承担的责任范围。岗位责任是岗位和责任的结合，是一个具象化的工作描述。岗位是组织为完成某项任务而确立的，由工种、职务、职称和等级等性质组成，必须归属于个人；职责是职位与责任的统一，由授权范围和相应的责任两部分组成。

1.4.2 典型行为（正面和负面）

责任行为是个体作为组织成员自主承担组织任务的行为，反映的是个体意向。岗位责任是组织中个体需承担的主要责任，作为某个岗位上的员工，个体有义务承担相应的岗位职责和任务，对工作相关主体（上下级、同级）负责，自主地促进组织高效运作。

本小节以岗位责任、对上下级的责任、对同事的责任为例，分析典型的正面行为和负面行为，对其进行对照，以助个体呈现组织期望的责任行为。

1. 岗位责任行为

岗位责任行为是按组织岗位职责要求，个体必须且应该呈现主动承担任务、自主促进岗位任务高效完成的行为。岗位责任行为表明了个体对组织任务所持有的态度和努力的程度。岗位责任行为越明显，个体对组织忠诚度越高。但由于个体差异，不同的个体在岗位上表现出的责任行为也会出现差异，正面的责任行为会促进岗位职责的完成，反之，则会对岗位任务完成带来较大负面影响。岗位责任行为典型行为如表 1-11 所示。

表 1-11 岗位责任行为典型行为表

行为类型	典型行为
正面行为	1）我感到我有责任完成全部岗位职责 2）我感到我有责任在工作中做出改变 3）改进自己的工作，我责无旁贷 4）我感到我有责任不断提高工作的质量 5）我感到我有责任按组织要求时间提交工作成果 6）把组织利益置于个人利益之上，为了支持组织目标，可以承担个人损失 7）不接受不符合组织规范的行为 8）在最困难的时候，我也会尽最大努力完成工作
负面行为	1）对自己应承担的岗位职责视而不见，认为不是自己的责任 2）对应完成的岗位任务只追求"完成"，不注重质量 3）对应完成的任务往往会拖延 4）对自己的工作安于现状，不求改进 5）当组织工作影响到个人利益时，存有抵触和抱怨 6）工作中遇有客观困难时会以此为由停止工作 7）为了个人或局部利益，破坏组织规范

岗位责任行为表明了个体对组织任务所持有的态度和努力的程度。岗位责任行为越明显，个体对组织忠诚度越高。但由于个体在归属感、技能水平、忠诚度等方面的差异，不同的个体在岗位上表现出的责任行为也会出现差异，既可能会表现出正面的行为，也可能会表现出负面的行为。对岗位责任正负面行为进行分析能够使得员工更好地明晰组织对自己的要求，找到自身努力的正确方向并规避错误。正面的责任行为会促进岗位职责的完成，并表现出较高的组织忠诚度。例如，会对自身严格要求，在工作中做出改变，不断提高工作质量。反之，则会对岗位任务完成带来较大负面影响。例如，对自己应承担的岗位职责视而不见；对自己的工作安于现状，不求改进，只追求"完成"，不注重质量。

2．对同级的责任行为

对同级的责任行为是在组织工作中与同级相处或共同完成组织任务时所表现出的责任行为，帮助组织中同级间密切配合、相互协调、彼此支持。对同级的责任行为反映了个体对待同级、与同级合作过程中的态度和倾向。认识对同级的责任行为，可帮助组织促进员工间的合作，也有利于个体协调与同级的关系。对同级的责任行为典型行为如表1-12所示。

表1-12 对同级的责任行为典型行为表

行为类型	典型行为
正面行为	1）为支持同级工作尽我所能 2）为同级树立行为的榜样 3）尊重同级以及他们的工作 4）当有同级求助时，愿意协助工作 5）愿意帮助新同级适应工作环境 6）必要时愿意为同级顶岗，帮他完成工作任务 7）帮助同级提升专业技能 8）和同级分享那些能够帮助他们在组织中取得成功的重要信息 9）会对同级的求助，做出及时反应
负面行为	1）本位主义，不愿意为同级提供支持 2）忽略自己行为对同级行为的影响 3）轻视同级以及他们的工作 4）以各种理由拒绝同级求助行为 5）将新入职同级视为竞争对手，不愿意提供任何帮助 6）不愿意帮助同级提升工作技能 7）不愿意为同级提供顶岗帮助 8）对同级的求助拖延 9）认为与同级间存有竞争关系，保守所掌握的信息

对同级的责任行为是在同级共同工作中个体表现出的尽我所能、积极协作、彼此支持的自愿行为。典型的正面同级责任行为表现为在工作中在互相支持，共同进步。例如，为支持同级工作尽我所能；尊重同级以及他们的工作；当有同级求助时，愿意协助工作；必要时愿意为同级顶岗，帮他完成工作任务；与同级分享那些能够帮助他们在组织中取得成功的重要信息等。相反，典型的负面行为会阻碍同级间的协调合作。例如，本位主义，不愿意为同级提供支持；以各种理由拒绝同级求助行为；保守所掌握的信息等。

3. 对上下级的责任行为

对上下级的责任行为是在组织工作中与上下级关系协调中所表现出的责任行为。对上下级的责任行为反映了下级对上级的认同感和归属感，让下级感觉到上级是可以依靠的"朋友"，也反映了上级对下级的关心和帮助，有助于改善下级工作表现和行为。对上下级的责任行为典型行为如表 1-13 所示。

表 1-13 对上下级的责任行为典型行为表

行为类型	典型行为
正面行为	1）上级总能实现对下级的承诺 2）上级为下级积极寻求利益 3）上级会对下级的问题表现出关心 4）当下级情绪低落时，上级会察觉并鼓励，帮助下级建立信心 5）下级会主动向上级反馈工作进展 6）服从上级命令，并自觉执行 7）下级在众人面前维护上级权威
负面行为	1）上级对下级的承诺不兑现 2）上级一直是"只让马儿跑，不让马儿吃草" 3）上级对下级的问题很少提供支持和帮助 4）上级忽视下级的情绪变化 5）下级对上级的命令阳奉阴违 6）下级不主动向上级反馈工作进展 7）下级置疑领导的权威性

上下级关系是组织中非常重要的一种链条关系，对组织的效率起着至关重要的作用。由于组织类型的多样与个体差异的存在，上下级在相处过程中呈现出的多种责任行为，既有正面的，也有负面的。上级对下级的典型正面责任行为表现在上级对下级体现支持与信任时呈现的行为，例如，上级遵守诺言，关心下级事务，为下级的工作提供帮助；下级对上级的典型正面责任行为表现在下级服从上级命令、主动向上级反馈工作进展，以及在众人面前维护上级权威等行为。反之，上下级之间的典型负面责任行为表现为上级对下级的问题很少提供支持，上级对下级的承诺不兑现，较少关注下级利益，下级对上级的命令阳奉阴违等行为。

1.4.3 情景与要素分析

与责任有关的情景通常表现为组织个体的两个典型任务，担当组织个体责任（责任导向）和担当岗位责任，本小节将分析这两个常见的典型情景和具体的要素。

1. 组织工作情景中责任导向的个体行为

责任导向准确地描述了组织中的个体为达成组织目标努力与投入的程度。以团队成员责任为导向的员工重视集体利益，以团队使命为责任导向的员工会做出自我牺牲，以团队准则为责任导向的员工会正确地做事。分析组织中责任导向的个体行为要素将有助于组织情景中的个体呈现出正面的责任行为。组织工作情景中责任导向行为要素如表 1-14 所示。

表 1-14 组织工作情景中责任导向行为要素表

要　素	内　容
组织成员责任	1) 把组织利益置于个人利益之上 2) 为支持组织尽我所能 3) 忠于组织中的成员 4) 忠于组织中的合作团队和上级
使命责任	1) 为了支持组织使命/目标，可以承担个人损失和风险 2) 为了支持组织使命/目标，做出自我牺牲 3) 为防止组织使命/目标的失败，做一切需要做的事 4) 在最艰难的情况下也努力完成工作
准则责任	1) 遵守组织规范 2) 总是做正确的事 3) 当遇到挑战时，证明自己的正直 4) 不接受不正当行为 5) 为他人树立行为榜样

　　责任导向行为是组织工作中组织乐见的个体行为。一个有责任感或责任心的个体，往往会对工作高度负责，在工作中表现出较高的自觉性、自愿性和积极性。责任导向相对于任务导向工作质量会更高，个体对推进工作更主动，更会竭尽所能。

　　组织工作情景中责任导向要素主要包括：组织成员责任、使命责任和准则责任。

　　组织成员责任是个体作为组织成员表现出的责任行为，主要表现为当个人利益与组织利益冲突时，把组织利益置于个人利益之上，忠于组织中合作团队、工作上级和团队成员，为完成组织工作尽其所能。使命责任是个体为践行组织使命、实现组织目标表现出的责任行为，包括为了支持组织使命、目标，可以承担个人损失和风险、做出自我牺牲，在最艰难的情况下也努力完成工作，为防止组织使命、目标的失败，做一切需要做的事。准则责任是指个体在遵守组织规范、规章、纪律方面表现出的责任行为，包括自觉遵守组织规范、规章和劳动纪律，坚持组织原则，当遇到挑战时，总是做正确的事，证明自己的正直，不接受不正当行为，为他人树立行为榜样。

2. 组织工作情景中承担岗位责任

　　承担岗位责任是组织中的个体需要完成的最基本的任务，是组织工作情景中个体与组织对接的必要工作情景。个体承担岗位责任行为的产生前提是明确的岗位职责。任何岗位职责都是一个责任、权利的综合体，有多大的权利就应该承担多大的责任。不明确自己的岗位职责，就不知道自己的定位，不知道应该干什么、怎么干、干到什么程度。明确岗位责任的前提下，还需要个体对岗位责任认同和践行，并把岗位责任置于个人利益之上，促进岗位任务高效完成。组织工作情景中承担岗位责任要素如表 1-15 所示。

表 1-15　组织工作情景中承担岗位责任要素表

要　素	内　容
明确的岗位责任	1）清楚自己的岗位职责 2）清楚自己的岗位规范 3）清楚岗位上下级关系 4）清楚岗位所能调动的资源
岗位责任认同	1）认同岗位需承担的责任 2）认同岗位赋予的权利 3）认同岗位规范 4）认同岗位所能调动的资源范围 5）认同岗位上下级协调关系
岗位规范责任	1）自觉承担岗位任务 2）自觉遵守岗位规范 3）自觉遵守岗位工作程序规范 4）做正确的事 5）不接受不正当行为 6）为他人树立行为榜样
岗位责任意识	1）为了达成岗位目标，可承担个人利益损失 2）为了达成岗位目标，自愿做出牺牲 3）为了达成岗位目标，尽自己最大能力 4）能够在困难条件下创造条件开展工作
岗位责任践行	1）以最好的质量完成岗位任务 2）以最快的速度完成岗位任务 3）保证完成岗位全部工作任务 4）努力提高岗位所需专业技能
组织公民行为	1）愿意站出来捍卫岗位和组织声誉 2）告诉其他人本岗位是一个不错的工作岗位 3）代表岗位或组织给外人展示良好形象 4）岗位工作执行中存在非义务的自主行为

承担岗位责任是组织中个体的基础行为，每一个个体进入组织呈现岗位责任行为是最基本的要求。不清晰承担岗位责任情景中的要素构成，就不可能呈现出符合组织期望的行为，也不可能高效地履行岗位职责。

承担岗位责任情景中的要素包括：明确的岗位责任、岗位责任认同、岗位规范责任、岗位责任意识、岗位责任践行和组织公民行为。

明确的岗位责任是个体在履行岗位职责前必须呈现的行为，即弄清楚自己在岗位上要做什么、有什么样的条件和资源、工作关系怎么样、组织要求是什么，包括清楚自己的岗位职责、清楚自己的岗位规范、清楚岗位上下级关系、清楚岗位所能调动的资源；岗位责任认同是个体对岗位职责、权力和收益等岗位责任、义务、资源条件的认可，包括认同岗位需承担的责任、认同岗位赋予的权利、认同岗位规范、认同岗位所能调动的资源范围、认同岗位上下级协调关系；岗位规范责任是指个体在遵守组织规范、规章、纪律方面表现出的责任行为，包括个体自觉履行岗位职责、自觉遵守岗位规范、自觉遵守岗位工作程序规范、不接受不正当行为、为他人树立行为榜样；岗位责任意识表现为个体对岗位责任的感觉与认知，是岗位行为的基础，包括对为了达成岗位目标可承担个人利益损失、为了达成岗位目标自愿做出牺牲、为了达成岗位目标尽自己最大能力、能够在困难条件下创造条件开展工作等方面的认知和认可；岗位责任践行是个体在工作中以积极、自愿的工作态度要求自己努力提高岗位所需专业技能，并以最好的质量、最快的速度完成岗位任务；组织公民行为是指非义务的自主行为，在正式奖励制度中没有直接或明确规定，有助于促进组织有序高效运转的行为总和，例如，愿意站出来捍卫岗位和组织声誉、告诉其他人本岗位是一个不错的工作岗位、代表岗位或组织给外人展示良好形象、岗位工作执行中存在非义务的自主行为。

前面介绍了关于责任的定义、情景和要素，下一小节通过具体案例分析和情景模拟练习，进一步展开与责任行为有关的能力开发。

1.4.4 模拟案例：收货员小李有麻烦

很多时候不是公司不给你机会去你偏爱的岗位，而是你没有努力去争取机会；而如果公司给了你机会，你却只应付了事，对公司来讲除了经济上的损失，可能还会面临名誉上的损失。小李是一家涂料工厂的仓库收货员，下面为小李与仓库主管的微信对话。

"小李，前几天公司外购编号为101的原料是你收的吗？""是啊，我跟物流的几位同事一起卸的货。""你还记得收了多少袋101的原料吗？""那天一起来的有四种类型的原材料，我们都是分类堆码的，有点数的。货不对吗？""收货单上你明明签了20袋101的原料，但现在仓库除了库存的10袋，其他的都没找到。既然是你收的货，你去找一下，生产车间明天一早就要提走这批原料，安排生产。""好的，我马上去。""怎么样，找到没有？我现在在保安室查监控。""没找到，我们几个人把仓库都翻了一遍了。""行吧，我晚点找你，下班先不要急着走。"过了半小时，仓库主管又发来了微信："小李你在哪里？""我在吃饭，你还没下班吗？过来一起吃点吧。在人人乐旁边的彤德莱。""不用了，就问你一下，你确定你收货时点数了？""是啊，点过了的。""你上班能不能用点心啊？你总共签了四种类型的原材料，实际只来了三种，数量也与其他三种原料数对得上，来货那么多种类型，你就不点点数吗？""我点过了啊。""仓库的监控摄像清楚地记录了来货的数量和类型，我在监控上都能一袋袋数出来，实际只来了三种类型，没有原料101，你说你数了，你过来给我找出来。""喔，我一会儿，去保安室找你。""赶快，经理还在这里呢。"

讨论题：
1）案例中小李有哪些典型的负面责任行为？
2）作为仓库收货员的小李，岗位责任行为如何呈现？结合案例理解仓库收货员的岗位责任要素。

1.4.5 模拟案例：小王的工作职责

工作意味着责任，每一个职位所规定的工作任务就是一份责任，从事这项工作，就应该担负起这份责任。小王是公司的打单员，自从进入公司以来，工作一向积极主动，能够向同事虚心请教学习，勇于处理较难问题，团结同事，服从安排，人际关系做得也比较好。但小王最大的毛病是，每次工作过程中出现了差错，他说得最多的一句话就是，"关我什么事"或"这不是我的责任"。

后来小王所在的部门进行了工作调整，中午加了订单处理发货任务。打单员这个岗位和销售代表有着紧密联系，要求工作认真仔细、有耐心、有毅力。一次订单处理过程中，因为销售代表的事先工作做得不够，客户学校退了一部分货。经查实，退货商品为音像制品，不适合学生在学校图书馆借阅。因考核标准里有退货，要实行经济惩罚，所以小王表示了不满，认为退货不关他的责任，是销售代表事先没说清楚要求，并且有强烈的情绪，对其他同事造成了不好的影响。

相关部门交接好退货工作后，上级与小王做了一次详谈。首先，上级强调小王的基本工作任务和职责包括和销售代表关于目录订单的沟通等。一个订单从开始做目录到最后的到货，整个过程都是打单员的责任。任何一个环节有差错，都是打单员工作不到位，应主动沟通，不能埋怨他人。其次，上级表扬了小王工作优秀，但在突出之外，也有着不足之处，需要进一步加强服务意识和责任意识。小王也意识到了自己的工作失误，承认了错误，自愿承担责任，并且吸取教训。通过这件事，小王重新认识了自己的工作职责，在以后的工作中，没有再出现类似问题，并且带动了同事的进步。

讨论题：

1）案例中小王有哪些典型的负面责任行为？
2）思考如果你是小王，你该如何呈现正面责任行为？

1.4.6　模拟案例：基层邮递员的责任

岗位在哪里，责任就在哪里。《感动中国》十大人物之一王顺友 20 年来在雪域高原跋涉了 26 万公里，相当于走了 21 趟二万五千里长征、绕地球赤道 6 圈。每年投递报纸 8000 多份、杂志 700 多份、函件 1500 多份、包裹 600 多件，投递准确率达到 100%。

四川木里藏族自治县地处青藏高原东南缘，这里高山绵延起伏，全县海拔在 5000 米以上的大山有 20 多座，平均海拔 3100 米，生活和工作条件十分艰苦。邮路必经之地察尔瓦山，气候异常恶劣，一年中有 6 个月被冰雪覆盖，气温达到零下十几度；而走到海拔 1000 多米的雅砻江河谷时，气温又高达 40 多度，酷热难耐。从白碉乡到俚波乡，还要经过当地老百姓都谈之色变的"九十九道拐"。20 年中，王顺友一个人跋山涉水、风餐露宿；20 年来，他一路奔波不喊累不叫苦，战胜孤独和寂寞。正如他自己所说，"乡邮员是我的本职工作，搞好本职工作是我的责任，再大的苦也要忍了，不能给党丢脸。"

正是凭着这种极端负责的工作态度，20 年来，王顺友没有延误过一个班期、没有丢失过一个邮件、没有丢失过一份报刊，为中国邮政的普遍服务做出了最好的诠释。

讨论题：

1）王顺友作为乡邮员如何践行岗位责任？
2）你如何理解"岗位在哪里，责任就在哪里"这句话？

1.4.7　观察练习：岗位观察

以实际生活中某个组织的某种岗位人员为观察对象，观察典型责任行为（正面和负面），并总结岗位责任行为要素。例如，以学校中教学岗位、教学管理岗位、班委、大学生社团中某部部长等为观察对象，观察其责任行为，并完成作业观察报告，如《班干部负责行为观察报告》，要求描述背景、情节和关键事件等。

1.4.8　模拟练习：负责行为扮演

自拟情景，进行模拟观察，总结出在特定情景下应呈现出的责任行为。学生分组进行分角色扮演行为，并写出观察报告。有条件的可以拍摄一段视频，如《一个负责任的辅导员》视频。

操作指导如下。

1）教师向学生阐明训练目的和知识准备。
2）学生分组，每一大组又分为行为模拟小组和行为观察小组。
3）教师指导大组选择情景主题。例如，"一个负责任的辅导员"。
4）行为模拟小组和行为观察小组分别进行行为模拟和观察准备。
5）教师指导实施行为模拟观察。
6）观察组阐述行为观察结果。
7）每一大组提交一份行为观察模拟训练总结报告（或视频）。
8）有条件的线上组织观摩、交流或讨论。

第二单元 核心技能

【引导案例】被迫离职的小王

小王从旅游职专毕业后不久,通过面试成了一家餐饮公司旗下店铺的餐厅服务员。有了一份能够自食其力的工作,他还是很开心的。上班的第一天,由于餐厅生意火爆,在领班的安排下,小王负责为顾客点菜。由于小王对菜品并不熟悉,面对顾客的问题,如这道菜是不是辣的、这道菜具体的食材等,小王是一问三不知。此外,在上菜时,小王也很慌乱,不知道具体的桌位号,也没有注意上菜时的基本礼仪。一开始,小王向其他同事求助,大家还尽力帮助,但大家都很忙碌,也不可能时时、事事能帮他解决问题。最终,第一天结束后,小王因为顾客投诉率第一被领班批评了。小王很委屈,觉得自己是新人,不熟悉工作是很正常的事情,但没有人愿意帮助他,大家都排挤他,他很不习惯,于是萌生了辞职的念头。

上面案例所涉及的在组织工作中员工须具备的基本核心技能,分别是适应能力、表达能力和媒介沟通能力。作为组织中的个体,自身要获得组织认可,与同事保持良好的合作关系,在职业生涯中才能获得职业上的发展。具备组织工作中的核心技能是实现上述目标的必要前提条件。

2.1 单元目的

技能是学习者在特定的目标指引下,通过练习而逐渐熟练掌握的、对已有的知识经验加以运用的操作程序。随着组织工作变得越来越复杂,组织中个体基本技能的重要性越来越明显。越来越多的组织要求进入组织的个体具备基本的表达能力、共识能力、适应能力、分析问题和解决问题的能力、合作能力、自我管理能力、资源分配能力、媒介沟通能力等核心技能,以便个体可以更好适应组织和环境变化、更好地与人合作、更好地开展工作、促进组织更为高效地运作。作为组织中的个体,自身也会期望在职业生涯中获得职业上的发展、在日常工作中获得他人的尊重、能够与同事保持良好的合作关系,而具备组织工作中的核心技能则是实现上述目标的必要前提条件。

组织工作所需的技能涉及范围广泛,包括个人技能、人际技能和团体技能。个人技能关注那些不包括他人而只与自我管理相关的问题,人际技能关注与他人互动相关的问题,而团体技能关注团队领导与团队成员之间的互动相关的问题。个人技能、人际技能与团体技能并不是孤立的存在,它们之间相互依赖、互有交叠,当个体习得某一项技能后会对其他技能提供支持。本单元并没有按照一般的管理技能分类标准,将技能划分为技术技能、人际技能、概念技能,然后再进行一一分解,而是考虑到组织工作中各类技能的重叠与相互支持的特点,选择了组织工作中最广泛存在的、个体在组织工作中所应具备的、对个体影响较大的核心技能(适应能力、表达能力、媒介沟通能力)作为样例进行分析。

技能与知识之间存在着密切联系,技能的习成是以掌握必要的知识作为前提条件的,学生习得知识的同时,还要把握该知识在什么时候适用、在什么情景下应用,以及具体怎样去应用。同时技能也是行为方面的,即技能是可以被观察到的,可以被个体自身有意识地表现、实践、改善或抑制的。本单元通过核心技能的内涵界定、典型正面和负面行为分析、情景要素解构、案例分析、现场观察以及情景模拟实行亲验式、实践式、案例式教学训练,一方面将教学从传统的讲授向多样化的双向交流转化;另一方面促进学生习得的知识向技能转化,理解这些核心技能在组织中应呈现的具体行为,并有目的地加以表现和改善。

核心技能(core skills)指的是除具体专业技能和专业知识外,从事任何一种职业都必不可少的基本技能。它强调的是,当职业发生变化时,从业人员所具备的这一技能依然起作用。从业者的这一基本素质能使他们在发生变化的环境中重新获得新的职业和(职业)技能,所以有人形象地称之为"可携带的技能"(portable skills)。它在劳动者未来的发展中起关键作用,故而又被称为"关键技能"(key skills)。劳动部李怀康先生在有关职业核心技能的相关研究中,将核心技能定义为"职业能力结构中最深层次的一种行为表现";同时,对于如何开发或提升核心技能也提出观点"将抽象的技能概念还原到具体的职业活动场景去"。

"核心技能"的培养曾经成为德国强国富民、经济腾飞的"秘密武器",中国要提高综合国力、要在当今世界经济强国中争得一席之地，就必须培养出大批能在迅速变化的环境里具有适应力与竞争力的高素质劳动者。大众汽车公司职业培训部的邦加尔德曾说过："因为我们生活在一个技术发展速度极其迅速的时代，企业和管理部门的工作人员必须着眼于未来，迎接伴随技术发展出现的挑战。这就要求从业人员具备一种直到今天还未被人们普遍了解的自我重塑和自我适应的技能，那就是核心技能。"

随着知识经济时代的到来，劳动者的内涵也发生了变化，国外的相关研究表明，雇主对劳动力的要求随着时代的发展发生了显著变化，这种变化体现为由传统的注重体力发展为重视学历，到今天的重视"能力"。

2.2 适应能力

适应是个体进入到一个新团队、新组织、新环境时不得不面对的问题。实践中大量实例已经表明，适应能力差的个体，要么在组织中表现得很难与人合作、容易被组织边缘化、导致最终离职，要么个体在较长时间内处于较大的工作压力和焦虑之中、对身体健康和心理健康造成一定影响。这些现象无论从组织层面，还是从个体角度都是不期望看到的。适应能力的提升有助于个体基于认知及时进行调整，要么改变自身，从而更好地适应组织的规范和要求；要么积极主动地去改变周围环境或工作要求，以满足个体需要，从而最终达成个体与组织或环境间的协调与平衡。这对组织绩效和个体工作满意度的提高都有着显著的促进作用。

2.2.1 定义

适应能力是任何职业都应具备的核心技能之一。增强适应能力需要个体与组织、个体之间在心理和行为上进行适应性改变，这依赖于个体人际知觉、学习能力的提升，借此达成自身行为和职业需要的适应能力。

适应能力（fitness ability）是指改变自己的行为或工作方法以适应其他人或组织需要，或者改变环境或工作需求使之适合自身需要，以达到个体与组织、个体之间在心理和行为上和谐的适应性改变能力。当个体遇到新情景时，一般会产生三种基本的适应方式：一是问题解决，改变环境使之适合个体自身的需要；二是接受情景，包括个体改变自己的态度、价值观，接受和遵从新情景的社会规范和准则，主动地做出与社会相符的行为；三是心理防御，个体采用心理防御机制掩盖由于新情景的要求和个体需要间的矛盾而产生的压力和焦虑来源。

知觉是指个体为了给自己所处的环境赋予意义向组织和个体解释其感受印象的过程。个体行为以对现实的感知为基础，个体所感知的事物可能与客观现实存在较大的差距。人际知觉（interpersonal perception）是指对人与人之间的关系的知觉，包括对人外部特征的识别、个性特点的了解以及对人行为的判断与理解。人际知觉通常存在于人与人的交往过程中，以各种交际行为作为知觉的对象。在组织中，人际知觉能力的掌握能够帮助个体更全面地掌握自己对他人的整体印象，处理好组织中的人际交往，更好地适应组织生活。

学习能力（learning ability）一般是指人们在正式学习或非正式学习的环境下，自我求知、做事、发展的能力。学习能力是个体各项能力的基础，学习能力强的个体通常拥有更强的适应能力。

职业适应（career adaptation）也称工作适应，是指人们在职业活动中，面对工作中遇到的各种问题产生的一系列心理过程，包括个体对工作环境、工作任务、工作活动的适应，以及对自身行为和新的工作需要的适应。

职业适应具体包括以下 5 个方面。

1）心理适应，包括观念和意识的适应、角色适应、情感和态度适应、意志适应和个性适应等。体现为是否能够用理性的态度对待新的工作环境、新的工作内容、新的工作要求等。

2）生理适应，包括对工作时间、劳动强度以及紧张程度的适应等，体现为是否能够在身体上接受新工作的时间要求、承受新工作的劳动强度与压力。

3）岗位适应，包括对劳动制度、岗位规范的适应等，体现为是否能够认可并遵守新环境的各项规章制度。

4）智能适应，即对工作岗位所需的知识、技术和能力的适应，体现为是否具备新工作对于从业人员所要求的各项胜任素质，达到胜任岗位的状态。

5）人际关系的适应，包括处理与领导、同事等方面的关系，体现为是否能够与同事、上下级之间和睦相处，协调配合。

2.2.2 典型行为（正面和负面）

适应能力体现为伴随着环境变化个体在行为上做出的适应性改变。当个体进入到新的组织环境后，需要快速地对组织和工作岗位规范的差异性进行认知，学习组织工作的习惯方式，调整工作的态度、情绪和行为，寻找到个人价值观和个体行为与组织价值观、组织规范相契合的点，适应并融入组织，完满地完成组织交给的各项工作任务。正面的适应能力行为可以帮助个体更快地融入组织，实现组织化，获得组织归属感；反之，则会给个体带来心理压力、负面情绪，甚至被迫离职。

本小节将以工作岗位的适应行为和工作环境的适应行为为例，对它们典型的正面行为和负面行为进行具体讲解，帮助学生有效地提高适应能力。

1. 工作岗位的适应行为

工作岗位的适应行为是指新员工进入组织中的某一岗位或组织中发生岗位调动时，员工对于新工作岗位的规范行为进行认知、学习，主动调整自己的工作态度、行为去适应新的岗位需求的过程中所呈现出的行为。工作岗位的适应典型行为如表 2-1 所示。

表 2-1 工作岗位的适应典型行为

行为类型	典型行为
正面行为	1）认真学习工作岗位规范，熟知工作岗位职责 2）主动调整自身认知与岗位要求间的认知差异 3）以组织规范和工作习惯方式开展工作 4）遵守组织规章制度和劳动纪律 5）个人专业技能与岗位要求相符，并不断学习增长岗位技能 6）调整人际知觉，与同事人际交往融洽 7）上下级沟通顺畅 8）在工作中能与同事紧密合作，相互支持 9）工作角色转换迅速
负面行为	1）对工作岗位规范不了解，不知道自身岗位职责包括哪些 2）对新岗位认知差异通过负面情绪、态度和行为表现出来 3）偶尔会违反公司规章或劳动纪律 4）工作方式和习惯特立独行，不考虑他人感受 5）岗位技能要求与自身所具备技能水平不符，也不注重学习提升 6）人际知觉偏差，工作中经常与同事产生矛盾 7）上下级沟通不畅，工作中难与同事开展合作 8）工作角色转换缓慢

在工作岗位的适应行为中，典型的正面行为具体表现为当个体面对新的工作岗位时，能够迅速完成工作角色的转变；在身份上认同并接受新的工作岗位，不会出现对新岗位工作的抵触、排斥、畏惧等情绪，能够积极主动地认真学习工作岗位的规范，熟知工作岗位的职责，并从自身角度调整自我认知与工作岗位要求间存在的差异，力图在认知上达成一致；认可、接受并按照组织的规范和工作习惯的方式方法开展具体的工作活动；严格遵守组织的各项规章制度和相关劳动纪律，自觉规范自己的言行举止，使其与组织要求保持一致；个人专业技能水平与岗位要求相符，能够达到胜任状态，并有意识、有针对性地进行不断学习，提升岗位技能，以期不断提升自己的工作绩效；在人际交往方面，能够调整人际知觉，与上下级的信息传递过程保持顺畅，与同事交往融洽；能够在工作中与同事紧密合作，相互支持，对提高团队的工作绩效起到促进的作用。

在工作岗位的适应行为中，典型的负面行为具体表现为当个体面对新的工作岗位时，工作角色转换缓慢，很难从原有角色中抽离出来，不接受或者很难接受工作岗位变更、身份转变的事实，存在畏惧、抵触、排斥的情绪；对于新的工作岗位规范不了解也不想去了解，不清楚自身的岗位职责所涵盖的范围；对新岗位认知差异通过负面情绪、态度和行为表现出来，如消极怠工、满腹牢骚等；偶尔会违反公司规章或劳动纪律，不能够自觉规范自己的言行举止；在完成具体工作任务中，使用特立独行的方式方法，不考虑其他人感受；岗位技能要求标准与自身所具备技能水平不符，但也不注重学习以求提升技能水平；人际知觉存在偏差，在工作中经常与同事产生矛盾；特别是人际冲突，难与同事开展合作，上下级信息沟通不畅，不请示不汇报，从而阻碍团队整体绩效水平的提升。

2. 工作环境的适应行为

个体进入一个新的组织环境中,要做的第一件事就是快速适应和融入工作环境,这对于个体在今后顺利展开工作有着举足轻重的作用。而如何快速适应环境,就需要个体进入新环境后呈现出正面的工作环境适应行为。工作环境的典型适应行为如表 2-2 所示。

表 2-2 工作环境的典型适应行为

行为类型	典 型 行 为
正面行为	1) 确定自己的工作内容 2) 知道组织对员工的特别要求 3) 了解组织的政治和权力生态 4) 了解组织文化 5) 多做少说,表现勤快 6) 观察、学习同事做事方式和习惯 7) 向同事和上级请教 8) 收敛自己与公司规范不符的个性 9) 与同事交往融洽 10) 积极参加组织举办的各项集体活动
负面行为	1) 不清楚自己的工作内容 2) 不了解组织对员工的特别要求 3) 不清楚组织的政治和权力生态 4) 不了解组织文化 5) 工作消极被动,缺乏自觉性与独立性 6) 不注意观察、学习同事的做事方式和习惯 7) 不注意向老员工和上级学习 8) 个性张扬,与公司规范不符 9) 与同事交流不畅 10) 参加集体活动不积极,经常缺席

在工作环境的适应行为中,典型的正面行为具体体现为当个体进入新环境后,为了能够适应新的环境,做到多学、多看、多思、多想;为了快速融合到新的环境中,主动了解组织的发展历程、组织文化的形成轨迹、组织结构的设置、管理人员及员工的信息,特别是和自己所承担的工作相关的信息,如工作的内容、工作的成果要求、相关联的部门等;制定工作计划,按计划积极完成工作,提高工作效率;不自傲,虚心请教周边的同事,多向领导请示和汇报;做得多、讲得少,表现勤快、不偷懒;善于观察、学习同事的做事方式和习惯,并调整自己的行为,收敛自己与公司规范不符的个性;与同事之间保持融洽的关系;对于组织举办的各项集体活动,积极响应,乐于参与。

在工作环境的适应行为中,典型的负面行为具体体现为当个体进入新环境后,不清楚组织的价值观、各部门的结构设置、等级链以及自身工作的具体内容,也不愿意主动去了解;工作中被动接受、消极对待,应付了事,缺乏自觉性和独立性;个性张扬,特立独行,出现与公司规范不符的行为;不注意观察、学习同事的做事方式和习惯,不向老员工学习、向上级请示,存在信息传递不畅;漠视组织进行的集体活动,参与不积极或是缺席。

2.2.3 情景与要素分析

与适应能力有关的情景中最常见的两个典型情景,就是新员工融入组织环境和大学生的职业适应,本小节将对这两个常见的典型情景和其具体要素进行分析。

1. 新员工融入组织环境

新员工进入一个新的组织环境时,需要对组织中的规范行为、组织规则等进行快速了解,经历学习、认知、调整、依从、内化的过程,适应和融入组织,实现角色转换,快速从社会人向组织人转变。新员工融入组织环境情景规范要素如表2-3所示。

表2-3　新员工融入组织环境情景规范要素表

要素	内容
认知组织环境	1）了解组织的整体文化 2）了解组织的政治生态 3）了解组织中的特别规定 4）了解组织中的非正式组织结构 5）了解自身工作内容
态度情感调整	1）在认知基础上对组织环境（人、事、物）客观评价 2）了解自身需求与组织需求间的差异 3）调整个体需求适应组织要求 4）正向心境 5）呈现积极情绪
自主行为选择	1）呈现学习能力,主动学习 2）不断增长专业岗位知识,适应组织工作要求 3）认同组织文化、规范 4）自主调整行为与组织规范保持一致 5）正向人际知觉,工作过程中与同事保持良好的人际关系 6）妥善处理工作关系,上下级沟通过程中信息传递顺畅,同事间相互支持、配合

新员工融入组织环境情景规范要素包括认知组织环境、态度情感调整和自主行为选择三个要素。

认知组织环境要素具体包括五点。第一,了解组织的组织文化。组织文化是以组织精神、团队意识为导向,并被全体组织成员认可、接受和遵循的价值观、信念、准则和规范,体现为企业的使命、愿景和规范。新员工要融入组织环境,了解组织的文化是最基础、也是最重要的,只有具体了解了企业的精神、各项规章制度以及实物标识等,使个体的价值观与组织的价值观相互一致,才能把自己真正视作是组织的一员,与组织融为一体。第二,了解组织政治生态。组织中的活动包括管理活动和政治活动,它们之间差异明显。政治活动通常以组织内小团体或个人利益为核心而展开,其目标在于协调和控制组织内部人际和群际之间的关系。良好的组织政治生态有助于企业稳定格局,提升组织内人际互动的可预测性;而组织政治生态一旦恶化,人际互动就会陷入激烈的短期的零和博弈,导致组织内部管理被严重扭曲。第三,了解组织中的特别规定。个体需了解组织中根据特殊情况和需要规定的调整某种特殊问题的制度、规范,"特事"需"特办"。第四,了解非正式组织结构。除了要了解组织中正式组织结构的架构、层次以及各部门设置等,还需注意组织中非正式组织的存在。忽视非正式组织的存在、破坏其内在规则，很容易受到排斥而被孤立为边缘人。第五，了解自身工作内容。明确自身工作的内容、权责的范围及工作成果评定的标准。

态度情感调整要素具体包括五点。第一，在认知基础上对组织环境（人、事、物）客观评价。在对组织环境，如组织文化、政治生态、特别规定、非正式组织结构等进行充分了解的基础上，做出客观的评价，并做出态度反应。第二，了解自身需求与组织需求间的差异。明确个体价值观与组织价值观是否存有差异，若有，差异点在哪里。第三，调整个体需求适应组织要求。个体为了融入新环境，需要在态度上做出反应，在行为上做出调整。根据凯尔曼行为态度改变三阶段理论，个体态度行为改变一般分为依从、认同和内化三个阶段。依从是最为表面的态度改变，是指个体由于外在压力，为了达到一个更重要的目标而改变自己的态度反应或表面行为，例如一个群体的成员为了保持与整体的一致性、防止成为群体的异己而被群体拒绝或制裁，常常需要依从群体中占优势的态度；认同是指个体在情感上存在与组织的密切联系，从而接受某些观念、态度或行为方式；内化是态度改变中最深刻的层次，不再依赖外在压力及个体与其他人的关系，是一种新价值观的获得。新建立的内化水平的态度，会成为个人态度与价值体系的一个构成部分。第四，正向心境。拥有正向的心境有助于个体融入新环境。正向心境有乐观，相信否极泰来；负责，敢于担当；热情，实现梦想的原动力；自信，相信自己潜力巨大；合作，"我们"胜过"我"；包容，海纳百川；坚强，遇到困境不放弃；感恩，需要感悟的大智慧等。第五，呈现积极情绪。积极情绪也许并不产生特定的行为，但它能让我们的认知更灵活、开明，行为更大胆，从而构建和积累更多、更广泛的资源，这对于融入新环境是非常重要的。积极的情绪如喜悦（joy）、感激（gratitude）、宁静（serenity）、兴趣（interesting）、希望（hope）、自豪（pride）、逗趣（amusement）、激励（inspiration）、敬畏（awe）和爱（love）等。

自主行为选择要素具体包括六点。第一，呈现学习能力，主动学习。通过自觉主动地学习，使自己的行为更符合组织的要求。第二，不断增长专业岗位知识，适应组织工作要求。积极进行专业岗位知识的补充与升级，主动拉近自身水平与组织要求之间的差距。第三，认同组织文化、规范。将组织的文化，行为规范内化于心，外化于形。第四，自主调整行为与组织规范保持一致，对于自身与组织规范不一致的行为及时修正。第五，正向人际知觉，工作过程中与同事保持良好的人际关系。第六，妥善处理工作关系，上下级沟通过程中信息传递顺畅，同事间相互支持、配合。

2. 大学毕业生的职业适应

大学校园与职场存在较大差别，生活节奏明显加快、工作压力显著增加、人际关系更为复杂。大学毕业生从校园进入一个新的组织环境，开展职业活动，面对职业工作中各种新的工作环境、工作任务、工作活动，在自身行为和工作需要间需要适应过程。职业适应期对于大学毕业生非常关键，在这一时期，大学毕业生如果能够在心理、生理、岗位、人际关系等方面，主动认知、调整、适应职业工作，可以为职业发展奠定基础；反之，就会给大学毕业生带来工作苦恼、负面情绪及工作压力，最终表现出工作退出行为。大学毕业生的职业适应情景规范要素如表2-4所示。

表 2-4 大学毕业生的职业适应情景规范要素表

要素	内容
心理适应	1）观念和意识适应 2）角色适应 3）情感和态度适应 4）意志适应 5）个性适应
生理适应	1）对职业工作时间适应 2）对岗位劳动强度适应 3）对岗位紧张程度适应
岗位适应	1）适应组织的规章制度、劳动纪律 2）适应岗位规范 3）适应岗位工作程序
智力适应	1）主动学习，具备岗位所需知识 2）主动适应岗位对素质的要求 3）不断强化岗位技能，适应岗位对专业能力要求
人际适应	1）处理好与上级的关系 2）处理好与同事的关系 3）与具有工作关系的外部组织人员处理好关系

大学毕业生的职业适应情景规范要素包括心理适应、生理适应、岗位适应、智力适应和人际适应五点。

大学毕业生在入职初期往往会出现如自卑、失望、紧张焦虑、依恋逃避、盲目自信、急功近利等心理不适，而要顺利完成从"象牙塔"到职场的过渡，心理适应是至关重要的。心理适应要素具体包括五点。第一，观念和意识的适应。行为的改变源于观念的转变。对于刚刚走出校门的大学毕业生来说，职场可谓是一个相当陌生的环境，往往会对职场充满不安的揣测。这时首先要树立"我可以"的自信观念，勇敢地踏进职场。其次要拥有"零"心态，谦虚谨慎，切忌浮躁、目中无人、好高骛远；再次要树立脚踏实地的务实观念，适当调节心理预期，确定渐进的合理目标，不断在工作实践中积累，切忌妄想一步登天。最后要树立独立观、责任观。校园学习多依赖老师，遇到困难总觉得他人会帮自己，做错了事情总觉得他人可以原谅自己，这种习惯延伸到职场，遇到工作不会做或者做不好时往往就会以自己是新人为借口，给自己留后路。然而作为职业人应是自己主动去找问题的原因和解决办法，如为什么做不好？我哪里做错了？应该怎么改正？第二，角色适应。学生和职业人的身份存在很大区别，首先是目标不同。学生的目标是学知识，取得好成绩；而职业人的目标是完成公司交代的某项工作，取得良好的工作业绩。其次，两者所需要的技能不一样。学生所需的技能是良好的记忆力和逻辑思维能力，作为职业人则需要更多的技能。再次，工作方法不同。学生工作方法是个人的独立行为，学生只要按照老师的要求达到相应的要求即可，在完成的过程中可以得到老师无偿的、明确的指导，每位学生为自己的成绩负责；而作为职业人，更强调的是团队合作。任务需要通过团队协作来完成，每个环节都是非常紧密的，任何一个环节的差错都会影响到整个任务的完成。领导下达任务往往不会有太多的指导，需要个体主动积极去摸索与熟悉。最后是管理方式不同。学校对学生的管理相对松散，除必须要遵守作息制度、课堂要求以及学校纪律方面规章制度外，学生拥有很大的自由度去做自己的事情；而在职场中，个体更多的是服从、遵从规章制度，并且必须履行。学生在学校犯错会得到原谅与教育，而在职场犯错会影响个人的发展，甚至对组织造成重大损失。第三，情感和态度适应。积极的情感有助于行为上的改变。个体在情感上喜爱某个工作，在工作中必然会表现出主动、高效。第四，意志适应。培养坚强的意志品质，在面对入职后的困难与挑战时，要坦然面对，不畏首畏尾，同时要有不怕挫折不怕失败的勇气。坚强的意志品质表现为自觉、自制、果断和坚韧。第五，个性适应。大学毕业生作为年轻一代，个性张扬，自我意识较强，在进入职场后，要学会换位思考，不能用自己的习惯去改变环境，而是要学会入乡随俗，适应新的环境。

生理适应要素具体包括三点。第一，对职业工作时间适应。校园中的作息时间比较灵活，晚睡晚起是平常事。但进入职场后，每个组织都有严格的工作时间要求，制度规定员工不能无故迟到、早退，大学毕业生应当注意调整自己的作息，遵守组织的纪律。第二，对岗位劳动强度适应。职场的工作比校园的学习强度更大，压力也更大，需要消耗的精力也更多，因此需要大学毕业生注意劳逸结合、加强体育锻炼、保持身体与心理的健康，才能胜任工作的需要。第三，对岗位紧张程度适应；职场工作繁多，需要学会时间管理，根据工作的轻重缓急进行合理安排，适应岗位的紧张程度。此外，要加强应变突发事件的能力，面对突发情况，要做到处乱不惊，在理智面对的基础上寻找解决问题的办法。

岗位适应要素具体包括三点。第一，适应组织的规章制度、劳动纪律。每个组织都有自己的管理模式和规章制度，这是企业运行的保证。新职员要认真学习组织的管理模式和制度，按照要求严格遵守，并且把这种制度运用到各项具体工作当中；不遵守组织纪律会破坏组织的稳定，给组织的管理带来负面效果，甚至影响组织得到理想的经济效益。第二，适应岗位规范；岗位规范是对在岗人员所规定的工作要求和任职条件、是对不同岗位人员应具有素质的综合要求、是衡量员工是否具备上岗任职资格的依据，一般应包括岗位职责、上岗条件和生产技术规程三个部分。新入职的大学毕业生应明确岗位规范，做到上岗有标准、有依据。第三，适应岗位工作程序；岗位工作程序指本岗位必须完成的主要工作项目的先后程序；它是从岗位重复出现的某种工作项目出发，按照客观生产流程和活动规律所规定的先后项目标准顺序、项目内容与要求、工作手段等，是对本岗位履行职责必须完成的重要工作项目的具体要求标准。

智力适应要素具体包括三点。第一，主动学习，具备岗位所需知识；调查研究表明，大学生毕业后，有20%的知识会被新的知识冲击而淘汰。一个大学毕业生在学校里面学到的东西是非常有限的，职业人大部分的知识水平都来源于生活实践与工作。因此大学生初入职场时，一定要充分发挥主观能动性，虚心向他人学习，不断提高自己的专业素养，虚心向专业技术功底扎实、实际工作经验丰富的同事、领导以及技术人员学习。第二，主动适应岗位对素质的要求；除专业知识外，初入职场的大学毕业生还需了解并主动提升岗位对从业人员综合素质的要求和水平。第三，不断强化岗位技能，适应岗位对专业能力要求；要做到多学习、多交流、多观察、多思考，通过阅读专业书籍，多了解关于自己专业的知识和最新的技术；与自己的同事，以及专业的人士进行交流互动，在与他们的沟通、请教中逐渐掌握更多的技能；注意观察别人处理问题的方式方法，从中汲取经验，并勤于思考，创新工作的方式方法，提高能力水平。

人际适应要素具体包括三点。第一，处理好与上级的关系。首先了解上级对下属的期望，认清自己的角色，摆正位置。下级应严格按照自己的身份和地位，尽心竭力地履行职责，卓有成效地做好本职工作，完成上级交给的任务，以此作为处理好同上级领导关系的前提和基础；同时，必须防止出现"越职擅权"的现象，做出超越自己职权范围的事情。其次要了解上级的个性特点、工作方式和习惯。要把握好两个要点，一是适应上级，改变自己；二是注意观察，把握规律。再次要遵规守纪，大方得体。不管上级年长还是年轻，都一样尊重对待。说话、办事都要展示自己的个性、主见，不必过分拘谨、唯唯诺诺。最后要等距相处、亲疏有度。在与上级交往的过程中，要一视同仁，不要亲疏不一。要把握好四个要点，一是在工作上一样支持；二是在组织上一样服从；三是在态度上一样对待；四是不违反工作程序。第二，处理好与同事的关系。首先要做到积极支持，但不越俎代庖。在与同事共事的过程中，既要积极支持同事的工作，在其遇到困难时及时伸出援手，为其排忧解难，又要注意职权范围，不可随便插手同事分管的工作。其次要做到尊重同事。注意维护同事的形象，对同事的工作方式方法不品头论足、对其个人隐私不八卦，不去抬高自己、贬低别人，否则很容易伤害同事间的情感，影响双方的关系。最后要做到相互沟通，不猜忌怨恨。在处理同事关系时，一旦产生分歧、争论、隔阂、冲突，应注意加强沟通、增进理解、交换意见、相互体谅、化解矛盾，而不要以牙还牙、猜忌怨恨、激化矛盾。第三，与具有工作关系的外部组织人员处理好关系。这里的外部组织人员包括两种，一种是本部门之外的组织内部人员，另一种则是组织外部的相关人员。与他们共事时要牢记自己展现的不仅是个人形象，也是部门、组织的形象，在言谈举止方面要大方得体，在态度方面要体现尊重。

前面介绍了关于适应能力的定义，情景和要素，下一小节将通过具体案例分析和情景模拟练习，进一步展开与适应能力有关的能力开发。

2.2.4 模拟案例：我该怎么适应大学生活

我出生一个偏远的小村庄，从小父母就告诉我，要想改变贫困的生活，只有通过努力学习。在了解学习对于改变命运的重要性后，我努力学习，初中、高中各科的学习成绩都很出色，是典型的"别人家的孩子"。同学们都以我为榜样，愿意和我交流，也经常同我在一起玩，让我总有一种高高在上的优越感。高中毕业，我考上了一所不错的大学，来到了梦寐以求的大城市。城市生活与农村老家截然不同，新鲜感慢慢淡去后，我很快发现自己很难融入同学们中，生活水平、生活习惯、甚至连语言都与大城市里的同学们不太一样，他们谈论的话题我往往因为不太了解而很难一起交流。渐渐地，我感觉到自己越来越自卑，越来越觉得周围很多同学瞧不起我、排斥我，甚至感觉有个别舍友故意针对我、欺负我。原本让我引以为傲的成绩在大学里也不再突出了。和父母，原来的同学说起这些事情时，他们很不能理解，总觉得我是身在福中不知福。这些事一直困扰着我，让我心里越来越烦躁，感到周围的环境很窒息。我上课注意力无法集中，吃饭没什么味道，睡眠质量下降，大多数情况更想一个人待着，性格越来越孤僻。我该怎么适应大学生活?

讨论题:

1) 这位大学生在适应学校环境方面,有哪些正面行为?哪些负面行为?
2) 你觉得他应该从哪几方面入手主动适应学校环境?

2.2.5 观察练习:大一新生如何适应大学生活

新环境或新组织的进入者均有一个适应过程,而在这一过程中有些人适应较快,有些人适应较慢。通过观察身边适应行为的事例,可帮助我们提升进入新环境的适应能力。本小节练习以某位大一新生或同学为观察对象,请同学们观察其如何适应大学生活,在这一过程中呈现了哪些典型的正面行为和负面行为,并形成观察总结报告。请同学们谈一谈适应能力提升应呈现哪些典型正面行为。

2.2.6 模拟练习:如何融入新环境

自拟情景(例如,从学校毕业后加入了一个企业,因工作调动来到一个新的部门等)进行模拟观察,分析进入新环境后的适应过程,总结出在特定情景下应呈现出的适应行为。

操作指导如下。

1) 教师向学生阐明训练目的和知识准备。
2) 学生分组,每一大组又分为行为模拟小组和行为观察小组。
3) 教师指导大组选择情景主题。例如,以"新入职员工第一次参加部门集体活动"为情景主题。
4) 行为模拟小组和行为观察小组分别进行模拟和观察准备。
5) 教师指导实施行为模拟观察。
6) 观察组阐述行为观察结果。
7) 每一大组提交一份行为观察模拟训练总结报告。

2.3 表达能力

表达能力是个人发展的基本条件,是人们发展智力和社交能力的核心要素。随着现代社会的发展和人际交往的频繁,表达能力愈来愈显示出它在一个人成长中的地位和作用。人际关系学大师卡耐基说过,一个人的成功约有15%取决于知识和技术,85%取决于沟通,即发表自己意见的能力。在组织中,表达能力显得尤为重要。在个体与个体、个体与群体、个体与组织的对接中,良好的表达能力可以使个体清楚、准确、适度地传达自己的命令、观点、意见或建议,例如可以帮助管理者清晰地下达指令、帮助下级准确全面地反馈信息等。如果表达能力不足,组织信息的传递活动将受到阻碍,从而导致组织效率和绩效的下降。

2.3.1 定义

表达（expression）是将思维所得的成果用语言、语音和语调、表情、动作等方式反映出来的一种行为。表达以交际、传播为目的，以物、事、情、理为内容，以语言为工具，以听者、读者为接收对象。

表达能力（expression ability）又称为表现能力或显示能力，是指一个人善于把自己的思想、情感、想法和意图等，用语言、文字、图形、表情和动作等清晰明确地表达出来，并善于让他人理解、体会和掌握。表达能力包括口头表达能力、文字表达能力、数字表达能力、图示表达能力等形式。数字表达能力、图示表达能力属于专业范围内修炼的基本技能，在组织中我们主要强调口头表达能力和文字表达能力。表达能力具体体现为四点：一是根据表达内容选择语言材料并组成话语形式的能力，其中口语表达诉之于语音，书面表达形之于文字；二是根据表达目的进行自我调控的能力，一旦察觉偏离目的，能够及时进行自我调控；三是针对交际对象——听者或读者的可接受性选择语言材料和调整话语形式的能力；四是言语表达同言语环境相适应的能力，根据具体情景对语言材料的选择和话语形式进行组合与调整。

口头表达能力（verbal ability）就是口才，是为了实现沟通的目标，而有效地运用口头语言表情达意的活动。多元智力理论认为，在人的各种智力中，言语智力应被列为第一。言语在人的一生中都占据着重要地位，是人们发展智力和社交能力的核心因素。

文字表达能力（writing ability）又称为书面表达能力，是指一个人善于把自己的思想、情感、想法和意图等，用文字、表格、图形等书面符号清晰明确地表达出来，让他人能理解、体会和掌握。文字表达能力是各类人才须具备的基本素质之一，尤其是管理人才。因为他们不同于一般的工作人员，不仅需要过硬的专业知识，而且需要良好的综合素质，文字表达能力便是其综合素质的重要成分之一。

非语言表达能力（nonverbal ability）指有意或无意地通过语言、书面文字之外的方式传递信息、表达感情的能力。在个体与个体沟通中，高达55%以上的信息都通过非语言方式传递，例如身体语言（面部表情、肢体动作）、仪态仪表、空间距离等。

2.3.2 典型行为（正面和负面）

表达能力体现的是人们交流思想、表达思想的能力，在组织中主要体现为口头表达能力和书面表达能力。如果缺乏口头表达能力，就不能发送有效的话语信息，接收者就很难理解全面或正确，这将大大降低沟通效率；如果缺乏文字表达能力，不会写或写不好工作决策、工作报告、工作总结等，也会降低组织工作效率。

本小节以口头表达能力和文字表达能力为例，分析典型的正面行为和负面行为。

1. 口头表达能力行为分析

口头表达能力行为是组织个体在为实现沟通目标而运用口头语言表情达意的活动中呈现出的行为。口头表达能力典型行为如表2-5所示。

表 2-5　口头表达能力行为

行　为　类　型	典　型　行　为
正面行为	1）直截了当地表达所见、所思、所感、所需 2）及时地表达，让别人及时意识到自己的所作所为 3）清晰表达自己的想法和问题 4）表达的目的与真实沟通目标一致 5）表达能使对方愿意或有兴趣听下去
负面行为	1）表达拐弯抹角或用暗示 2）表达意愿等时不及时，往往拖延 3）表达自己的想法和问题时模棱两可、含糊不清、产生歧义 4）表达的目的与真实的沟通目标错位，不一致 5）表达引起对方反感，不愿听下去

口头表达能力典型的外显正面行为具体包括能够及时、直截了当地表达所见、所思、所感、所需，将头脑中形成的观点、想法进行编码，转化为能够让对方理解的信息，运用准确、清晰的语言表达出来，让其他人及时意识到自己的所作所为，实现预期的沟通目标。同时，能够运用语音、语调、语速等语言艺术与技巧激发对方的倾听欲望，使对方愿意或有兴趣听下去。

口头表达能力典型的外显负面行为具体包括表达拐弯抹角或滥用暗示造成表述不清；不能将头脑中形成的观点、想法准确编码，转化为能够让对方理解的信息，造成传递的信息内容与头脑中的所思所想不符；表述时模棱两可、含糊不清，造成理解歧义，进而导致表达的目的与真实的沟通目标错位、不一致；不能够运用语音、语调、语速等语言艺术与技巧激发对方的倾听欲望，引起对方的反感，使对方不愿意或没有兴趣听下去。

2. 文字表达能力行为分析

文字表达是组织内进行正式沟通时不可或缺的一种方式。文字表达能力行为是指个体把自己的思想、情感、想法和意图用文字、表格、图形等书面符号清晰表达出来的行为。在组织中，具体表现为在拟订报告、总结、会议记录、演示文稿、文件、函件、内部期刊等书面信息时所呈现出的行为。文字表达能力典型行为如表 2-6 所示。

表 2-6　文字表达能力典型行为

行　为　类　型	典　型　行　为
正面行为	1）准确说明了书面信息的目的和需表达的信息 2）书面信息格式规范，符合组织规范要求 3）书面语言简洁明了，接受对象易理解 4）书面语言通顺，无语病和错别字 5）书面语言重点突出 6）结构合理，有逻辑
负面行为	1）书面信息目的模糊，不能完全表达沟通目标 2）书面信息格式不规范 3）书面语言冗余，接收对象难于理解 4）书面语言不通顺，有语病和错别字 5）书面语言重点不突出 6）结构不合理，叙述没有逻辑

文字表达能力典型的外显正面行为具体包括能够将头脑中形成的意见、想法、观

点等进行准确编码,并通过文字描述的形式准确地说明书面信息传递的目的和需表达的信息内容。书面信息格式规范,符合组织规范或相关文本格式的要求;书面语言的运用简洁明了、清晰准确;句型使用恰当,段落连贯、有逻辑性;图形和表格使用准确恰当,能够突出重点,使接受对象易于理解;在语法、句式上不存在成分缺少、排序不当等问题,不会给接受对象造成理解歧义;用字准确,无错别字。

文字表达能力典型的外显负面行为具体包括不能够将头脑中形成的意见、想法、观点等进行准确编码;无法通过文字描述的形式准确地说明书面信息传递的目的和需表达的信息内容,造成书面信息目的模糊,不能完全表达沟通目标;书面信息格式不规范;书面语言的使用冗余,没有逻辑性;结构混乱,不能够突出重点内容,导致接受对象在理解上产生歧义或不解;在语法、句式的使用上存在问题;用字不准确,存在语病和错别字。

2.3.3 情景与要素分析

与表达能力有关的情景通常为组织上下级间的沟通中上级和下级各自的表达情景,本小节将分析这两个常见的典型情景和其具体的要素。

1. 下级向上级汇报工作情况、提出建议或表达意愿

下级员工向上级领导汇报工作情况、提出建议或意见、表达自己的意愿是组织中常见的情景之一,属于上行沟通。良好的上行沟通可帮助上级领导了解工作的开展情况,掌握工作中出现的问题,从而调整下一步工作的部署,做出符合实际的决策。在上行沟通中,下级要克服"畏官"心理,主动汇报、及时汇报,在沟通过程中不仅能解决问题,同时也能令上级领导加深对自己的印象。在这一过程中,下级员工表达能力的高低决定了沟通效果的好坏。在此情景中的表达,下级员工不仅需要具备良好的口头表达能力,也需要具备一定水平的文字表达能力,以及恰当的非语言表达能力。对下级员工在此情景中表达行为的具体分析,将有助于下级员工提升表达能力,提高上行沟通的效果。下级向上级汇报工作情况、提出建议或表达意愿情景规范要素如表2-7所示。

表2-7 下级向上级汇报工作情况、提出建议或表达意愿情景规范要素表

要 素	内 容
表达目标明确	1)明确表达的目的 2)直接表达工作结果、存在的问题及原因或需要上级支持的意愿
表达应当及时	1)及时向上级汇报工作状况 2)工作中的重大问题及时向上级汇报
表达应当适时	1)选择上级心情好时汇报事半功倍 2)选择最佳时机向上级汇报
表达重点突出	1)向上级汇报工作进展重点说结果 2)向上级请示工作重点表达建议方案 3)向上级总结工作重点表达流程
表达言简意赅	1)表达信息简洁明了 2)表达信息语言通顺、精练
表达态度谦逊	1)对上级领导要做到有礼貌、谦逊 2)不采取"低三下四"的态度

下级向上级汇报工作情况、提出建议或表达意愿情景规范要素包括表达目标明确、表达及时、表达适时、表达重点突出、表达言简意赅和表达态度谦逊六点。

表达目标明确要素具体包括两点。第一，明确表达的目的。下级不必凡事都向上级汇报，但出现以下一些情况时，一定要向上级汇报。首先，在工作有了新的进展或达到了一定程度时，通过汇报，能够让上级对各项工作了如指掌，做到心中有数，也能更好地进行把控；其次，在工作中出现了失误时，通过汇报寻求上级的帮助，能够更好地解决问题；最后，在工作的内容超越了自己的权限时，通过汇报，一方面体现了对上级的尊重，另一方面也避免因能力不足而出现工作差错。第二，直接表达工作结果、存在的问题及原因或需要上级支持的意愿。无论是口头表达还是书面表达，都采用直接的组织结构，开门见山地说明表达的目的，说明要向上级汇报的具体工作情况、在工作中存在的问题并对问题产生的原因进行解释以及希望上级同意、给予帮助的个人意愿。

表达应当及时要素具体包括两点。第一，及时向上级汇报工作状况。向上级汇报工作情况应注意时效性，对于常规性工作的汇报可采用定期定时的方式，方便上级及时熟悉并掌握下属工作的最新情况及有关动态。第二，工作中的重大问题及时向上级汇报。除常规性工作外，下级员工在工作中遇到的突发事件、重大事件等，在无权或无法自行解决的情况下，应及时向上级领导汇报、请示，避免因时间延误而造成问题的升级、事态的恶化。此外，下级员工针对某些具体事宜向上级领导请求批准、就某一涉及面广的事项提出处理意见、办法、自己的一些想法或建议时也应注意时效性。

表达应当适时要素具体包括选择上级心情好时汇报事半功倍。汇报前要营造良好的气氛，下级应选择在上级领导心情愉悦的时候去汇报，如在组织近期工作比较顺利、某项工作取得了突破性的进展、某项工作圆满结束、节假日前夕时等最佳时机向上级汇报。在经过两天的休息后，周一上班时你是否感到很烦躁？每个人的精力都有限，不止下级，上级同样也会存在这样的情形，因此要选择在适当的时机向上级进行工作的汇报。周一事务繁多，特别是上午不要去打扰；周二工作效率最高，是汇报的好时机，要抓牢；周三是情绪低潮期，要汇报就要注意思路清晰、语言简洁；周四是黎明前的黑暗，是效率最低的一天，也是提建议的好时机，因为上级会变得比较容易通融、妥协；周五是心情最好的一天，正所谓机不可失、失不再来，一定要抓住时机。

表达重点突出要素具体包括三点。第一，向上级汇报工作进展重点说结果。在向上级领导汇报一项工作的进展情况，应本着实事求是的原则，既不夸大，也不隐瞒，将工作进展的状况如实告知，不要害怕受到上级的批评而报喜不报忧，影响了上级领导的正确判断，导致在决策上出现失误。在汇报结论或结果时，应以数据作为支撑，精确的数据远比通篇的主观表述更具有说服力，也更容易取得对方的信任。第二，向上级请示工作重点表达建议方案。针对某一项工作向上级提出自己的方案或建议时，应把重点放在方案上，先说方案，再说明理由。即使领导否决了自己的提案，也不要产生负面情绪和气馁，因为工作本来就是一个不断学习的过程。第三，向上级总结工作重点表达流程。当一项工作完结后，在向上级领导汇报时，要注意突出工作的流程，即这些工作你是如何开展的，使用了哪些方法，遇到了哪些困难。重点表达流程可以帮助上级领导更加具体地了解下级的工作能力，并对工作结果形成更加客观的判断。

表达言简意赅要素具体包括两点。第一，表达信息简洁明了。在向上级汇报时要简明扼要地将事情说清楚，罗列一二三条，做到条理清晰、逻辑缜密，注意避免使用过多的专业术语。第二，表达信息语言通顺、精练。无论是口头表述还是书面表述，在用词方面要做到准确，避免含糊、模棱两可、啰唆冗余；在句法使用上，要恰当使用简单句、复杂句、复合句，根据强调的重点正确使用主动语态及被动语态；在段落安排上要保证内容一致性和逻辑性。

表达态度谦逊要素具体包括两点。第一，对上级领导要做到有礼貌，谦逊。对于上级领导要尊重、有礼貌，当领导提出异议时，要学会换位思考；当遭遇批评时，不要急于辩解，否则会加重上级的反感、加深误解，使情况愈发糟糕。第二，不采取"低三下四"的态度。克服自卑、怕官心理，抬头看人、正视对方、不卑不亢、大方得体，不要未战已败。

2. 上级给下级布置任务

上下级沟通中，上级给下级指派任务是组织活动中的重要沟通情景之一，属于下行沟通。此时，上级的表达能力成为影响任务完成效果的重要原因。对于工作任务结构要做到清晰，即工作的目标、方法、步骤都很清楚，这样上级领导在向下级布置工作任务时就可以下达较容易的程序化的具体指令，下属的任务只是执行，上级领导也可以按步骤分别检查各阶段工作成绩。但如果工作任务结构含混，上级领导在布置工作时表达能力又差，就会削弱上级领导对事态的控制力，导致下级在完成任务时茫然不知所措，严重影响工作的顺利完成。上级给下级布置任务情景规范要素如表2-8所示。

表2-8　上级给下级布置任务情景规范要素表

要素	内容
布置工作任务明确	1）清晰表达所布置工作任务的目的性 2）清晰表达所布置工作任务的内容 3）清晰表达所布置工作任务衡量标准
责任权利清晰	1）向下级表明任务责任，并明确职责 2）向下级表明支持性资源情况
限定任务时限	1）表达中限定任务的开始时间 2）表达中限定任务的结束时间
检查与反馈	1）表达过程中需要检查的信息 2）请下级确认布置过的任务

上级给下级布置任务情景规范要素包括布置工作任务明确、责任权利清晰、限定任务时限和检查与反馈四点。

布置工作任务明确要素具体包括三点。第一，清晰表达所布置工作任务的目的性。人与动物的区别之一在于人的行为是有目的性的，无目的或目的不清晰，会导致行为的无效或效率低下。上级领导在向下级布置工作时，应在表达上注意明确告知下级这项任务完成的目的性，阐述其意义与价值，这样下级在思想上才能更加重视，在行为上更加有效。第二，清晰表达所布置工作任务的内容。上级领导在向下级布置工作任务时还应明确表达工作任务的具体内容。有了具体明确的工作内容，下级才知道如何开展具体的工作，知道应该做什么、不应该做什么，需要什么资源作为支持，与哪些人员部门发生关联，并做好工作计划。第三，清晰表达所布置工作任务衡量标准。上级领导在向下级布置工作任务时，除要明确表述任务完成的目的、具体的工作内容，还应明确工作目标，将其作为衡量工作结果的绩效标准。目标的设定应遵循 SMART 原则，即具体的，不能过于笼统；可度量的，以数量化或者行为化的标准体现；可实现的，避免设立过高或过低的标准，过低的标准会容易让下级重视程度不够，不能激发下级的工作热情，在完成工作中产生懈怠的情况，过高的标准会让下级失去完成的勇气与信心，不利于工作的展开；相关的，彼此间相互关联，不自相矛盾；有期限的，即这项工作要求什么时候完成。

责任权利清晰要素具体包括两点。第一，向下级表明任务责任，并明确职责。上级领导在布置工作任务时，还需明确表述下级的权力以及承担的必要责任，让下级对工作中所涉及的权责范围有清晰的了解，避免出现因权责不清出现"踢皮球"或越俎代庖的现象，造成管理上的混乱。第二，向下级表明支持性资源情况。明确表述下级在工作中可获得在人力、物力、财力等哪些资源上的支持，增强下级完成工作的自信心。

限定任务时限要素具体包括两点。第一，表达中限定任务的开始时间。上级领导向下级布置工作，应准确表达任务开始的时间，使得下级可以有比较充裕的时间制订工作计划，以及处理好其他交叉工作。第二，表达中限定任务的结束时间。上级领导向下级布置工作，除应准确表达任务开始的时间外，还应限定任务的结束时间，如果工作任务时间跨度较长，要限定各阶段工作的完成时间，保证工作任务按时完成。同时，这样也可以帮助下级增强时间观念，更好地安排自己的各项工作。

检查与反馈要素具体包括两点。第一，表达过程中需要检查的信息。无论是口头表述还是书面表述，在表述中随时注意检查信息传递的准确性，如工作的目标、工作的起止时间等。第二，请下级确认布置过的任务。在布置工作任务后，还应请下级及时确认、反馈，了解对下级对布置工作任务的内容、标准、权责和时间等内容的理解是否准确，以及了解下级预估在任务完成中是否存在某些困难。

前面介绍了关于表达能力的定义、情景和要素，下面通过具体案例分析和情景模拟练习，进一步展开与表达能力有关的能力开发。

2.3.4　模拟案例：王珂应该怎么做

王珂是个北方人，具备北方人特有的热情与直率，说话直接，有一说一，总是愿意把自己的想法表述出来和大家一起讨论。他一直认为坦诚相待是为人处世的基本原则，也正是因为这个特点使他在上学期间很受老师和同学们的欢迎。今年，王珂从某大学的财务管理专业毕业，他认为，四年的学习不但使自己掌握了扎实的专业知识，还具备了较强的人际沟通技能。对于未来他充满期待，为了能实现自己的梦想，他没有选择回到老家，而是选择去北京发展。

经过多次的投简历和面试，王珂最终被北京一家规模不大的私企录用了，从事财务管理工作。之所以选择这家公司作为自己职业生涯的开始，王珂主要是看重该公司规模适中、有发展前景，而且该公司的财务管理工作还处于摸索阶段，如果他加入，就会成为财务部门中比较具有专业知识的年轻员工，施展能力的空间很大。

王珂满怀信心地开始了自己的职业生涯。但是才到公司一个月，他就陷入了困境。王珂就职的这家公司是一个典型的小型家族企业，企业中的关键职位基本上都由老板的亲属担任，充满了各种裙带关系。人力资源部的经理是老板的小姨子，自己的直接领导是老板的大儿子，而这个人主要负责公司销售工作，根本没有管理理念，更不用说财务管理理念了。在他的眼里，只有销售量，公司只要能赚钱，其他的一切都无所谓。王珂认为财务的混乱是不利于公司整体发展的，于是他拿着自己精心准备了一周的建议书走进了直接上级的办公室。

"李经理，我到公司已经一个月了，我有一些想法想和您谈谈，您有时间吗？"王珂走到经理办公桌前说。"来来来，小王，本来早就应该和你谈谈了，只是最近一直在跑市场，就把这件事忘了。""王经理，对于一个企业，尤其是处于上升阶段的企业来说，要持续企业的发展必须在管理上狠下功夫。我来公司的这一个月期间，我发现在财务管理中存在很多漏洞需要完善，作为专业人员，我发现咱们的问题主要体现在……我的建议是……"王珂按照自己事先所列的提纲开始逐条向李经理汇报。

王珂口若悬河地说了十几分钟，李经理微微皱了一下眉头说："你说的这些问题我们公司也确实存在，但是也不是只有我们一家公司存在这样的问题。我们公司现在最重要的事是抢夺市场，你也看到了，只有有了市场，我们公司才能赢利，我们不能为了捡芝麻而把西瓜丢了，不是吗？什么事情都要有个轻重缓急。""可是，眼前的发展并不等于将来也可以发展，我们的目光不能那么短浅，要放眼未来，许多家族企业都是败在管理上的，不是吗。"王珂打断了李经理的话。"好了，我现在还要出去一下，等有时间再和你交流，可以吗？"李经理不停地看着手表。"我就只耽误您一点时间，我觉得我的方案还是有建设性的，至少从专业的角度看。"王珂继续坚持着。"我现在真的是赶时间，这样吧，我回头再找你好好聊一聊吧。"说完李经理就走出了办公室。

王珂望着李经理的背影，真切地感受到了不被认可的失落，但他仍然期待着和李经理再次交流。但他始终也没有等到，李经理也好像完全不记得这件事了。王珂陷入了困惑之中，他不知道自己是应该继续和上级沟通还是干脆放弃这份工作，另谋发展。

讨论题：

1）王珂在与上级沟通中表现出哪些正面行为？哪些负面行为？
2）你觉得从哪几方面进行改善能提升王珂的表达能力？

2.3.5 模拟案例：小孙如何做好人际沟通

某公司近年来从各职业院校招聘了一批学习优秀的毕业生充实公司各个部门，从北京某职校电气专业毕业的小孙被招聘到该公司的技术部，成了一名技术工人，公司特别安排一位科班出身、经验丰富的王工带他熟悉业务。

小孙在学校的学习成绩一直很好，成长道路也比较顺利，没有吃过什么苦，性格比较开朗，是个典型的"直肠子"。

在公司实习一星期后，小孙就陷入了困境。虽然在校学习成绩不错，但基本上都是纸上谈兵，在具体的工作实践中，他总是感到力不从心，很多工作中出现的问题，他想请教王工，但总是感觉王工不是很愿意和他说话，对他也是爱答不理的，这让他感到很困惑，到底是和王工没有眼缘，还是哪里得罪了他。于是小孙找到了主管，想换一个师傅。

"小孙啊，你在跟王工学习业务的过程中表现得有些浮躁，语气不太谦和，态度需要调整啊。"部门主管在听完了小孙的要求后对他说道。

"是吗？有这个问题？我觉得我自己对他挺尊重的呀。"小孙委屈地说道。

"小孙，你上进心很强，工作也很认真，但是王工觉得你性子有点急，你有问题向他请教的时候，他还没有说完，你就表示明白了，而且总是打断他的话，这样对前辈感觉不够礼貌吧。另外，你和他总是称兄道弟的，虽然你觉得这样显得亲近，但王工性格内向，而且是这个公司的老人了，你这样也让他觉得很没有面子。希望你可以改一改。"

"嗯，好的，经理，我会尽快适应公司工作生活，学会为人处事，和同事们搞好关系，积极向王工学习！"

这次主管找小孙面谈，让他有些感触，自己的确在沟通方面存在问题，应该好好反思一下。

讨论题：
1）此案例上下级沟通中都呈现了哪些负面和正面的表达行为？
2）小孙该如何改善自身表达行为，提升表达能力？

2.3.6 模拟案例：朱珠和李琳区别在哪里

销售部的朱珠和李琳几乎是同年入职的，从事产品的市场推广。两人年纪相仿，工作上都很认真、努力。但几年后，朱珠已经一跃成为销售部区域分部的部长，受到了上级的赏识，李琳却还在销售部做着一名基层销售员，辛苦地进行着市场推广。李琳常常感叹世道不公，觉得自己就像一头老黄牛一样，虽然吃苦受累，但总是不讨好，上级也对她不是非常满意。李琳觉得上级有些偏心，甚至认为上级讨厌自己。

难道是上级处事不公吗？这件事还真得仔细琢磨一下。事实上朱珠和李琳在工作能力以及对重要问题的判断力方面是没有多大差距的，问题的关键就在于两人的沟通技巧以及对汇报时机的选择上。

李琳说："我是一个对工作非常认真负责的人，遇到什么困难或者出现了什么问题，我都会在第一时间及时向上级汇报请示，因为我觉得如果汇报不及时，一旦出现了不可控的后果，我个人是承担不了这个责任的，必须由上级来把关。"因此，上级即便是在下班时间，或是休息日都会接到来自李琳的请示信息，而且有的时候晚上10点多还会收到李琳发来的短信。上级感到不胜其扰，感觉自己就像一个永远不能放手的孩子家长，时时、事事都要管。

反观朱珠的表现，虽然在出现问题之后非常着急，可是从她的脸上却看不到着急的表情。相较于李琳即使过了下班时间、上级已经一脚迈出了办公室的门，还拉住他着急忙慌地汇报，朱珠看起来总是很冷静、稳重，除非是极为紧急重要的事情，一般不会在临下班或者休息日向上级请示汇报。而且在汇报或请示时，通常会总结为几点，简单明了。朱珠说："这样可以有效地节省时间，效率会更高，而且常规性问题自己就可以解决，对自己的工作负责是作为员工必须要做到的，不能总想着出了事，谁来背锅。"

讨论题：
1）此案例上下级沟通中都呈现了哪些负面和正面的表达行为？
2）李琳该如何改善自身的表达行为，提升表达能力？

2.3.7　观察练习：表达过程观察

可自选观察对象，进行表达过程的观察。例如，以一位售货员或一位教师为观察对象，观察其在销售货物或课堂教学中的表达行为，说明他们有哪些典型的表达行为（正面和负面）。

通过观察分析形成表达行为观察总结报告，并请学生谈一谈观察对象应呈现出什么样的典型行为。

2.3.8　模拟练习：如何向上级汇报工作

自拟情景（例如向上级汇报工作或年终会议上的工作总结等）进行模拟练习，总结出在特定情景下应呈现出的表达行为。

本小节以下级向上级汇报工作为模拟练习场景，通过模拟练习分析总结下级向上级汇报工作时应呈现出怎样的表达行为。

操作指导如下。
1）教师向学生阐明训练目的和知识准备。
2）学生分组，每一大组又分为行为模拟小组和行为观察小组。
3）教师指导大组选择情景主题。例如，下级向上级汇报工作。
4）行为模拟小组和行为观察小组分别进行模拟和观察准备。
5）教师指导实施行为模拟观察。
6）观察组阐述行为观察结果。
7）每一大组提交一份行为观察模拟训练总结报告。

2.4　媒介沟通能力

任何个人、群体或组织，只有依靠沟通，才能彼此传达信息和想法，实现交流。但沟通绝不是简单的你说我听、你比画我猜，实现有效沟通的重要前提条件除了要具有信息发送者、信息接受者和明确的信息内容外，信息是否可以借助合适的载体通过恰当的渠道进行传递，在很大程度上也影响着沟通的效果好坏。各种媒介在传递信息的能力上存在差异，有些媒介是丰富的，因为它们能够同时处理多种线索，有利于快速反馈，非常个性化；有些媒介在上述三个方面表现较差，因而是比较贫乏的。

对于沟通者而言，任何一种沟通媒介，无论是组织内部刊物、电话、会议，还是电子邮件，它们的有效性都取决于面对的受众，即信息接受者的特征，以及你所发送的信息类型。有效选择媒介沟通的能力是组织成员需具备的核心能力之一。

2.4.1 定义

媒介（medium）在传播学意义上是指利用媒质存储和传播信息的物质工具。美国著名传播学家施拉姆认为，"媒介就是传播过程中，用以扩大并延伸信息传送的工具"。媒介包括两方面要素：一是包容媒质所携带信息或内容的容器，如书（甲骨、竹简、帛书、纸书）、相片、录音磁带、电影胶片、录像带、影音光盘等；二是用以传播信息的技术设备、组织形式或社会机制，包括通讯类（电报、电话、传真、电子邮件、可视电话、移动电话等）、广播类（布告、报纸、杂志、无线电、电视等）和网络类三大类。在当代社会，一般而言，媒介指书籍、报纸、杂志、无线电、电视和国际互联网等，它们都是用以向大众传播消息或影响大众意见的大众传播工具，都是传播信息的媒介。媒介不同于传播渠道，不同的传播渠道需用不同的媒介加以配合，不同的传播媒介又对不同的传播渠道进行定型，同一媒介可以进入不同的传播渠道。如在口头传播渠道中，信息可以通过员工会议、电话交谈、语言短信等媒介传递；在书面传播渠道中，信息可以通过备忘录、工作报告、公告栏、电子邮件等媒介传递。

媒介沟通（media communication）是一种信息，借由媒介可以使得对象间产生传达、交流等动作。在组织中，良好的媒介沟通不但能加快组织成员间的沟通，更可因为更顺畅的沟通交流而使沟通满意度提高，达成沟通的意图。

沟通媒介选择（communication medium selection）指信息沟通者根据信息传播目的、类型、沟通对象、沟通渠道、沟通情景，评估沟通效果后，选择传播媒介的过程。若在尚未明确沟通目的、未完全确定沟通对象时，在沟通渠道和媒介没有认真选择的情况下展开沟通，沟通的效果要大打折扣。

媒介沟通能力（media communication ability）指信息沟通者依据信息类型，选择合适媒介进行信息传播扩散，以达成最佳沟通效果的能力。由于不同媒介适用于不同的信息类型和不同的组织情景，选择和使用合适的媒介在很大程度上影响着沟通效果。在组织沟通中，媒介沟通能力是核心能力之一。

2.4.2 典型行为（正面和负面）

从沟通的角度说，沟通的主体、受众以及相关者通过不同的沟通媒介进行充分、有效的沟通，是实现沟通意图、达到沟通效果的关键所在。但在不同的沟通情景、沟通方式中，我们应用的沟通媒介不同。例如，口头沟通中，我们会借助会议、视频会议、电话等沟通媒介；在书面沟通中，我们会借助信函、报告、PPT、电子邮件、即时通讯、文本通讯、社交媒体、微博等媒介。对不同媒介的选择，将极大程度影响沟通的效果。

本小节将以会议、电话、PPT媒介沟通为例，分析典型的媒介沟通正面行为和负面行为，并将它们进行对照，以帮助组织成员提升媒介沟通能力。

1. 以会议为媒介的沟通行为

会议可以是正式的，也可以是非正式的，通常包括两人和两人以上，几乎在任何地点都可以发生。即便是与他人随意的业务交流，也可以作为会议的一种，帮助我们专注于业务的进展。开会对于一个组织来说有着各种各样的作用，员工在会议上可以明确自己在项目中应该负责哪一块，在会议上成员间可以进行信息交流、解决矛盾，也可以培养团结和谐的合作氛围。会议为媒介的沟通方式，是组织中最常见的沟通方式之一。工作时间中大概有三分之一的时间是在开会中度过的，然而有些会议的效率是很低的，这种现象被称为"会议泛滥症"。因此以会议为媒介进行沟通时，表现出正面媒介沟通行为，可以有效提高会议的效率和效果。以会议为媒介的沟通典型行为如表 2-9 所示。

表 2-9 以会议为媒介的沟通行为

行为类型	典型行为
正面行为	1）根据情景选择会议形式，确保会议媒介为最佳选择 2）做好了充分的会议准备，会议材料会前提前发给大家，提前准备，不能进入会议室才开始思考 3）会议有明确的主题 4）会议有明确的流程和议程 5）会有时间限制 6）会议纪律明确，包括守时、禁止开小会、攻击他人等 7）开会时进行了会议记录 8）会议议题有讨论结果 9）会议决议进行了跟踪落实
负面行为	1）随意选择会议为媒介 2）会前没有做准备或充分准备 3）会议没有明确的主题 4）放任式会议，没有明确的流程和议程 5）会议没有时间限制 6）没有会议记录 7）会议过程中纪律不严格，开会人员状态松散 8）会议没有讨论结果 9）会议决议没有进行跟踪落实

典型的以会议为媒介沟通的正面行为体现为根据情景选择会议形式，确保会议媒介为最佳选择。有时候开会并不是最有效的沟通方式，如果某个问题只涉及一两个员工，上级却要其他无关人员共同参加会议来讨论这个问题，而不是通过打电话或发即时信息、电子邮件来传递，就显得小题大做。当然，一旦确定了会议召开的必要性，那么在正式开会前应做好充分的会议准备，制定议程表。议程表的制定不仅可以提供相关背景信息，更好地做好会议的准备工作，同时有利于将注意力集中于计划，帮助会议的组织。此外，将在会议中使用的相关材料需提前做好准备，不能进入会议室才开始思考。会议应有明确的主题、流程和议程。一次紧凑高效的会议关键就是要跟着议程走。在会议中讨论已发放的议程中的所有内容，没有的内容则不要涉及。会议要有时间的限制，高效的会议通常都能够准时开会闭会。准时开会闭会可以避免出现人员迟到现象的重复发生，同时也不会拖延参会人员后继工作。会议纪律需要明确，参会人员应共同遵守会议纪律，包括禁止开小会、攻击他人等。开会时应进行会议记录，常规会议可能需要简

短的会议备忘录或者电子邮件来记录会议成果,正式会议或者分歧加大的会议则需要更正式的会议总结。会议记录是记录会议过程的官方记录,其内容则是总结讨论过的事项和会议达成的决定。会议记录不可太短,避免太过死板平淡,也不可太长而让人乏味。会议议题要有讨论结果,并就会议决议进行跟踪,确保其得到落实。

典型的以会议为媒介沟通的负面行为体现为随意选择会议为沟通的媒介,即使问题只涉及一两个人员,也召集很多无关人员来参会;会前没有做准备或充分准备,没有制定会议计划,在会议中需使用的相关资料没有提前进行准备;会议没有明确的主题,参会人员对于会议召开的目的性一无所知或不清晰;会议召开的过程采取放任式,没有明确的流程和议程,很容易出现跑题的现象;会议没有时间限制,成员迟到是常态,也不知道会议什么时候会结束;没有会议记录或记录不详细;在会议召开的过程中开会人员状态松散,出现开小会、走神、干私活的现象;会议结束时没有形成对重要问题讨论的结果或就某事项达成统一的决定;对会议决议没有进行会后的跟踪,不能确保其得到了具体的落实。

2. 以电话为媒介的沟通行为

电话的普遍存在往往会让我们忽略掉它作为一种沟通媒介的效率。电话沟通是一种比较经济、便捷的沟通媒介。以电话为媒介的沟通需要一定的情景和使用场合,一般是在当信息发送者与接受者之间存在的距离较远、需要传递的信息内容不是很复杂、双方时间有限等情况下。电话沟通存在很多好处,如传递信息较为准确,能让接收对象立刻做出反应,交流快速,不像其他媒介会受到时间、成本等多方面的限制,能够节约时间、节省费用等。但是,交流双方看不到彼此,而且由于沟通者电话媒介沟通能力的差异,在电话媒介使用中会呈现不同行为,考虑到不同的交流环境,这会大大影响到电话沟通的效果。以电话为媒介的沟通的典型行为(拨打电话)如表2-10所示。

表2-10 以电话为媒介的沟通典型行为(拨打电话)

行为类型	典型行为
正面行为	1)根据情景选择电话形式,确保电话媒介为最佳选择 2)明确电话沟通的目的 3)做好了充分的电话沟通准备,对对方的反应和问题要有预期和应对准备 4)电话前对电话流程进设计 5)选择合适的电话沟通时间 6)开篇寒暄,适时切入正题 7)沟通主题简洁明了,接收对象能快速理解 8)确认沟通结果 9)礼貌挂断
负面行为	1)随意选择电话为媒介 2)电话前没有做准备或充分准备 3)电话沟通目的不明确 4)电话时间不合适,引起接收者反感 5)没有对电话流程进行设计 6)电话一通,即刻进入主题 7)沟通目的表述不清楚 8)对电话沟通结果未确认 9)突兀挂断电话

以电话为媒介在拨打电话时的典型正面行为具体体现为根据情景选择电话形式，确保电话媒介为最佳选择。一般来说，以下几种情景宜采用电话沟通的方式进行：一是彼此之间的办公距离较远、而问题比较简单时（如两人在不同的办公室需要讨论一个报表数据的问题等）；二是彼此之间的距离很远，很难或无法当面沟通时；三是彼此之间已经采用了电子邮件沟通但问题并未解决时。电话沟通需明确目的，拨打电话一定是有目的和原因的，或告知对方某事，或有求于对方，或就某事进行商讨，无论如何，目的或目标都很重要，作为拨打电话的一方要清楚自己打算说什么。在进行通话之前做好充分的电话沟通准备，将要传递的信息内容罗列为提纲，对电话流程进行设计，对于要陈述和解决的问题做到心中有数，对对方的反应和问题要有预期和应对准备，同时检查设备，保障其完好、可用，不会因故障导致在交流时出现障碍。除了要调试好设备，还要准备好纸笔，以备不时之需。要选择在合适的时间进行电话沟通，考虑时机以及通话的时间。在电话拨通后简单寒暄，适时切入正题。表述需要清晰、突出主要问题，使信息接收对象能在最短时间内轻松顺利地理解。使用语言规范、语速适中，善于使用礼貌用语。在挂断电话之前确认沟通结果，并礼貌挂断。

电话为媒介在拨打电话时的典型负面行为具体体现为随意选择电话为媒介，造成成本提高、效果欠佳；不清楚电话沟通的目的；通话前没有对电话流程进行设计，没有做准备或充分准备，导致在通话中由于电话故障而使通话被迫中断，或因缺少纸笔导致重要内容被遗漏；通话时机不合适，或是没有按双方约定的时间，或是没有选择在对方方便的时间拨打电话；通话时间过长，没有遵循"通话时间三分钟原则"，引起接收者反感；拨通电话后，即刻进入主题，缺乏简单的过渡，过于突兀；在通话时表述不清楚、语言不规范、语速过快或过慢、不善于使用礼貌用语；在结束通话前没有对沟通结果进行确认，并突兀地率先挂断电话，或将话筒重重一扔。

以电话为媒介的沟通典型行为（接听电话）如表 2-11 所示。

表 2-11 以电话为媒介的沟通典型行为（接听电话）

行为类型	典型行为
正面行为	1）迅速及时接听 2）接听程序规范 3）接听语言规范 4）接听过程中记录规范 5）态度谦和有礼 6）礼貌地结束通话
负面行为	1）接听过快或过慢 2）接听程序不规范 3）接听用语不规范 4）接听中无记录或记录不详细 5）态度冷漠 6）突兀地挂断电话

以电话为媒介在接听电话时的典型正面行为具体体现为在电话铃响三声之内接听电话；接听后主动问好、自报家门，帮助对方进行身份确认，主动询问对方的需求，代人接听时要询问适度，尊重隐私；电话用语文明礼貌，内容简明扼要，面带微笑，使用不高不低的语调，语速适中，回答对方问题仔细耐心；在接听过程中，需要做好电话记

录，记录完成后，与对方进行核实确认，避免遗漏或记错；在接听电话过程中态度耐心谦和、和颜悦色，使双方都能平心静气地进行交流，能够给对方留下良好的印象；通话结束注意挂机的先后顺序并礼貌挂机，动作轻缓、从容挂机。

以电话为媒介在接听电话时的典型负面行为具体体现为在电话铃响很久后才接听电话，并且没有致歉，或同时接听两个或以上的电话；接听电话后，没有向对方表明身份，不主动询问对方的需求，代人接听时高声呼喊转接对象或刨根问底地询问对方，将他人的隐私或行踪过分暴露；电话用语不标准，口齿不清，语速过快或过慢，口气咄咄逼人，使用"不清楚""大概"等不确定的词语，显示出不耐烦的情绪，或给人以盛气凌人之感，不能给对方留下良好印象；在接听过程中没有进行记录，或出现漏记、错记的情况，不能作为有效的证据和参考依据；通话结束后，没有注意挂机的先后顺序，随意地将听筒一扔，或生硬地摔打电话，极不礼貌。

3．以 PPT 为媒介的沟通行为

宾夕法尼亚大学的一项调查显示：成功使用视觉辅助工具的演讲者说服了 67% 的观众；而相比之下，没有使用工具的演讲者则只说服了 50% 的观众。明尼苏达大学也做过类似的调查，发现图画可以让演讲者的说服力提高 43%。人们认为那些使用辅助工具的演讲者比没有使用的人显得更专业、准备更充分、也更加有趣。PPT 以及其他格式的幻灯片是一种很好的视觉辅助工具，因为幻灯片可以将文字和视觉元素结合起来，既可以吸引读者，又能更好地解释复杂的想法。幻灯片通常与口头演示结合，但由于幻灯片的吸引力更加直观，所以一般把幻灯片作为主要的沟通媒介。然而幻灯片也经常被错误地使用，耶鲁大学教授爱德华·塔夫特（Edward R. Tufte）在他的一本名为《演示文稿软件是邪恶的》（Power Point Is Evil）的书中曾写道："演示文稿软件主导了整个讲演，打乱了内容的流畅，并让其显得微不足道。"职业演说家、教育专家琼·戴兹（Joan Detz）在她的《如何写作和演讲》（How to Write and Give a Speech）著作中也表示："大多数时候，视觉辅助工具只是为了让那些没听明白的人能够更好地理解。在报告中，观众更容易盯着屏幕，而不是盯着你。"PPT 的使用既不能因为过于花哨而喧宾夺主，又不能因为过于粗劣而毫无价值，正确运用以 PPT 为媒介的沟通行为，既能够增加观众的兴趣、帮助他们更好地理解，同时也可以让你的"故事"更加精彩。以 PPT 为媒介的典型沟通行为如表 2-12 所示。

表 2-12　以 PPT 为媒介的典型沟通行为

行 为 类 型	典 型 行 为
正面行为	1）根据情景选择 PPT 形式，确保 PPT 媒介为最佳选择 2）明确 PPT 沟通的目的 3）了解 PPT 的受众 4）根据沟通的目的、场合、受众确定 PPT 的制作风格、展示方式 5）PPT 应内容简洁，重点突出 6）用图表展示复杂的数据或变化趋势 7）PPT 内容结构逻辑严谨 8）PPT 外观设计美观 9）用其他方式作为 PPT 的补充（演讲等）

（续）

行为类型	典型行为
负面行为	1）随意选择PPT为媒介 2）PPT沟通目的不明确 3）不了解PPT的受众 4）PPT的制作风格、展示方式随意 5）PPT烦琐，重点不突出 6）PPT页面文字过多 7）内容结构没有逻辑 8）外观设计失去美感，不能引起受众的兴趣 9）使用PPT沟通时没有有效的辅助沟通

以PPT为媒介的沟通行为中典型的正面行为具体体现为根据情景选择PPT形式，确保PPT媒介为最佳选择；明确PPT沟通的目的，思路与逻辑是PPT的灵魂，在制定PPT之前确定在PPT中需要重点表达的内容，以及按照什么顺序进行讲解，有内涵且具有逻辑性关系的PPT，受众才会有耐心地听完；制作PPT之前，还要了解PPT的受众，熟悉他们的知识水平、性格特征、兴趣喜好等；根据沟通的目的、场合、受众特征确定PPT的制作风格、展示方式；PPT应内容简洁、重点突出，把自己的幻灯片想象为高速路上的广告牌，保证在视觉上给人以简单明快之感；用图表展示复杂的数据或变化趋势，既然把繁多的文字转为PPT的形式，那么在制作PPT时就没有必要又将文字还原回去，能用图形说明的就不用表格、能用表格说明的就不用文字，做到"繁化简、多化少、字化图表"；PPT外观设计美观，配色合理、字体统一不杂乱、封面亮眼；用其他方式作为PPT的补充，如对PPT内容进行口头表述。

以PPT为媒介的沟通行为中典型的负面行为具体体现为随意选择PPT为媒介；PPT沟通目的不明确，在制定PPT之前不清楚哪些内容需要重点表达，缺乏逻辑性，PPT内容天马行空，天上一脚地下一脚，使得受众听得云山雾罩，很难耐心地听完；不了解PPT的受众，面对非专业人士使用过多的专业术语；PPT的制作风格、展示方式随意；PPT页面文字过多、没有充分利用图形、表格简化内容，且有大量的错别字；外观设计失去美感，颜色花哨凌乱，字体字号杂乱不统一，分散受众过多的注意力或不能引起受众的兴趣；在使用PPT沟通时没有有效的辅助沟通，效果较差。

2.4.3 情景与要素分析

与媒介沟通能力有关的情景最常见的为以会议为媒介的沟通和以电话为媒介的沟通，本小节将分析这两个常见的典型情景和其具体的要素。

1. 企业年度培训工作总结会议——会议媒介沟通

工作总结会议是组织工作中最常见的会议沟通方式之一。因此，下面以企业年度培训工作总结会议为例分析会议媒介沟通中所包括的要素，以帮助沟通者全面把握会议媒介沟通的方式方法。企业年度培训工作总结会议——会议媒介沟通情景规范要素如表2-13所示。

表 2-13　企业年度培训工作总结会议——会议媒介沟通情景规范要素表

要　素	内　容
明确会议主题	1）总结年度培训工作完成情况 2）分析年度培训工作中存在的问题 3）明确未来一年培训工作重点
会议充分准备	1）确定会议时间和时限 2）确定会议地点 3）确定会议参加范围（企业领导层和各单位具体负责人） 4）确定会议议程 5）拟发会议通知
会议期间管理	1）明确会议纪律和要求 2）会议后勤工作保障 3）会议进程控制 4）对各单位的问题进行回应与解决、对未来一年的培训计划进行审核与调整 5）详细的会议记录
会议结果管理	1）对各单位汇报中的问题决议进行跟踪解决 2）跟踪落实企业未来一年的培训工作重点

企业年度培训工作总结会议——会议媒介沟通情景规范要素主要为明确会议主题、会议充分准备、会议期间管理和会议结果管理四点。

明确会议主题要素具体包括三点。第一，总结年度培训工作完成情况，包括计划的各项培训工作的落实情况、培训的效果评价以及花费的金额等。第二，分析年度培训工作中存在的问题。在对各项培训工作总结的基础上，对比预期，总结年度培训工作中出现的问题与不足之处，并分析问题产生的原因。第三，明确未来一年培训工作重点。确定下一年度的培训工作重点，明确目标，确定方案和制定预算。

会议充分准备要素具体包括五点。第一，确定会议时间和时限。明确会议召开的具体时间以及会议用时，并提前告知参会人员，使参会人员安排好相关工作，保证准时参会。第二，确定会议地点。明确会议召开的具体地点，如果是在组织外部召开会议，还应将路线图告知参会人员，保证其顺利抵达会场。第三，确定会议参加范围（企业领导层和各单位具体负责人）。确定参加会议的相关人员，核实有关信息，如姓名、职务，用于准备桌牌。第四，确定会议议程。明确会议各项内容的先后顺序，例如宣布会议程序、相关人员报告、休会或闭会。第五，拟发会议通知。拟定会议通知，在通知中说明会议召开的目的、时间、地点、参会人员和着装要求，以及各单位提交培训工作总结材料的时间节点，并发送至相关部门，发送后进行确认，确保信息传递的有效性。

会议期间管理要素具体包括五点。第一，明确会议纪律和要求。在正式开会前，强调会议召开期间参会人员应遵守的会议纪律与要求，如关闭手机或静音，禁止随意走动等。第二，会议后勤工作保障。会前根据参会人员职务高低合理安排座次，会中安排服务人员进行服务，对服务人员应提前进行培训，掌握基本礼仪。第三，会议进程控制。紧凑高效的会议关键是严格按照会议议程。主持人应注意掌握好时间，避免会议推延。会议应对各单位的问题进行回应与解决、对未来一年的培训计划进行审核与调整。会议接近尾声时，主持人应总结会议成果，如各部门上一年度培训成果、针对问题的解决对策、下一步的工作重点等，并保证参会人员明确自己的职责。第五，详细的会议记录。在会议记录的第一段应说明会议类型、开会时间和地点、出席人员、列席人员和缺席人员。在会议记录的第二段，即主体部分中应根据会议议程逐一进行详细记录，特别要强调会议成果、亟待解决的问题、下一步的工作思路等。在会议记录的第三段应写明闭会的具体时间，如有必要，记录下次开会的时间，并要求参会人员在会议记录上签字确认。

会议结果管理要素具体包括两点。第一，对各单位汇报中的问题决议进行跟踪解决。会议结束后，应对在会议中存有争议的，或者仍需要解决的问题进行跟踪，必要时再次组织会议进行商讨。第二，跟踪落实企业未来一年的培训工作重点。会议结束后，对下一年度培训工作计划的落实情况进行跟踪，确保计划顺利实施，一旦发现问题及时解决。

2. 客户电话沟通——电话媒介沟通

作为组织的销售人员，为维持客户关系、销售产品肯定要经常跟客户进行电话联络沟通，沟通对象可能是老客户，也可能是新客户。与传统的销售方式相比，电话销售不仅成本低、效率高，而且可以与客户不断巩固彼此间的关系。但电话销售是一份经验性非常强的工作，即使你在心中默念百遍"管好自己的嘴，把话说好"，如果没有充足的理论知识和丰富的实践经验做基础，与顾客直接接触时，你的语气、语调、语速、表述还是不能进入最理想的状态。电话媒介沟通能力水平的高低将很大程度上影响你与客户关系的好坏以及销售业绩的高低。客户电话沟通——电话媒介沟通情景规范要素如表2-14所示。

表2-14 客户电话沟通——电话媒介沟通情景规范要素表

要　素	内　　容
通话准备	1) 客户的基本信息 2) 客户其他信息（了解客户所在公司的行业、主要产品、销售情况） 3) 选择沟通的时间
通话目的	1) 推销产品 2) 联系感情、维持关系 3) 为约见做准备
通话开篇设计	1) 开篇寒暄设计 2) 自我介绍设计
通话主题设计	1) 依据通话目的进行问题和实施设计 2) 设计切入主题的方式 3) 向客户传送主题简洁明了，能够让客户快速理解，让你的声音充满魅力
通话结束设计	1) 与客户确认沟通结果 2) 为进一步发展关系奠定基础 3) 礼貌挂断电话

客户电话沟通——电话媒介沟通情景规范要素包括通话准备、通话目的、通话开篇设计、通话主题设计和通话结束设计五点。

通话准备要素具体包括三点。第一，准备客户的基本信息。对将要联络的公司和顾客，销售人员应当经过仔细并且合理的选择。通常情况下，使用电话号码簿是一个好方法，但电话号码簿上的顾客过于广泛，并不一定都对推销的内容感兴趣，常常是打了许多电话，才能找到一个客户，如大海捞针一般困难。因而销售人员应主动收集客户资料，资料内容应包括公司名称、业务类型、资金实力、职工人数、联系人姓名、电话号码和地址等。对客户了解得越多、准备功课做得越充足,就能越好地基于客户的需求、兴趣爱好、习惯风俗等设计沟通的形式和内容,促成交易的成功。第二,准备客户其他信息(了解客户所在公司的行业、主要产品、销售情况)。详细了解客户所在公司的行业及其在行业中所处位置、公司主营的产品、销售情况等辅助信息,了解客户可能有哪些潜在需求,进一步明确能给客户提供的产品和服务,为拉近彼此间的距离、顺利沟通做好充足的准备。第三,选择沟通的时间。沟通的时机选择要合理,这既包括选择合理的时间,又包括把握合理的通话时长。在时间选择上一方面要遵守双方约定的时间,如遇突发情况没有及时拨打电话时,应在拨通电话后向对方致歉;另一方面要选择对方方便的时间拨打电话,要考虑到对方的生活习惯,避免影响对方的休息和生活,特别是应避开临近下班、周末或休息的时间段,一般在上午10点之后和下午2点之后比较适宜。若拨打电话时对方长时间没有接听,可能是正在忙于其他事务或正在接听其他电话,此时不要频繁地拨打电话,给对方留下不好的印象。在通话时长的把握方面应遵循"三分钟原则",突出重点、简单明了,不要东拉西扯、没完没了,做到不要废话不说、闲话少说。

  通话目的要素具体包括三点。第一,推销产品。如果打电话的目的是推销产品,那么首先要明确所销售产品的特征,并突出重点特征,如异于其他品牌同类型产品的典型特征,或能满足顾客特殊需求的特征。一位著名的营销学家曾列过这样一个公式:$E^2=0$,这里的 E 表示 Everything,公式的含义为如果面面俱到、什么都说就等于什么都没说。第二,联系感情、维持关系。有时一次电话未必会获得实质性的成功,但可以维系客户,增进彼此的情感、加强彼此的信任,为今后获得成功做好铺垫。当然,有时向客户推销成功后,也不能断了联系,让客户有一种卸磨杀驴之感。在以联系感情、维系关系为目的的电话沟通中要注意有人情味,以"感情输出"的方式,加强与沟通对象之间的情感交流。第三,为约见做准备。因为电话销售成功率低于面谈销售的成功率,销售人员要尽量通过电话获得与客户面谈的机会,要敢于向客户提出面谈请求,最好主动地提出面谈的时间。要向客户明确自己已充分地了解客户的需求,并且自己有能力满足其需求,从而创造或增进直接接触的机会。

  通话开篇设计要素具体包括两点。第一,开篇寒暄设计。在很多电话销售中,销售人员可能还没有说上10秒,就被客户挂掉了电话,就算你之前准备得再好,"说服术"也无法施展。因此练好开场白,是电话销售人员开展下一步销售工作的必要前提条件,要做到能够在15秒内激发客户的兴趣,让他愿意在电话里和你进行交流。与其不厌其烦地向客户讲解产品能给他带来怎样的好处,不如想一些新奇的点子,激发客户的好奇心,让他欲罢不能,愿意花时间来和你交流。电话销售的开场白设计要有悬念,要能勾起客户好奇心,但又要注意适度,避免给人以哗众取宠之感,并且要给这个悬念准备好一个合情合理的答案,再顺利地过渡到销售主题上。第二,自我介绍设计。销售人员要想顺利地进行电话沟通,就要尽可能消除客户的自我保护心理。特别在与客户第一次的通话过程中,不要直白地告诉客户自己的公司名称以及自己的身份,让客户立刻意识到这是一通销售电话,很容易把电话拉入"黑名单"。为了避免给后续通话造成障碍,一方面可选择含糊不清的自我介绍,仅报出公司的名称和自己的姓名,如我是某公司的××，在客户还不太清楚是谁打来的电话，而且对方又知道自己称谓的情形下，就会暂且洗耳恭听，不好意思再说出"我现在很忙""我正在开会"等借口。另外，还可以借助第三方拉近关系。客户在接到销售电话后，如果得知销售人员和自己取得联系是来自于自己的朋友牵线搭桥，那么考虑到"不看僧面看佛面"，也不会直接挂断电话。

通话主题设计要素具体包括三点。第一，依据通话目的进行问题和实施设计。电话销售时常伴随着一系列的提问，这是促使谈话顺利开展的重要手段。问题能够帮助销售人员引导客户的注意力，掌握话语权。提问是一门很有艺术的学问，要尽可能做到能问的就不说，并根据主题一方面要选择提问的方向和目的，明确"问什么"，可采用"四级提问法"，即信息层提问、问题层提问、影响层提问和解决层提问，挖掘客户的需求，并通过给予相应方案帮助解决，从而促成交易成功；另一方面要设计提问的具体实施方式，解决"怎么问"，灵活有效地将开放式提问与封闭式提问相融合。第二，设计切入主题的方式。销售人员在提问过程中不可信口开河，要做到恰到好处，注意话题的切入方式。首先，提出的问题要明确。明确的提问方便客户回答，如我可以帮助贵公司在现有销售业绩的基础上提升20%，不知您是否愿意听我介绍介绍？其次，提出的问题要可控。销售人员要善于将开放式提问与封闭式提问有效结合起来，把控全局。再次，提出的问题要连贯。连贯的问题有助于客户顺着销售人员设定好的思路更好地交流。最后，提出的问题要专业。专业的问题可以增强客户的信赖感。第三，向客户传送主题简洁明了，能够让客户快速理解，让你的声音充满魅力。让客户愿意和你交流，一方面要注意讲话的内容和方式，另一方面要注意声音的魅力。拥有有魅力的声音要做到：首先，姿态正确。通话时抬头挺胸，保持气息通畅，讲起话来才能有底气，穿透力才强。注意与话筒保持一定距离，避免气流声让对方反感。其次，吐字清楚。电话沟通最怕就是对方听不清你讲的是什么，因此讲普通话、清晰的吐字就显得非常重要了。再次，讲话要连贯。说话要流利、简洁，切忌吞吞吐吐、漫无目的、缺乏逻辑性，让对方听得云里雾里。再次，注意语速与语调。以对方习惯的说话速度为标准调整语速，语调有轻有重，让声音抑扬顿挫，富有感情色彩。最后，保持自信，充满热情。常言道，"他信力源于自信力"，如果客户在销售人员声音中感受不到对销售产品的自信，很可能对购买产生怀疑和犹豫。此外，通话时要保持微笑，向客户传递充满热情的、积极正面的感情，只有快乐的人，人们才愿意和他交往。

通话结束设计要素具体包括三点。第一，与客户确认沟通结果。结束通话前，如果达成了初步的意向，应再次进行确认，避免出现理解误差。第二，为进一步发展关系奠定基础。结束通话前，如果没有达成意向，也要为进一步发展做好铺垫。一位资深的销售人员曾总结出在销售中的一条原则——50-15-1，意思说在50个拜访的客户中，有15个愿意和你交谈，但只有1个愿意购买你的产品。遭到拒绝对于一个销售人员来说很正常，面对对方的拒绝，电话销售人员要摆正心态、有耐心，切不可急躁、与客户发生争论。第三，礼貌挂断电话。待对方挂断电话后再将听筒轻缓地放置原位。

前面介绍了关于媒介沟通的定义、情景和要素，下面通过具体案例分析和情景模拟练习，进一步展开与媒介沟通能力有关的能力开发。

2.4.4 模拟案例：瑞丰公司的经营会议

张凯旋是一名普通的大学生，几年前加入了瑞丰公司。在公司的发展过程中，张凯旋凭借自己扎实的专业知识和娴熟的业务能力，颇受上级赏识，加上人又机灵，几年间就从一名普通的研发人员晋升为瑞丰公司的总经理助理。

助理的日常工作少不了帮助上级打理日常事务，张凯旋倒也都能应付下来，但偶尔也有感觉力不从心的时候。他也经常思考着如何能尽快适应这个岗位的工作。突然，电话铃响了起来，张凯旋皱了皱眉头，快步走到公办桌前拿起电话。

电话里是公司总经理的声音。总经理出差在外，不能参加今天的例会，于是他安排张凯旋代他主持，现在他想了解一下会议的进展情况如何？

张凯旋接起电话，并没有马上回答，此时他脑子里浮现出下午例会时发生的种种……

生产部经理在下午的会议上首先发言："我们把生产所需的相关零部件采购计划在一个月之前报给了采购部，但不知道什么原因，到现在也一直没有全部到货，如果本周末还不能到货的话，我们只能停产了，这么大的问题谁来负责？另外，到货的一些零部件规格和计划上标注的不一致，这要是产生了质量问题我可负不了责啊！"

生产部经理的话还没说完，销售部经理就迫不及待地发言："这个月的订单一定要保证及时交货。客户是我们的上帝，如果不能够按照合同准时供货的话，我们是要承担违约赔偿的，大家都知道信誉对我们公司未来的发展极为重要！"

矛头指向了采购部经理，采购部经理无奈地说："订单我们是两周前才接到的，我们一接到生产部的订单，就开始积极联系卖家。但是现在一方面由于国家管控，国际市场上电子元件的供应极为紧张，另一方面之前的供应商又出现了经营问题，我们也是巧妇难为无米之炊啊。目前，我们准备与国内企业进行接洽，在国内企业订购一部分替代元器件。但这个时间我真是说不好啊。"

人力资源经理这时说："今天上午，研发部门的一名重要技术员王硕向我提出辞职！"

"什么，他要辞职！"研发部经理一惊，"我怎么不清楚，我们都是一人一项目，他走了，他的研发项目怎么办？要是停顿下来，谁来接手？要是项目让他带走了，我们企业损失可就大了，怎么会这样呢？"

人力资源经理补充道："今天上午，王硕对我讲现在一家外企通过猎头找到他，准备用年薪30万元聘请他，再三考虑后，他觉得自己虽然是公司的老员工，但毕竟上有老、下有小，比起咱们的薪酬水平，30万的年薪的确有很大的吸引力。咱们这里的研发人员一年平均也就能拿七八万元工资，我建议我们的薪酬对研发人员给予一定的倾斜。"

没想到话音未落，公司的副总经理就说话了："你们现在不要开口闭口就要求提高待遇，现在研发人员的平均工资已经是整个公司人均工资的两倍了，我们公司规模有限，不可能向外面的跨国公司那样，动辄给出二三十万年薪的。依我看，现在研发人员的工作积极性也并不是很高，出成果的和不出成果的钱一样多，其他部门的很多同事也都心生抱怨，说干得不比研发人员少，为什么他们工资那么高，难道我们就不给公司做贡献？"

生产部经理说："现在的研发管理非常混乱，研发项目进展缓慢，问题很多，而且很多产品在投产后，还要不断更改设计。"

"我看现在最主要的问题还是科研体制的问题，我们现在虽然从研究院变成了公司，但是科研管理的体制还停留在过去的研究院时期，最关键还是改变公司的研发体制。"人力资源部经理说道。

研发部经理叹了口气，说："大家说得都非常有道理，但是我们也有苦衷啊。比如说研发部门在申请购买研发设备时，一台测试仪表不过几千元，但是财务审批的过程至少要两个星期，我们的研发进度怎么能保证。另外，一些技术员想去参加一些培训、学术交流会，公司也总是以资金有限为由很少批准。由于我们生产扩张得非常快，我们的研发人员有的还会被市场部人员借调过去参加各种市场推广活动、宣传产品特点，这些对我们的研发进度和质量肯定会造成干扰和影响。"

会议开到最后已经演变成了一场牢骚会，大家都在互相推诿和攻击，指责其他部门的工作，提出的问题没有任何解决的对策。

"喂，小张，你听到我的话了吗？"电话另一端传来总经理略带责备的声音。

"领导，我听到了，只是下午开会时讨论的问题都比较尖锐，我一时不知从何说起……"张凯旋把下午的情况简要地给总经理说了说。在最后，张凯旋谈了谈自己的想法："领导，我觉得现在公司的管理一直没有走上正轨，虽然我们集团公司成立已经一年多了，但是我们配套的各种管理制度也没有跟上，我觉得我们现在正处于一个十分重要的时刻，现在应该在企业内部进行一次管理改造。"

"小张呀，你的想法很好！但我最近要一直待在成都谈判，你先和其他副总讨论一下，拿出个方案，等我回去再商量吧。要注意和其他领导搞好关系，多听听他们的意见和想法。"电话里总经理并没有给张凯旋明确的指示，也没有提出明确的方案。

张凯旋放下了电话。他越发感到困惑了，这到底该如何是好？

讨论题：
1）分析瑞丰公司经营会议呈现出哪些会议媒介沟通的正面行为和负面行为。
2）你觉得从哪几方面采取措施可以提高公司经营会议的效果？

2.4.5 模拟案例：优秀的推销员小王

推销员小王的业绩总是名列前茅，公司让他向其他推销员传授经验。他说："一个优秀的推销员，一定要做到真诚、守信。"接下来，他给大家讲述了一个在自己身上发生的真实故事。

一次小王在给客户打电话沟通时，客户说："抱歉，我现在非常忙，没有时间。"

小王说："没关系的，先生，我能够理解，我只需要占用您五分钟的时间，今天不管任何时间，不管多晚，你告诉我，我都可以打过去！您看这样可以吗？"客户说："晚上我有一个重要的会议，等开完会议，安排好工作之后，回到家可能要子夜一点了，你看可不可以深夜两点再打电话过来？"

小王立刻说道："没有问题！"子夜一点半，已经休息的小王没有忘记和客户约好的电话。闹钟响起后，他穿好衣服，戴好领带，刷牙、洗脸、梳头，并不断地练习自己的微笑和声音。

他的太太问他："老公，快深夜两点了，你要干什么？"他说："我要给客户打个电话。"他太太问他："客户就是故意刁难你，谁还会在晚上两点不睡觉啊！"小王说："约好的事情一定要信守承诺。""那你打多长时间啊！"他太太问道。小王说："只要五分钟就可以了，不会很久的，你先休息吧。"他太太困惑地说："打五分钟的电话，你躺在床上打不就行了吗，怎么还要起来刷牙洗脸穿衣服打领带？"小王说："太太，马上到时间了，等打完电话我再告诉你。"深夜两点整，小王按约定的时间把电话打过去，以充满热情、富有感染力的声音说道："你好，我是……"五分钟后，他挂上了电话，又开始解领带、脱衣服、准备上床睡觉。他的太太对他说："你打一个五分钟的电话，前后准备了快一个小时，穿这么整齐，对方也看不到啊？"小王告诉他的太太："虽然我的客户看不到我，但是他可以听到我的声音啊！我的声音传递着我的状态、我的微笑和我的真诚。"

讨论题：

1）分析小王在电话媒介沟通行为中呈现出哪些正面的行为。
2）你觉得受到了哪些启发？

2.4.6 模拟案例：公司里的电话沟通

盛景旅行社最近业务开展很顺利，每天都要通过电话协调很多旅游团的临时问题。繁忙的电话是免不了的但这天似乎有点小问题。以下是一些通话情景的片段。

"喂，你给我找一下×××。"小赵接到一位先生的电话，听上去很是着急，高声地让小赵去找人。正好那天小赵刚遭到领导的批评，心情不佳，听到这种电话后心情更是不爽。而且小赵知道这位先生要找的人正在开会，这时也不能接听电话，于是他很不高兴地说："他不在。"随即挂掉了电话。

"喂，萌萌，你的电话，是个男的。"小闫接到个电话，大声地招呼张萌过去接电话。整个办公室的人都听到了有个男的找张萌，大家都抬头看着她，张萌非常不好意思地过去接电话……

小惠接到一个电话："帮我叫一下小飞。"小惠听出是总经理的声音，她赶紧把小飞叫来，自己就在不远处竖起耳朵偷听电话。她听到小飞说："好，我马上去您办公室。"小飞匆匆走了。小惠立即跑到张姐那里："张姐，总经理叫小飞去一趟，一定是他接团时被客人投诉的事情让总经理知道了，这还不得严厉处分，弄不好要开除呢。"几天后，单位里已经传开了小飞被总经理狠狠批评、要被开除的事了。

电话铃响过两声后，小美接起电话："您好，你贵姓？哦，是孙子的孙吗？""喂……""哦，这事不归我管……"

这天的客户投诉明显比以前多了……

讨论题：
1）分析该公司员工在进行电话沟通中呈现出哪些电话媒介沟通的负面行为？
2）你觉得从哪几方面采取措施可以提高电话沟通的效果？

2.4.7　观察练习：电话沟通

以特定场景的电话沟通为例（例如，以某一位电话推销员的电话沟通为例），分析电话媒介沟通中沟通对象表现出的正面行为和负面行为，思考若对其进行改善应从哪些方面入手。有条件的可以组织大家调查一下使用电话进行沟通的问题有哪些。

2.4.8　模拟练习：这个电话怎么打

自拟电话沟通情景（例如给同事打电话传递一个紧急通知，给客户打电话协调售后服务），进行模拟观察，总结出在特定情景下应呈现出的正面和负面行为。

本小节模拟场景为学生与老师的电话沟通，你作为创业大赛团队成员想请某位老师作为自己创业大赛项目的指导老师，现需要你与老师电话沟通，争取老师同意。

操作指导如下。
1）教师向学生阐明训练目的和知识准备。
2）学生分组，每一大组又分为行为模拟小组和行为观察小组。
3）行为模拟小组和行为观察小组分别进行模拟和观察准备。
4）教师指导实施行为模拟观察。
5）观察组阐述行为观察结果。
6）每一大组提交一份行为模拟练习总结报告。

第三单元 管理能力

【引导案例】为什么产生混乱?

2019年新年伊始,国务院就发布了《关于印发国家职业教育改革实施方案的通知》,为我国职业教育改革指明了方向——引导一批高水平工科学校举办职业技术师范教育,类似的条文有若干条。某学校正是以培养职业技术师资为主要使命的院校,此文一出,学校领导马上意识到未来国家在职业教育领域的改革方案对学校发展会有所影响。从国务院发文之日起,学校就经常在微信群中发紧急通知,要求各单位紧急开会、开展学习活动、紧急布置修改档案、临时工作等,打乱了各部门和人员原有计划的安排,整个系统效率降低,干部教工也颇有微词,对未来发展方向有些茫然,不知道干什么才好……

以上案例涉及本单元我们将讨论的管理能力的三类能力,即学习能力、领导能力和沟通能力。从个人角度看,学习能力是个体在职业生涯过程中不断提升自我、持续实现职业生涯规划的基础;沟通能力是个体在社会上立足的基础能力,也是实现个体价值的基础;领导能力是个体更好地融入组织、与上司更好配合,或者更好领导下属实现组织目标的重要能力。对于企业而言,组织是一个必不可少的组成部分,它影响着企业目标是否达成、绩效是否合格等。所有的事情和事务都需要组织的参与来实现,因此归结许多企业失败的原因,大部分都是自身的组织建设不完善所导致的。

从组织角度来看,学习能力是组织应对外部变化、做出正确反应的重要能力,领导能力主要是资源获取、整合、利用的能力,沟通能力则是组织有机运转的基础。三种能力是组织得以生存乃至发展的关键能力,当个体的能力发展与组织相一致时,就会取得更好的绩效、获得组织的认同;组织的管理能力强时就能够获得更好的发展。

3.1 单元目的

大量证据指出,富有技巧的管理是组织成功的关键因素。一个组织想要成功,就必须拥有有能力、有技巧的管理者。从实践的角度来看,管理者的行为对组织的成功更是异常重要,虽然管理者的行为乍看上去千姿百态、各不相同,但其管理哲学、管理策略、管理实践、工具和技术、管理风格等仍有许多规律可循。

事实上,管理行为包括一系列复杂的行为集合,这些行为集合只是表象和结果,管理行为的实施通常完全由管理者个人控制,管理者的行为则取决于管理能力,在个体的控制之下。开发管理能力是一项永不停止的努力。

管理者是管理活动和管理职能的承担者,为了有效履行管理职能,管理者必须要明确自身扮演的角色和扮演角色时所需要的各项能力。

1973年,管理学大师亨利·明茨伯格(Henry Mintzberg)在其出版的《管理工作的本质》一书中提到的管理者角色理论如今在研究中广为引用,他认为"角色这一概念是行为科学从舞台术语中借用过来的……角色就是属于一定职责或者地位的一套有条理的行为"。明茨伯格认为管理者们扮演了十种角色,可归为三大类,即人际关系方面的角色、信息沟通方面的角色和决策方面的角色,如表3-1所示。

表3-1 明茨伯格管理者角色划分

管理者角色	角 色 名 称
人际角色	挂名首脑
	领导者
	联络者
信息角色	监督者
	传播者
	发言人
决策角色	企业家
	危机处理者
	资源分配者
	谈判者

1955年,罗伯特·李.卡茨(Robert L. Katz)在美国哈佛商业评论发表的《高效管理者的三大技能》一文中提出,有效的管理者应当具备三种基本技能:技术性技能、人际性技能和概念性技能。不同层次的管理者可能会对不同技能有所侧重,但随着管理层次的提高,从事的具体业务越来越少,决策性和战略性的工作增多,技术性技能要求将越来越低,概念性技能要求越来越高;而人际性技能对各个层次的管理者都是重要的。

大卫·A.惠顿(David A.Whetten)与金·S.卡梅伦(KimS.Cameron)在《管理技能开发》一书中提到,管理者的技能分为个人技能、人际关系技能、团队技能三大类，如表 3-2 所示。

表 3-2 大卫·A.惠顿与金·S.卡梅伦管理技能划分

管理者技能	典 型 行 为
个人技能	开发自我意识
	管理个人压力
	分析性和创造性地解决问题
人际关系技能	通过支持性沟通建立关系
	获得权力和影响力
	激励他人
	冲突管理
团队技能	授权与委派
	建设有效的团队和团队合作
	领导积极的变革

学者们和管理者们普遍认为管理者在组织中承担了各种各样的角色，需要与角色情景相匹配的能力和技巧。但是，我们发现了一个有趣的现象，管理文献中充斥着增强绩效的特性、行为、方向和策略的清单，但是却不能准确界定什么是管理能力本身。事实上，管理能力是相互联系、相互重叠的，单纯要独立出某项能力几乎是不可能的。我们只能说，以上表格中的许多能力是绝大多数有效管理者的典型特点。

针对特定角色和情景的管理能力一方面具有一定的局限性，在不同的组织与工作中可转移程度较低；但另一方面，我们也常常发现，有些因素，例如学习能力、成就动力、逻辑思维能力、自信等，却不受组织环境与工作要求的影响，广泛地存在于各类优秀工作绩效者的身上，是他们个体特征的表现，这类管理能力在不同的组织与工作中可转移程度较高。在借鉴相关研究成果的基础上，笔者认为学习能力、领导能力、沟通能力是管理者最重要的通用性管理能力。

由于这些管理能力最终表现为行为，所以组织可以通过识别典型行为来衡量管理人员的能力。同时，组织可以通过学习、强化这些典型行为来培训提升管理能力。本单元就学习能力、领导能力、沟通能力三方面管理能力展开行为学习，来评价和训练管理者的胜任能力；在管理能力行为学习的基础上，进行强化练习，增强技能迁移能力；结合特定情景，举一反三，进行情景要素和行为的提炼学习。

3.2 学习能力

学习是实现知识的获取与转化的必然途径。随着经济全球化的趋势以及科学技术的飞速发展，企业生存环境发生了剧烈变化，知识转移与创新已经成为企业在动态环境中保持竞争优势的重要战略手段。建立终身学习的理念、构建学习型组织、增强组织的学习能力，成了一种更有效的顺应发展所需要的管理模式。

为了维持组织的灵活性和弹性，更多的雇员必须在组织内部的不同岗位、角色和职能之间转换，以及在不同的组织之间流动，这就需要不断进行新知识新技能的学习。传统组织中对于员工知识技能的看重，逐渐被可维持长期就业能力的通用技能所取代，特别是对学习能力的要求日益提高。

3.2.1 定义

学习能力是通过认知、情感和身心的改变而获得相对持久的改变行为的能力。笔者认为学习能力关注的是行为的变化，个体若仅仅在思维或态度上发生了变化，而行为未发生相应变化，则不认为具备学习能力。它是个人不断获取知识、改善行为、提升素质，以在不断变化的环境中使自己保持良好生存以及健康和谐发展的能力。本单元所讨论的学习能力主要指在实际职场的学习能力。

20世纪90年代以来，伴随着知识经济时代的来临，在西方各国，人们开始倡导以工作为导向的教育，日益重视员工的职业生涯发展。"在劳动生活中的学习""在职场中的学习"和"以工作为背景的学习"等话语的表述显示职场学习日益得到人们的认可与关注，对此持赞同观点的人普遍强调通过在职场中大力开展这种直接以工作为导向的学习活动来促进员工的发展。在他们的观念中，在职业知识与能力变迁的新挑战面前，与那些通过正式课程和正规教育机构进行的教育和学习活动相比，工作导向性的学习能更为有效地应对这一挑战。

3.2.2 典型行为（正面和负面）

对于学习能力，一般从学习动机维度、学习目标与计划维度、学习策略维度、学习评价维度四个维度进行衡量；同样，我们从这四个维度出发，去归纳学习能力的典型行为。

动机是个体行动的动力和倾向，是学习者不可缺少的关键因素，往往决定着学习者学习效果的好坏，尤其是深度学习的效果。学习动机不仅能引起学习活动，而且还能够促进学习行为的持续以达成目标。组织中成员的学习可以分为被动培训和主动学习，被动培训是一种组织主动组织的带有强制性质的学习，是"为学而学"的状态；而主动学习是组织成员自发性的学习，表明了其积极的学习动机。

"凡事豫（预）则立，不豫（预）则废。言前定则不跆，事前定则不困，行前定则不疚，道前定则不穷。"（出自《礼记·中庸》）目标和计划决定了学习的方向和步骤，是系统管理中必不可少的第一步。

学习策略是指学习者的学习规则系统，是学习者获取、储存、处理和提取信息的方法、步骤和程序，是具体学习方法、技巧和技能的总和。

学习评价是一个反馈系统，一方面可以诊断学习效果，发现不足，进一步反思，制定下一阶段学习计划；另一方面，可以增强学习的成就感，进一步激发内动力。学习能力典型行为如表3-3所示。

表 3-3 学习能力典型行为表

行为类别	典型行为
正面行为	1）愿意承担风险，将实践看作学习和个人成长的机会 2）学习内容与自身工作需求关联性强 3）制定可实现、具体、明确的学习目标和学习计划 4）通过反思，有意识地对工作目标、现状和问题进行观察、审视和评估，从而拓展认知广度和深度 5）视组织现有的员工、团队为内部学习的重要来源 6）通过建设性冲突的碰撞和激荡，实现知识资源的重组、交叉、融合和优化 7）有相对固定的学习互助网络组织 8）学习者可以得到学习反馈和强化
负面行为	1）具有过于强烈的绩效导向思维，过于关注个人形象 2）随机或被动选择学习内容 3）学习目标模糊或压根没有学习目标 4）对现有工作按部就班，缺乏观察和反思 5）缺乏与组织内外部相关主体之间的沟通联系 6）避免冲突或冲突等级过高 7）学习过程几乎没有同伴参与 8）学习者个人或组织没有及时反馈和强化学习结果或没有反馈

1. 将实践看作学习和个人成长的机会

主动性的学习意味着员工要付出额外的努力，承受学习的机会成本，例如放弃闲暇时间等，运用新思想、新方法、新技能去解决问题，这可能意味着短期绩效或者效率的降低，甚至任务失败的风险。学习导向的人倾向于把实践看作学习的机会，有更大的挑战风险的意愿。而与此相对应的是绩效导向的人，其注意力往往放在证明或展示自身能力方面，总是试图向他人证明自己如何"完美"，从而本能地趋向于回避风险。

2. 学习内容与自身工作需求关联性强

美国佛罗里达州立大学 John M.Keller 教授于 1983 年首次提出 ARCS 动机模型，该模型主要关注学习动机的激发与维持问题，是学习动机方面最为广泛接受的理论。其中 ARCS 分别是 Attention（注意）、Relevance（相关）、Confidence（信心）、Satisfaction（满意）四个英文单词的首字母。其中 Relevance（相关）可以理解为与个人利益密切相关，是指学习内容与目标与个人需求、已有经验和现实生活有一定联系，并具有一定价值。

在实践中，也可以看出成人学习目的性较强，以价值为导向能激发学习者的学习热情，充分调动其注意力，学习动机也能长久维持。

管理者在进行学习的时候，要合理选择学习目标、内容和方法。具体行动如下所示。

1）待实现学习目标很多，可对学习目标按照重要程度和紧急程度设立优先级，合理安排学习内容，分配学习时间。

2）借助说明或者事例不断暗示自己学习目标和学习内容的价值。

3）将学习目标与一定自我激励目标相结合。自我激励目标包括：自我奖励礼物、成就暗示、满足感等自我设立的奖励项目。

4）在学习中使用与过往经验相关的明确语言、事例、概念、价值观等，帮助自己将新学习的知识整合起来。

3．制定可实现性、具体性、明确性的学习目标和学习计划

不只是学习目标和学习计划，制定任何目标和计划时都应该尽量遵循目标设置理论中的"难度适中""目标清晰""复杂目标分步化""定时反馈"等实现要点。

可实现性是指学习者有足够的基础和能力完成学习目标和学习计划，学习目标和学习计划难度适中。难度过小，学习效率较低，没有成就感；难度过高，学习效果无法达标，对学习者是一种打击，自我效能较低。

具体性和明确性是指对学习内容有非常清晰的认识，对复杂或长时间跨度的学习目标进行阶段性划分，明确阶段学习时效、学习内容、学习方式和学习效果衡量标准，在学习中起到指导、框架和约束的作用。需要注意的是，不要给学习计划留太多的弹性时间和机动学习内容，以免产生帕金森定律中所提到的效率低下现象。

英国著名历史学家诺斯古德·帕金森所著的《帕金森定律》一书中讲述了一个老太太寄明信片的故事。一位老太太要给侄女寄明信片，她用了1个小时找明信片，1个小时选择明信片，找侄女的地址又用了30分钟，1个多小时用来写祝词，决定去寄明信片时是否带雨伞又用去20分钟。做完这一切，老太太劳累不堪。同样的事，一个工作特别忙的人可能花费5分钟在上班的途中就顺手做了。帕金森发现，不同的人做一件事所耗费的时间差别很大。如果一个人给自己安排了充裕的时间去完成一项工作，他就会放慢节奏或者增加其他项目以便用掉所有的时间，工作会自动占满一个人所有可用的时间。与此同时，工作膨胀出来的复杂性会使工作显得很重要，在这种时间弹性很大的环境中工作并不会感到轻松。相反会因为工作的拖沓、膨胀而苦闷、劳累，从而精疲力竭。

4．有意识地反思和评估

反思可以借由过去的行动，辨识有用信息，总结一般性规律。反思往往是由问题、特别是负面问题所引起的，是任务受到阻碍后，人们将场景在头脑中的重放和重构，包括两个重要而困难的环节：一是如何从具体问题中提炼一般性规律，发现自己观念或认识上的盲点；二是如何从一般性规律回到具体场景具体问题，提出解决问题的行动。研究表明，人们在反思提炼和行动方面的能力差异很大。

为了更好地进行反思，需要构建反思的程序、方法和技能。目前较为有效的一个方法叫作事后回顾（After Action Review，AAR）。它是美国军方开发的一种结构化和系统化的流程，用以反思和总结每次战场上的经验和教训，进而提高未来绩效。

AAR最好在阶段任务或任务结束后尽快进行，并且最好在任务团队中开展。当然在实践运用中，也可以将其运用在个人反思中，其思想在于分享和学习，而非指责。基本程序包括对以下四个问题的思考。

1）我们本打算做什么？需要团队成员重新审视目的、目标、关键绩效指标和行动计划。

2）实际发生了什么？回顾团队以及团队成员已经做的事情，可按照时间顺序或事件优先级进行回顾，找出行动之后的原因。可使用数据、记录、录音录像、顾客反馈等方式，保证信息的客观性。

3）成功之处是什么？不足之处是什么？有什么改进或创新的机会？找出影响成败的潜在因素，总结经验和教训，得出一般性规律。

4）下次或接下来我们将怎么做？这个问题的思考应当用时最多，完成一般性规律向具体情景具体事件解决方式的知识转移。通过给予相关建议，确保在类似情况下，这些知识可以重复利用，并提高工作绩效。

5．重视内部学习

从空间上来说，个人学习知识的来源可以是组织外部，比如其他人或者教育机构等，也可以是组织内部，比如实践经验、组织内部培训、上级指导、同事交流等。相比于外部学习而言，从组织内部获取知识的难度较小，成本较低，与工作的联系性较强，这大大提高了员工获取知识的动力。当然，外部学习也有不可替代的优势，从数量上来说，外部环境的知识领域更加广阔。

组织是学习的有效载体，由于组织中的每个人和每个部门都具有自身独特的知识和经验等资源，组织成员之间的横向信息流动，使得管理者可以从内部的这些知识和经验中学习，以团队为载体的学习形式正变得日益普遍。理论上普遍认为，组织内部学习在个体获取信息的广度方面提升作用更为明显。组织内部学习信息来源主要有内部记录、内部专题研讨、示范性演示、组织实践活动和工作中的指导五个方面。

（1）内部记录

组织的过去内部经验一般都会有记录存在。管理者可以采用文献研究和内部人员咨询相结合的方式进行学习，获取知识，并在组织中转移和分享。具体行动包括：整理关于组织过去的相关案例、成功或失败的经验、资料等；咨询事件亲历者，特别是领导者、主要参与人员、评估人员。

（2）内部专题研讨

针对当前内部的事件、案例、问题等进行讨论研究。这种方式获得的知识具有针对性，但是一般而言，内容量不是很大。

（3）示范性演示

组织中的他人将新思想、新方法运用于组织内部的一个小结构中，取得了良好的结果，从而进一步进行知识推广。

（4）组织实践活动

组织当前的生存现状、正在进行的项目、所遇到的机会等都可以作为学习的来源，管理者可以从当前事件中吸取知识，发现能够改进组织自身的方法。

（5）工作中的指导

学习者在组织中有可能接受来自组织其他成员（主要是直接上级、专家、同事等）的正式或非正式的指导。有些企业为了打造适应企业发展的人才梯队，会出台相应的鼓励政策或强制政策，在富有经验和技能的资深管理者或者专业人员与有发展潜力但经验不足的员工之间建立起支持性师徒关系，进行在职培训和学习。

6. 建设性的冲突

当组织冲突水平较低时，会导致组织功能失调、冷漠、迟钝、缺乏新观念，整个组织官僚化、僵化，组织学习能力下降。对个人而言，组织中的管理者之所以有价值，就在于解决问题并承担一定的职责，而问题的解决往往有赖于冲突的解决。俗话说"学起于思，思起于疑"，建设性冲突，特别是认知性冲突，可以引发组织成员或学习者之间的互动，激发思考，引导探索。

"偏信则暗，兼听则明"，在冲突中学习的关键是在明确冲突的框架和底线基础上，让持反对意见的人有机会充分说明"不同意"的理由，并在分析比较的基础上，得出正确的结论，而不是一味地避免冲突。

7. 相对固定的学习互助网络组织

学习互助网络组织是指能在一起分享信息、行为技能和观念，以实现学习目标的学习者的集合。学习互助网络组织可以存在于组织内部，也可以跨越组织边界；可以是正式组织，也可以是非正式的组织；可以是线下组织群体，也可以依托网络存在；成员可以相互认识，也可能素未谋面。组织正式或非正式的学习小组、兴趣小组、社会培训机构组织的培训班、网络学习或交流论坛、任务合作、同伴互评等都属于学习互助网络组织。学习互助网络组织一方面通过成员之间的互动，在交流中完成知识分享与构建；另一方面，也建立起了心理和情感的互助网络。

学习互助网络组织，自然而然地以多样化的形式动态产生于群体交流过程中，不仅在共同体成员中实现了信息的横向流动，拓宽了信息的广度，还通过集体的反思和行动将隐形的经验类知识显性化，加深了知识学习的深度。同时，学习互助网络组织使信息以知识、技巧、经验、惯例等形式得到积累成了可能，强化了学习功能和学习轨迹。

学习互助网络组织为学习者提供了心理慰藉和学习帮助。成员的行为不再是一种个体行为，而具有社会性。成员在持续、长久的学习或合作过程中，会形成共有的规则、习惯、文化、价值观等，而这将为学习者提供一种良好的社会环境。由于群体对个人的同化作用，单个个体的学习必须融入整个学习网络组织之中，同时组织领袖或优秀者的榜样作用在学习群体中也很容易引起共鸣。

8. 学习的反馈和强化

理论和实践均证明，评估反馈能够引发学习动机，知识方面的缺口产生了对外获取知识的动机。学习者不仅要注重学习的内容，更要注重知识的迁移和转化，学以致用，将学习的最终目的定位为运用所学知识解决实际生活、工作中的问题，突出强调学习形成的自然后果对学习者动机的内部强化或者组织正面强化。

3.2.3 情景与要素分析

与学习能力有关的典型任务有两个：接受学习和自主学习。本小节将分析网络化时代自主学习任务的典型情景和具体的要素。

随着多媒体与网络技术在教育中的应用日益深入，网络学习在人们日常学习活动中所占的比例也呈现日益增长的趋势。现代网络学习是全球信息化进程在教育领域的必然结果。在网络学习中，学习者通过网络环境中的各种学习社群，最大限度地打破了固有知识圈子的壁垒和地域、时间的固化，以学习共同体的形式进行信息交流，建构和分享知识。在网络信息时代下的学习行为，既有上一小节所分析的学习能力共同的行为特点，又有其特有的一些行为标签。

网络环境下的学习是自主学习，没有群体的监督和约束，时间自由灵活，这对学习者的学习执行力要求很高，学习中容易出现学习逃离、行为缺失不当和时间缺失。学习逃离是指在学习过程中，较为经常和严重地离开学习平台，从事其他活动；行为缺失不当是指学习过程中缺乏某些必要的学习活动和学习环节，或者存在各种不恰当行为，例如很少上交作业或参加讨论、边学习边聊天、提供虚假测试等；时间缺失主要是指学习时间分配不当，例如学习周期过长、两次学习间隔过长等。

在网络学习中，学习者应创建自己的学习途径，培养学习者自我信息导航的能力；尽可能地为自己创造多样化的机会去连通他人观点；使用各种开放协作平台，促进交流互动；提高知识转化能力，达到学习动机的内部强化作用；利用反馈维持较强的学习动机等。自主学习情景规范要素如表 3-4 所示。

表 3-4 自主学习情景规范要素表

要素	内容
知识获取	1) 基于学习目标，进行网络信息的搜索和加工存储 2) 明确、具体、可实现的学习计划和学习程序 3) 主动将新进入信息与其他信息进行加工整合 4) 学习者与网络学习群体中的其他个体（伙伴、教师等）之间进行信息的交换、共享、重组
知识应用	1) 尽量在工作中运用新信息，如不能，利用大量案例进行情景学习和知识重塑 2) 保持较高的自我效能感 3) 通过社会关联弥补由于高度自治而造成的集体归属感缺失和孤独感

管理者学习能力主要体现为自主学习，学习行为是建立在实际需求基础上的，无论是知识的获取还是知识的应用都以实际需要为导向。人力资源管理专家威廉·J.罗思韦（William J.Rothwell）教授在《Workplace Learning》一书中提出，比较典型的学习需求包括四类：第一类是员工在工作中遇到问题时，即在工作过程中发现自己现有知识和技能无法解决的问题时，员工能够了解到只有增加自己的知识或是提高本身的技能才能够胜任这项工作，此时"工作中遇到的问题"就作为触发条件刺激员工学习的欲望；第二类是个人遇到重大事件时，此处的重大事件指的是职场中的重大事件（例如工作的调换等），当调换到不理想的职位时，员工就会意识到需要通过提高自己的知识以及技能来获取更加理想的职位，从而被激发学习的欲望；第三类是组织遇到重大事件时，例如当组织需要进行技术变革时，员工会因为需要适应新的技术从而产生学习的欲望；第四类是

自己察觉到有机会去提高，即职场学习者在面对新的知识或技能时也产生学习的欲望。

史蒂夫·R.戴维（Stephen R.Covey）在他的经典著作《The Seven Habits Of Highly Effective People》中曾提出，高效能人士的一个重要习惯就是不断更新。他提出了一个问题：是否有人试过忙着驾驶而没空加油？结果是一切变得纷乱无序。类比到学习上也是同样的道理，应该不断地学习，不断地反思，否则就会荒废自我。只有不断地学习更新，才能产生强大的能量、积极主动地推动自我的完善。就像 T.S.Eliot 的话："我们不能停止探索，探索的尽头，会把我们带到原来的起点。"我们应该从职场中每一个可能触发学习的条件中捕捉机会，循环往复地学习，在成长和转变螺旋式上升的过程中，你也许就会有奇妙的体会。

自主学习的另一个特点是在知识应用方面，最根本的关注点是绩效和成果，其次才是行为。这并不是说行为就应该被忽视。因为行为导致结果，无论是积极的还是消极的行为，都会是影响绩效的因素，具体体现为学习成果在绩效改进中的应用。

前面介绍了关于学习能力的定义、情景和要素，下一小节通过具体案例分析和情景模拟练习，进一步展开与学习行为有关的能力开发。

3.2.4 模拟案例：Z集团的行动式学习

Z集团是一家大型生物医药企业，随着企业的发展，Z集团考虑向全产业链企业转型，业务渗透全产业链的各个关键环节，上至医药原材料，下至生产开发、终端销售，贯穿医药产业链的上、中、下游产业，并进一步地提出"全产业链"发展战略，以期有效整合全产业链资源，确定"全产业链"的核心竞争力。

企业战略转型不仅是业务范围的调整，还涉及商业模式、组织架构、管控模式、思维方式、企业文化的调整和巨大转变，面临着巨大的困难和阻力。唯有不断进行学习，才能克服困难和阻力。针对战略转型的目标，Z集团采取行动学习的培训方式。

行动学习本质上就是透过行动实践学习的过程，以团队成员为主体，以团队面临的重要问题为载体，旨在解决团队发展的重大问题，提升团队能力，塑造团队文化。

行动学习不是传统意义上的培训，而更像是一种工作方法，Z集团内部将行动学习称之为"团队学习"，强调团队组织的学习，旨在培训团队的决策方法和团队建设的方法，实际上就是通过团队学习来推动企业的转型，其具体内容如图3-1所示。

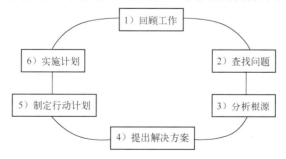

图3-1 团队学习思维逻辑：解决问题六步法

基于这一逻辑，Z集团培训采用"结构化会议"的方式，即将培训和会议结合在一起，分阶段进行。以训带会，既是一个工作的过程，也是一个解决问题的过程。

首先是导入阶段，这一阶段有着多种多样的导入内容，如理论理念、领导讲话、方法工具、经验教训等。之后是研讨阶段，研讨是行动学习的催化阶段，整个团队凝聚大家的智慧和共识来提升认识水平。领导者则是研讨过程中的催化师，通过催化来启动行动学习，营造企业内部"做中学"的良好氛围，实现学习落地。在研讨中，大家齐心协力，集体研讨，分析现象，找出需要解决的问题，并准确认识问题。然后是转变思维模式、创新/收获的阶段，最后再经过必要且重要的反思整合阶段，决定并提交下一步的行动计划，制订解决方案，并落实方案。

在会议中，Z集团还引入了一些重要的行动学习的工具，比如头脑风暴、团队列名、鱼骨图、结构树、帕累托分析、心智模式反思等。

Z集团规定，所有一把手都是所在单位的培训师和催化师，高层管理人员也不例外。在团队学习的基础上，Z集团建立了一个以领导力开发为中心的企业大学。建立企业大学的目的是传承企业的学习型文化，用理论来指导行动，在行动学习的基础上，让培训更具系统性，让企业大学成为思想碰撞交流的平台。

Z集团的团队学习直接服务于集团战略，让其在各级经理人中成为普遍的工作方法，成为一个管理工具，如表3-5所示。

表3-5 Z集团团队学习特点

学习特点	具体行动
服务企业战略	针对业务发展中的关键问题，直接服务于集团的战略
激发团队智慧	重在激发团队智慧，通过组织的改变和组织能力提升个人能力
管理工作方法	集团各级经理人都把培训作为一种企业管理普遍的工作方法，作为推进战略执行的重要管理工具。各类工作会议和工作研讨会都是集团培训工作的组成部分
改善团队氛围	注重改善团队氛围，体现集团企业文化
重视工作技能	经理人必须掌握领导技能，这是管理工作的重要组成部分，是经理人领导力的重要体现。经理人是各单位培训工作的第一责任人，是第一培训师
质疑反思与系统思考	倡导质疑反思的精神，强调系统思考

Z集团的学习行动造就了团队创新的氛围、开阔的视野，通过质疑反思和系统思考，提升了团队面对现实和未来问题的能力。同时，团队参与避免了权威的一言堂或者特定利益团体主导组织规划。

Z集团在提出全产业链整合之后，发现集团有很多B2B的业务条线，各业务条线有许多大客户重叠，但各业务条线分散管理，无法形成集团的协同优势。为了解决这个问题，Z集团召开大客户经理的培训研讨会，将问题有针对性地分成六大模块。每个问题都从一般理论出发，从一般客户管理到大客户的管理分类，再到集团对客户的管理方式、管理策略等，最后形成整个集团的大客户管理规划。

回顾整个变革的过程，Z集团的成功之处在于头脑先于行动，思想引领，将培训作为推动企业转型的切入点，以此形成Z集团团队学习的大背景。

讨论题：

1）Z集团的组织学习有什么特点和值得借鉴的地方？

2）结合案例分析中的知识点：行动学习和团队学习，提炼出提升组织成员学习能力的关键行动。

提示：

1）本案例主要涉及两个知识点：行动学习和团队学习。

2）行动学习是以学习者为主体，以现实问题或项目为主题，在催化师的引导下将结构化的深度对话渗透在"问题→反思→总结→计划→行动→发现新问题→再反思"的循环过程中，具有反思性、行动性、合作性、主体性、参与性等特性。

3）"三人行必有我师"，团队学习的意义在于企业内部知识的转移。知识或技术在企业部门之间以及员工之间流动，而企业自身则通过知识内容的更新与知识维度的扩展来实现自身知识的发展，最终使企业的知识创新体现在整体知识水平的提升与企业知识维度的扩展上。

4）作为构成企业部门甚至整个企业的基本单元，员工素质对于企业内部知识转移的效果有直接影响。考虑到员工能力素质的差别和员工自身精神状态对其进行知识转移的积极性和主动性的影响，在企业内部知识转移的过程中，如果能针对不同水平员工及其组成的部门来选择适当的转移传递方式，将会有效地提高知识转移效率，从而促进知识转化与创新的效率，并最终促进企业绩效的提升。

3.2.5 观察练习：学习渠道变了吗

1）与同事、朋友交流你的学习渠道，并讨论各种学习渠道的优点。
2）小组讨论：如何构建学习型组织。
3）你是否感受到网络时代学习的方法渠道有所改变？如有，请具体描述并思考讨论，在该变化下，如何更有效地进行学习？

3.2.6 模拟练习：如何做人员介绍

按4～6人一组分成小组，完成下面的行为模拟。
操作指导如下。
1）小组成员先在组内各自介绍自己。
2）每组推选两名代表。
3）各组的代表向全班同学介绍自己的小组成员。
4）讨论：谁的个人介绍最好？
5）总结：向别人介绍自己的朋友，有哪些要点？

3.3 领导能力

著名领导力专家约翰·P.科特（John P. Kotter）认为："取得成功75%～80%靠领

导，其余 20%~25%靠管理，而不能反过来。"可见领导与管理是两个互不相同但又互为补充的行为体系，二者缺一不可，都是取得成功的必备条件。领导与管理的根本区别在于变革，当组织动荡或正在经历变革时，人们会表现出领导力。管理者的工作是维持稳定，而领导者要集中精力与设定方向、发起变革和创造一些新的东西。因此领导经常被定义为"做正确的事"，管理则被定义为"把事情做对"。

管理者是企业组织运行的中坚力量，注重管理者领导能力的开发与培养，是提升组织内部管理水平的重要环节。首先，管理者需掌握适合企业发展的管理理念，即全局战略观念、竞争观念、风险与危机观念、效益与效率观念、创新与进取精神、注重资源管理、重用人才等；其次，管理者需掌握三方面的知识，即背景知识、专业知识和管理知识，可通过角色扮演、课堂讲授、自主学习、情景模拟、案例分析、研讨会等方式进行学习；最后，管理者的领导力可通过加强高效管理者技能、危机处理、团队建设与激励技术等技能训练来提升。

3.3.1 定义

领导能力是指通过领导者与追随者的相互作用，推动或带领员工完成目标的能力。领导理论的研究成果大体可分为三类：领导特质理论、领导行为理论和领导权变理论。

领导者特质理论认为，成功的领导者具备一些其他人所不具备的个人特质和技能，如智慧、自信、正直、价值观等。当然，单纯地讨论领导者是否具备敏锐的判断力、理性的思考力、卓越的行动力、高超的制度设计能力都有空谈的嫌疑，归根究底，领导能力要体现在实践、行动、效能、效率上，毕竟领导者要带领组织或者团队创造业绩。

领导行为理论不仅关注领导者，还关注领导者与追随者的互动影响与作用，认为只有采用适当的行为方式，才能有效地领导追随者。领导行为理论与领导风格研究获得了领导学理论界的认可。

领导权变理论同样关注领导的行为，但是它提出领导的有效性依赖于情景因素，并且情景因素可以被分离出来。某种领导方式在特定的情景下是有效的，而在某些环境下会失去效果。

现代领导理论的研究发展，让我们看到了领导力发展更广阔的前景。领导力发展将更多地与环境挑战性、新型组织结构、团队工作模式、流程式管理、领导团队、领导能力开发与培训、学习型组织等相结合。

3.3.2 典型行为（正面和负面）

当下普遍认为，领导者的特质和行为、领导者与追随者之间的互动以及领导行为发生时的情景，构成了领导能力的三个要素。在分析典型行为时，也是从这三个方面进行分析。领导能力典型行为如表 3-6 所示。

表 3-6 领导能力典型行为表

行为类别	典型行为
正面行为	1）明确组织的发展方向并清楚组织利益相关者的期望 2）具有清晰明确的领导理念和绩效目标，并使追随者了解 3）针对战略实施中的各种意外问题和突发事件进行快速决策并承受决策风险 4）有感召力。具体表现为诚信道德，有社会责任意识，对所从事的事业充满激情 5）追随者角色定位准确，职责清晰，工作流程与规则明确 6）关心并了解追随者的需求和动机，激励他人 7）通过规范、权力、文化、情感等媒介，影响追随者的知觉、态度和行为 8）通过提问、探询、研讨等方式分享信息，引导追随者学习成长和能力提升
负面行为	1）对宏观环境与行业信息缺乏关注，对组织的未来随波逐流 2）采用随机的领导行为，组织绩效目标不明确或没有绩效目标 3）针对战略实施中的各种例外问题和突发事件采用拖延、回避等消极处理方式 4）缺乏职业道德和社会责任意识，对待工作极为消极 5）追随者角色定位模糊，权责划分不清楚，工作流程与规则不完善 6）无法通过正式或非正式的沟通渠道，准确了解追随者的需求和动机 7）多通过权力约束追随者的行为，较少运用规范、文化、情感等媒介 8）不能与追随者主动沟通信息，过于关注追随者工作的结果，对追随者的学习成长和能力提升较少关注或不予关注

1．明确方向并让追随者了解

领导行为首先是要明确组织的发展方向并清楚组织利益相关者的期望。领导者如同一艘大船的领航者一样，决定了航线的方向，也唯有领导者可以决定航线的方向。领导者要理解事物之间的关联性，特别是要系统看待环境与组织之间的相互作用、组织决策和行动影响的相关者之间的矛盾，以战略的眼光、全局的思维、长期的导向去看待组织的发展或构建变革的框架。

领导行为具有清晰明确的领导理念和绩效目标，并使追随者了解。组织越大、人员越多，越不容易准确迅速地传达和执行命令，因此中途改变会更加困难，这就需要领导者看清前进的方向，并保证追随者的理解与领导者的意图一致。

2．克服困难和障碍

针对战略实施中的各种意外问题和突发事件进行有效的决策并承受决策风险。领导与管理的过程伴随着各种决策活动，并且需要承担决策所带来的后果。获知准确的信息并加以科学的分析，从而形成正确的判断，这是领导者所必须经历的过程。决策分为分析问题和创造性地解决问题两个步骤，具体流程如下。

（1）定义问题

要求描述事实，明确背景，识别目标和标准，识别问题，明确责任。

（2）产生备选方案

备选方案应与组织目标一致，有利于全部或部分问题解决；确保所有的参与者都提出备选方案；允许异想天开的想法；重视方案的数量；不过早地评估和选择方案。

（3）评估和选择方案

仔细权衡备选方案的优劣，选择最好的备选方案。同时，建立庞大的信息网络，收集来自各个方面的信息，这有助于领导者决定策略。最后，实施和追踪解决方案。

当然，多数人都不是特别喜欢问题，问题会产生压力，决策有可能失误。领导者的肩上担负着比常人更多的责任，他们常常要独立承受因危机而带来的恐惧，所面临的压力远大于员工，这要求领导者有一定应对压力的能力，可以有效地进行压力管理，或消除压力源，或增强自身弹性，或进行压力的暂时性发泄和舒缓。

3．感召力

具体表现为诚信道德，有社会责任意识，对所从事的事业充满激情。不可否认，成功的领导者自身都有一种迷人的特质，或无畏勇敢，或诚信道德，或平易近人，或充满激情，能够让追随者愿意死心塌地地追随，我们可以统称这些特质为感召力。人有不同的性格特征，所以追随者的偏好也有不同，对于感召力的定义也不尽相同。但是，无论哪个组织，都有关于领导者品德方面的要求。诚信道德是对领导者的品德要求，尊重他人、为人公平坦诚等是对领导者道德行为的要求，人性化关怀也正体现了这一点。

4．准确定位追随者角色

领导者的注意力应当更多地放在制定战略、领导变革、激励追随者等方面，而不是处理具体事物，特别是避免在一些常规性和行政性的事务上花费太多时间。这就需要领导者进行充分的授权，授权的关键是共同的目标、对追随者的信任、提供支持、唤醒积极的情绪。

尺有所短，寸有所长，根据追随者的特点和特长定位工作和岗位、权利与责任相匹配，是授权的必要条件。当然，这需要组织管理环境的配合，要求组织有较为详细的工作分析，明确任职者的胜任素质，完善的绩效考核体系和相应的薪酬激励措施。

5．通过发掘需求和动机激励追随者

关注领导活动中另一个主体——追随者，建立沟通之桥。千人千面，百人百性，要关注领导对象的特点和对象的差异性，有针对性地灵活选择领导方式和激励方法。激励他人是领导者必备技能。举例来说，如果下属是高亲和需求的，就需要领导者提供高度人际接触的工作，在关系的维系和激励上多打"感情牌"；如果下属是高成就需求的，那么他会偏好更具有挑战性和更大责任的工作，领导者的重点是提供目标和支持性的资源。

6．通过媒介有效影响追随者

高效的领导者总是在找寻得力的部下。有一个有趣的现象，优秀的领导者是怎样的人，他的追随者就是怎样的人。也就是说，领导者会吸引与自己相似的人。

当领导人的价值观和公司的价值观融合在一起时，以价值为基础的领导方法能产生最佳效果。以价值观为基础的领导方法正在实际上取代专制的和靠性格魅力的领导方法。

陈寿在《三国志》（裴松之注引）《曹瞒传》中描述了曹操"割发代首"的故事，曰：常出军，行经麦中，令"士卒无败麦，犯者死"。骑士皆下马，扶麦以相持，于是太祖马腾入麦中，敕主簿议罪；主簿对以春秋之义，罚不加于尊。太祖曰："制法而自

犯之,何以帅下?然孤为军帅,不可自杀,请自刑。"因援剑割发以置地。

意思是说,曹操率军经过麦田,严申军法:"大小将校不能践踏麦田,违者皆处死。"军中凡是骑马的人都下马,用手扶着麦子走便于人马通过。其时曹操乘马正行,忽然马蹄入麦田中,践踏坏了一大块麦田,曹操叫来随军主簿,拟议自己践麦之罪。主簿用春秋的典故应对说:"自古刑法是不对地位尊上的人使用的。"曹操说:"自己制定法律而自己又违反,如何能统帅属下呢?然而我身为一军之帅,不可以自杀,请允许我对自己施予另外的刑罚。"于是曹操拿起剑来割断头发投掷在地上。

古代人认为:"身体发肤,受之父母,不敢毁伤,孝之始也。"曹操作为封建社会的政治家,能够割发代首,严于律己,难能可贵。尽管后人说这是曹操故作姿态,但我们又不得不承认这一"示范行为"所产生的效果:"于是三军悚然,无不凛遵军令。"

通过提问、探询、研讨等方式分享信息,引导追随者学习成长和能力提升。领导者不是在孤军奋斗,而是要通过培养追随者,创建一支高效的团队。通过服务他人增加价值,提升他人,领导者会更出色。当然,领导者的精力有限,可以直接领导的员工是有限的,要想产生倍增效果,不仅要培养追随者成为"强兵",更要培养"良将",让"良将"去带"兵"。

3.3.3 情景与要素分析

与领导能力有关的情景通常表现为组织的一个典型任务:领导团队型组织,本小节将分析这个常见的典型情景和其具体的要素。

该情景反映了组织环境大背景下,领导力与团队之间的交叉结合作用。领导者与追随者形成系统,领导作用通过团队发挥。作为团队领导者,首先要确定团队的使命与任务,为团队成员明确团队角色和任务分工,确保使命与任务清晰;其次在工作过程中,需要和成员更好地进行沟通、协作与共享,并遵循一定的工作流程;最后不断地进行团队学习与创新,提高成员的满意度和组织承诺度,确保团队的长期发展。领导能力情景规范要素如表 3-7 所示。

表 3-7 领导能力情景规范要素表

要素	内容
关注企业外部环境	1)团队具有清晰的使命和存在的价值,并使团队成员了解 2)关注市场和顾客的变化 3)对变化的应对积极有效
领导者自我管理	1)领导者是道德典范,有责任担当意识 2)基于战略思考,整合组织内外部已有资源与条件,明确团队发展目标 3)相比领导者自身的绩效变化,更关注群体水平的绩效目标的实现
领导追随者	1)设定或帮助追随者设定有挑战且符合实际的目标 2)团队成员各有角色定位,工作职责清晰,团队工作流程与规则明确 3)团队成员之间相互信任,团队跨部门协作较好 4)当解决团队冲突的时候,团队成员以团队利益为先,对事不对人 5)团队成员之间互相学习、交流分享相关信息 6)团队成员工作有投入感,实现团队使命、突出组织氛围建立与承诺 7)用创造性的思维帮助团队解决问题,以及用网络、倡导、谈判、支持、缓冲、评价和共享信息增加团队绩效

1. 关注企业外部环境

传统的管理思想较多关注组织内部的效率提高,在进入20世纪70年代以后,管理的焦点逐渐关注企业如何更好地适应社会环境。所以高效领导者通常会较多地引导团队适应日趋变化的经营环境。例如,技术进步的影响,顾客需求的改变,经济全球化的趋势等。NSSB(美国国家技能标准委员会)曾经提出高绩效组织的特征之一就是关注市场。

2. 领导者自我管理

领导能力的本质是影响力,以身作则是影响力的重要来源,领导者的示范作用体现为:道德典范,责任担当,战略思考,整合资源,明确目标和关注群体水平的绩效目标的实现。

可以从以下两个方面加强中层管理人员的领导力,以求达到具有正确的价值观和坚定的信念,忠于组织、廉洁奉公;敬业且敢于承担责任,有较强的感染力;善于沟通、善于化解矛盾和冷静处理危机的能力以及获得上级、同级及下级信任的素质。

(1) 加强个体领导力建设

领导者通过自身素质的改善提升领导力,可以在日常工作和生活中加强自身某些特质训练,主要通过书籍阅览、网络学习、实践锻炼、同行间交流、自我反思等方式进行。

(2) 加强组织领导力建设

一方面要发展和企业文化、企业发展规划相一致的领导力发展模型,构建中层领导发展模式,促进组织建设和发展;另一方面需选择有效的领导力开发方式。

3. 领导追随者

领导的具体方法包括,建立并分享愿景,设定或帮助追随者设定有挑战且符合实际的目标,明确团队成员各有角色定位,工作职责清晰,团队工作流程与规则明确。建立健康的内部关系,倡导多元化和鼓励创新。

下级的行为要体现为有组织性。从员工岗位职责的角度说,所有员工被分配的任务都应该具有一定的意义和挑战性,以激发员工的工作热情,同时领导的支持也应该被员工感知到,即加强领导对员工个体的关注程度,增强员工的敬业精神,从而形成员工的规范化行为。从企业文化的角度说,可以将提升员工组织化的行为视为企业文化,因为企业文化可以在组织中形成一种无形的文化氛围,对员工行为模式的影响潜移默化又无处不在,这样不仅有利于发扬组织团结合作的精神,提高公司员工的凝聚力和战斗力,也可以有效地提升员工的组织化行为。因此,公司的管理层在日常的管理过程中,应重视对员工行为的激励,从而提高经营绩效。

前面介绍了关于领导能力的定义、情景和要素,下面通过具体案例分析和情景模拟练习,进一步展开与领导能力有关的能力开发。

3.3.4 模拟案例：H公司的领导力哲学

H公司是一家通信科技行业，近年来迅速崛起，在世界范围内都颇具影响力和竞争力。H公司在商业上取得的巨大成功，离不开市场、技术和管理三个要素，而无论是市场、技术还是管理的成功都离不开一支高质量的领导团队。

H公司提出了领导力发展的哲学。该公司认为，培养领导者必须从实战出发，领导要从基层和基础做起，才能从一名士兵成长为一名将军。对中基领导者的历练侧重的是"术"，重点培养作战技能，也就是怎么具体做事，做好事情；对高层领导者的培养侧重的是"道"，重点培养战略视野和概念技能，传承企业文化和管理理念。从"术"的精湛到"道"的领先，从战术到战略，完成了从士兵到将军的转身。

H公司坚持认为70%的领导力来源于工作实践，20%的领导力通过辅导反馈得来，10%的领导力通过课堂培训得来，从实践中选拔和培养领导者这一理念始终贯穿于其基层、中层和高层领导者培养。

H公司的成功离不开其成功锻造的领导者队伍。以传承文化和管理理念为培训导向，与企业发展紧密贴合的培训计划，打造出了一支有战斗力、认同公司核心价值观、践行企业文化的领导者队伍。

H公司还构建了领导力发展的模式。H公司对基层领导者主张选拔重于培养，领导者要通过工作成绩证明自己的能力，颇有些"赛马不相马"的意味。H公司还建立了一套标准化的领导者选拔标准，不论业务部门是否相同、管理层级是否相同，在选拔时，大家采用的都是同一套标准。这套选拔标准包括了以下4个核心内容。

（1）核心价值观

H公司认为核心价值观是衡量领导者素质能力的基础和前提条件。其核心价值观包括：以客户为中心、以奋斗者为本和批判思维。H公司通过关键事件对领导者的价值观进行判断，在进行领导者选拔的时候，着力选拔那些认同并践行组织价值观的"同心人"。

（2）品德与作风

品德与作风是领导者的资格底线，领导者个人品德高于一切，对此可以采取"一票否决"的方式。领导者必须遵守纪律，有较高的道德情操，忠于公司、忠于集体利益，否则就有可能出现才越高威胁越大的情况。

H公司同样通过关键事件来评价领导者的品德和作风。比如领导者是否愿意到艰苦地区工作，是否勇于面对复杂的问题和状况，是否可以处理好公司利益、部门利益和个人利益之间的关系，是否可以不计较个人得失。

（3）绩效导向

H公司认为绩效是评价员工非常重要的一个标准，是必要条件和分水岭。什么是公司认可的绩效呢？最终对客户产生贡献的绩效才是真正的绩效。素质能力不等于绩效，关键行为过程要以结果为导向，只有真正表现出绩效的结果才是公司所认可的绩效。

只有在实际工作中已经取得了突出绩效，且绩效考核横向排名前 25% 的员工，才能进入领导者选拔流程。同时，绩效的结果会影响到员工很多方面，包括薪酬、奖金、股票、晋升的机会等。

（4）能力标准

能力是员工的关键成功要素。就能力而言，不仅有通用能力，也有根据岗位不同所形成的专有化能力。同样，能力也应当具有量化的可衡量性，其体现为工作中持续展现出来的关键绩效行为，成功的实践经验也是对能力的验证。

H 公司针对领导者建立了领导力模型这一统一衡量标准。领导力模型包括发展客户的能力、发展组织的能力、个人领导能力三大核心模块，共有九项关键素质指标。这九项关键素质指标成了 H 公司领导者选拔中能力评价的标准，如表 3-8 所示。

表 3-8　H 公司领导力模型

核心模块	关键素质指标	指标定义
发展客户能力	关注客户	理解客户需求，并主动用各种方法满足客户需求
	建立伙伴关系	愿意并能够找出公司与其他精心选择的合作伙伴之间的共同点，与他们建立互利共赢的伙伴关系来更好地为公司的客户服务
发展组织能力	团队领导力	运用影响、激励、授权等方式来推动团队成员关注要点，鼓励团队成员解决问题，运用团队智慧等方法来领导团队
	塑造组织能力	辨别并发现机会，不断提升组织能力、流程和结构
	跨部门合作	为了公司整体利益而主动与其他团队合作、提供支持性帮助并获得其他部门承诺
个人领导力	理解他人	准确地捕捉和理解他人没有直接表露或只是部分表达出来的想法、情绪以及对其他人看法
	组织承诺	为了支持公司的发展需要和目标，愿意并能够承担任何职责和挑战
	战略思维	在复杂模糊的情景中，用创造性或前瞻性的思维方式来识别潜在问题、制定战略性解决方案
	成就导向	关注团队最终目标，并关注可以为公司带来最大利益的行动

H 公司对于领导能力的评价同样是可衡量的，不是用一些通用的、模糊的、主观性较强的评价衡量，而是要求必须基于具体的事例。为了让管理者能够掌握这些比较专业的方法，在 H 公司领导力模型建模之初，就广泛吸收各个部门和层级的管理者参与了进来，这也是 H 公司管理变革的一个特点。

H 公司的领导力九条经过实践之后，逐渐演化发展为四项能力，分别是决断力、理解力、执行力和人际连接力。高层领导者要求具有较强的决断力和人际连接力；中层领导者要求具备较强的理解力；基层干部要求具有较强的执行力。

为了让组织领导力保持活力，并不断将活力传递到新加入的领导者和管理者身上，H 公司还与外部知名公司共同推出了一套集成领导力开发系统，包括了继任者计划、干部转身计划、经理人反馈计划、管理者发展计划、高层个人发展计划、个人绩效承诺等人力资源开发计划，这些计划进一步提升了领导者的各项能力。

讨论题：

1）通过阅读 H 公司案例，思考组织构建领导力的关键行为有哪些？用尽可能少的文字表达自己的观点。

2）搜集另一个公司成功构建领导力的案例，提炼其关键行为，与 H 公司进行对比，看一看哪些行动具有普遍性，哪些行为是具有企业特色的。

提示：

高层领导者作为企业的核心和精神领袖，可以不太懂技术，也可以不是一个优秀的市场和销售专家，但要用他的思想，牢牢把握住企业的发展方向和命脉。H 公司的领导者具备高瞻远瞩的战略目光，很早就开始对企业的长远发展进行全面思考，清晰界定了公司使命、愿景、经营哲学、人才理念、核心价值观等决定企业长远发展的纲领性的东西，并酝酿起草了公司的"基本法规"。

高层领导者所提出的口号是他本人的价值观和性格特性的体现，这些宣教的效果经过一段时间的积累、沉淀与叠加，就在潜移默化之中影响了员工的精神面貌，确保了公司的健康发展，并逐渐形成了公司的企业文化。领导员工不仅仅依靠规章制度，也要依靠一些精神力量。领导者的个人魅力和示范作用，组织文化的凝聚力、激励力和约束力，都在"软性"地领导和管理着员工。

与此同时，H 公司通过制度化将价值观落实在了管理实践中。在管理者的评价、培训和管理上，以历练驱动领导力的发展，建立领导力模型，为管理者创造新的发展经历。

"有一千个读者就有一千个哈姆雷特"，不同的读者从成功的企业中看到的闪光点也是不同的，你领悟到了什么？

3.3.5 模拟案例：管理之道

T 公司在发展成为行业佼佼者之后，深受大企业病的困扰，工作效率下降。为了企业今后的健康发展，T 公司经过组织架构调整，最终形成了类似大小三层金字塔型的模式。

大三层金字塔是 T 公司的宏观管理架构，总规划办公室位于金字塔的顶层，而后是一系列更加专业的事业群，事业群负责人通常也是规划办成员；小三层金字塔是微观管理架构，事业部总经理是小金字塔的顶层，其下分别是总监、组长及普通员工。

大三层金字塔作为 T 公司的主要业务框架，位于最顶层的"规划办"是 T 公司所有员工最可信赖的后台。事业群也是分权的过程，事业群的负责人拥有更多的话语权，不必事事向高层管理者进行汇报才能继续推动。每一个事业业务部门类似于一个个独立的创业公司，"小公司"有"小公司"的好处，可以灵活快速地响应用户的需求，打造优秀的产品和用户平台，并为同事们提供更好的成长机会。同时，各事业群之间可以共享基础服务平台，以及创造对用户有价值的整合服务，力求在公司大平台上充分发挥整合优势。

同时，T 公司在分权的时候，也注重了总体的控制和规划。事业部在开拓新业务、争取资源的自主权上必须向规划办汇报，经规划办评估后，才可以继续推进。T 公司的各个业务单元或各个工作室团队都有自己的财务、人事自由权，公司对每个业务团队有利润率的考核目标，只要完成了这一考核目标，业务团队就可以获得更大的自主权，即既定项目的进一步决策无须向规划办申请审批就可自行开展。规划办鼓励各业务团队进行绩效竞争、人才竞争，承担必要的压力和责任，激发各个业务单元的创造力和业务冲刺力，创造不断上涨的空间。因此，T公司业务单元及工作室的工作效率非常高。规划办并不过多地干涉事业部的具体事务，而是最大限度地授权。

T公司的各个部门进行业务合作时，规划办统揽协调全局各方，起到统领、协调的作用，从而实现战果的最大化。规划办在办公模式上是"大权独揽，小权分散"。规划办要保证公司整体的目标和方向不出现偏差，这是其基本使命。

T公司倡导"沉静型"的规划办成员。作为正确决策、指挥有方的头脑，高管们也要不断磨炼和提升自己，只有这样，才可以让别人对自己的决策、指挥心服口服。

在战略落地方面，规划办成员会最大限度地保证自己的决策符合公司工作需求、贴近市场发展方向。为此，规划办特意花精力构建了从最低层到最高层的向上沟通渠道，在一定程度上保证了公司战略、规划办决策与员工想法的一致性。

规划办成员深知一线员工需求解决的重要性，因此一直坚持一项实施了多年的晚餐接待计划。人力资源部门会不定期地随机在各个部门中抽取十几名一线员工，他们将与规划办成员共进晚餐，并在轻松的进餐过程中，与一线员工就市场、公司管理、员工想法等各项信息进行交流，这些信息往往可以使规划办成员发现新的问题或对公司状况进行深层的思考。同时，遇到重大或特殊问题时，规划办成员也会与各个业务部门并肩战斗，带领团队一起讨论问题、解决问题，以身垂范，这种做法让员工安下心来，变得极富战斗力。

规划办的决策会考虑一线员工对市场、对自身利益的判断，在此基础上的优化，使得决策更具有理论指导性和实用性。

为了获得持续的动力，T公司同样成立了自己独具特色的企业大学，作为具有T公司特色的学习交流平台。T公司企业大学强调最终效果，公司通过员工对培训数据和培训效果的评价，经过多次调整，最终形成了实用性较强的课程培训架构，包括了最佳学习实践、培训活动信息、行业前沿动态等内容结构。

T公司大学不想闭门造车，希望邀请合作伙伴一同搭建学习交流的平台，包括面向高校的互联网生态系统。不仅着力于对T公司内部人才的培养，也希望协助合作伙伴更好地发展，这也符合T公司一直秉承的开放共赢的合作理念。

T公司作为中国互联网行业龙头企业，业务的高速发展离不开人才的支持，培养一批具有卓越才能的未来管理者势在必行。

为了帮助后备人才提升核心能力、拓宽视野并且更好地适应变革，T公司设计了系统的培训计划。该计划包括了三个核心学习模块：认识自我、理解管理、拓展思维。除了面授和分享讨论之外，行动学习、评鉴中心和产品体验等学习方式也是项目固定的核心环节。

历经十余年的沉淀，T公司的后备人才发展计划已经成为最具该公司特色的人才培养项目，迄今已经为其培养出了300多名核心管理人员，公司内部70%以上的中层管理者都出自该计划，为公司的高速发展提供了源源不断的人才和新鲜血液。

任何一家企业都有两个关键的资源：资金和人才。T公司认为其在业务上的发力，离不开背后大量高素质员工和强大人力资源培育系统的支持。对于企业来说，资金可以吸收，业务可以调整，但人才却是不可替代的。

T公司是IT界知名企业，许多IT从业者都希望能够进入T公司。T公司努力寻找那些认同企业价值观、并热爱该行业的年轻人，希望和员工长期共事，所以T公司的离职率在行业里一直比较低。在稳定度较高的情况下，如何保持员工的热情和竞争力，也是公司需要思考解决的问题。

T公司希望它的员工可以安心工作，心无旁骛，所以帮他们解决了大部分"世俗"问题。公司每年都会做薪酬调查，确保公司始终保持高竞争力的薪酬。只要员工努力工作，公司对于奖金的发放一向"绝不手软"，员工在这种激励下自然奋勇向前。

在给予员工丰厚的物质回报外，公司也格外关心员工的个人成长。公司实行导师制，为每一名新入职的员工指定一名资深员工成为他的导师，学生和导师一起学习并提升自我。T公司的企业文化、核心价值观，还有一些"隐秘性"的知识和经验技巧，都在导师"传帮带"的过程中源源不断地输送给新一批员工。

在这种以正向鼓励为主的氛围中，员工的个性和特长得到了极大的发挥。事实上，无论是"激励员工"还是"惩罚严厉"，都需要通过企业文化的力量去感染员工，传递公司的价值观念，使员工对公司产生认同感和归属感，自觉遵守公司规则，维护公司的形象。

T公司认为，真正的用户需求是说不出来的。不论是高层管理者、产品经理还是人力资源部门，不论是对产品还是对人，都要有需求具体化的能力。不能当甩手掌柜，关注变化，倾听不同的声音，善于学习。在T公司，不允许说什么事情在技术上做不到。相信自己，相信团队，把压力化作动力，最终成就别人认为不可能的事情，制作出独一无二的产品。

T公司非常重视绩效管理，通过持续地在公司进行全员绩效氛围营造，对全员尤其是管理干部加强绩效考核。KPI（KeyPerformanceIndicator，关键绩效指标）的层层分解，是T公司执行力强最主要的原因。工作表现与年终奖、升职直接挂钩。

公司同样也有一些不可碰触的高压线，新员工进入T公司的第一天就要明确哪些是高压线不能碰，比如泄露公司商业机密、收受回扣、虚报假账等违法乱纪行为。绝大部分员工在长期的"正直"熏陶下，都能保持积极阳光的工作心态，坚守公司文化。

讨论题：

1）通过阅读T公司的案例，总结一下这个案例体现了哪些特点。
2）通过T公司成功构建领导力的案例，提炼其关键行为。

提示：

通过T公司的案例，我们可以看到T公司的成功绝非偶然。失败的企业各有各的不同，成功的企业却都有一些相似的地方。结合管理能力章节的知识点，我们可以分析一下T公司成功的几个关键因素。

1）领导者的"魅力"。高层管理者是企业管理工具、管理方法的实际操控者，是企业的风向标，决定着企业的发展方向，影响着企业的文化建制和员工动态。企业管理哲学，实际上就是高管们形而上的设计，他们必须勤于思辨，仰望星空，着眼未来；同时,他们又必须以独特的人格魅力和品格的力量引领全体员工。

有人说,经营层面的领导力细分出来,第一是策略思维能力、战略思考能力,第二是创新和变革能力,第三是强大的执行力,第四是坚韧不拔的意志和让员工发自内心跟随的品质。做到这四点非常重要,毕竟对于高管们来说,管理的阻力无处不在,高管们需要这些能力去击败阻力,引领企业继续前进,对员工施加影响力。

T公司的规划办团队长久保持着强大的稳定性。公司高层普遍低调务实,在公众面前的曝光度并不高,不张扬、不冒进,但却用最坚韧和冷静的态度对T公司予以掌控,这和其他很多企业高管喜欢包装自己的领导风格截然不同。但也正因为此,他们才能不受其他事情干扰,稳扎稳打,对公司的发展方向做出现实而理性的判断。他们用自己的特质、能力和行为对T公司施加着潜移默化的影响,就像是一个个牧马人,将T公司这匹骏马养得膘肥体壮。

通过研究T公司的企业文化,可以感受到T公司领导团队的领导理念,如表3-9所示。

表3-9 T公司的企业文化

正直	以德为先,正直是根本
	保持公正、正义、诚实、坦诚、守信
	尊重自己,尊重别人,尊重客观规律,尊重公司制度,从而自爱自强
尽责	负责是做好工作的第一要求
	不断追求专业的工作风格,不断强化职业化的工作素质
	有强烈的责任意识,有杰出的肩负责任的能力,有勇于承担责任的品格
合作	团队优秀才能真正成就个人的优秀,与环境和谐发展是企业基业长青的基础
	积极主动,重视整体利益,从而创造优秀的团队绩效
	放眼长远,胸襟开阔,不断追求优秀的合作境界
创新	创新不仅是一种卓越的工作方法,也是一种卓越的人生信念
	在方式、方法、内容上,时时寻求更好的解决方案,精益求精,谋求更好的成果水平
	不断激发个人创意,完善创新机制,以全面的技术创新、管理创新、经营模式创新,推动公司的不断成长

2)畅通的沟通。"民主、公平、公开"一直是管理的重要原则,畅通的沟通,可以最大限度地发现员工的需求,发掘不同的思想,发挥员工的主体意识。

T公司强调以健康简单的人际关系、严肃又活泼的工作气氛、畅快透明的沟通方式,促进员工满意度的不断提高;更强调以良好的工作条件、精品培训计划、职业生涯通道设计促进员工个人的职业发展。在此基础上发展起来的T公司招聘机制、人才评估制度、T公司大学、后备人才发展计划,又诠释着互联网企业应有的人才管理之道。

3)学习与创新。今天的大环境,不再是工业时代那种相对可控的、有规律的世界,而是无序、混沌、不可预测的。作为互联网公司,从事的行业又都是前无古人的新兴领域,就必须像T公司一样拥有鼓励创新的机制和土壤,从高层到执行层始终对全球互联网前沿产品保持最灵敏的嗅觉,能做出迅速判断和反应,并高效执行。这需要从高层到执行层、从个人到企业始终保持旺盛的学习热情和学习能力。

事实上，国内成功的企业，无论是腾讯、华为还是阿里，"HR"都在扮演着坏人的角色，给员工压力，驱动员工向前奔跑，让大树底下并不好乘凉。

通常，企业做大后都会有严格规范的管理制度，"大企业往往有大企业病"，如何在按部就班、严谨有序的体制里，团队成员还能不断创新、快速应变、自我更新、保持勇猛的战斗力，正是传统大企业需要向 T 公司学习的地方。

3.3.6 观察练习：哪种领导者最有效

成员回忆并描述一个自己亲身经历的正式活动或事件，最好是自己担任领导者的情景，或者是团队遇到困境或变革的情景，详细描述当时的目的、情景、领导者的行为、成员反应、结果。小组成员讨论评价领导者的行为，并评选出最有效的领导者。

3.3.7 模拟练习：旅游计划评比

按 6~8 人一组分成小组，完成下面的行为模拟。

操作指导如下。

1）小组成员在组内每人拟定一个假期出游计划，如"平津战役纪念馆一日游"。
2）通过讨论、比较、筛选和淘汰后，每组有一个出游计划胜出。
3）胜出计划的拟定者向全班同学介绍获胜经验。
4）讨论：获胜者的经验有哪些？
5）总结：让别人接受自己的计划，有哪些要点？

3.4 沟通能力

通用电气总裁杰克·韦尔奇曾经说过，管理就是沟通、沟通、再沟通。松下电器的创始人松下幸之助也曾说过，企业管理过去是沟通、现在是沟通、未来还是沟通。沟通能力是管理者能力的重要组成部分。管理人员很大一部分时间都花在与客户、上下级和同级部门之间的沟通上，例如一对一的电话交谈、面对面的访谈，与潜在或当前客户互通电子邮件或开展集体销售演讲。所以，沟通是一种至关重要的能力。管理人员要能够与组织的主要群体和个人建立起关系网络，并为其提供信息；同时，适当地采用谈判和说服措施；最后运用影响技能来实现目标。

3.4.1 定义

沟通的过程涉及两个主要的参与者——发送者和接受者。大多数人都将沟通过程看作是一个共同承担的连带责任。积极倾听是沟通的重要环节，指一边倾听信息的内容，一边理解信息所包含的感情，这一过程需要花费时间和精力。积极的倾听要求精神集中。积极倾听是一种技巧，需要不断地练习才能够掌握。

沟通不仅仅是两人或多人之间信息传递的过程，更是信息交换和理解的过程。因此，管理者的沟通能力可以定义为：组织及其管理者为了实现组织的目标，以影响和激发行为为目的，将语言和非语言符号经渠道传输，实现信息交换和理解的能力。

3.4.2 典型行为（正面和负面）

成功的管理者通常都是沟通高手，管理的计划、组织、领导和控制职能的实施都离不开成功沟通。沟通能力典型行为如表 3-10 所示。

表 3-10 沟通能力典型行为表

行为类别	典型行为
正面行为	1）在不冒犯他人的情况下，诚实完整负责地表达自己的意图、观点和情绪 2）在多数情况下，运用一定的逻辑方式（如 STAR 原则）以问题为导向，客观地进行描述性沟通。如需进行评价性陈述时，基于目标、原则、标准、成功经验等作为评价的依据 3）尊重他人，允许他人完整表达自身观点，乐意接受他人掌握的其他信息、资料或建议 4）找到所有人都能接受的协议领域，而不是输赢的姿态 5）基于传递信息的丰富程度，选择最有效的沟通渠道 6）使用非语言信号关注、理解和支持发言者，体会他人的感受
负面行为	1）隐藏、压抑、否认、扭曲自身真实的观点或情绪 2）沟通时，逻辑混乱不清晰，关注于不能改变或控制的事情（如个人特质），评判或评价他人的倾向性较强 3）强调自身的优越性，频繁打断他人发言，或在发言未结束时得出结论 4）不允许批评和不同意见，或很少承认他人的贡献，优先满足自身的需求 5）随机选择沟通渠道 6）对他人或沟通的信息态度消极或夸张虚伪，忽视他人情感

上表列出的是沟通的典型行为，下面介绍如何应用。

1. 诚实完整负责地表达自己的意图、观点和情绪

（1）"坦率沟通"原则

为了达到影响和说服的目的，管理者需要坦率直接地表明他们自身的所想、所思、感受，关注真实的信息，使口头陈述与心中所想持一致。但遗憾的是，这对许多管理者来说都是困难的。沟通是为了解决问题，而不是为了增加问题，非坦诚的沟通，使得信息的传递不完整和扭曲，增加了信息接受者接受信息的难度，加大了双方的信息不对称，不利于问题和事件的解决。同时，遮遮掩掩或言不由衷，会使他人对管理者产生不信任感，增加沟通的障碍。

（2）"负责"原则

对所做陈述负责并承认思想来源于自己，或清晰告知他人信息与观点的来源，而不是将自己的所感所言归结于一些未知来源，从而保证信息的真实可靠，避免推卸责任的做法。

"负责"原则的典型做法如下。

1）进行沟通前准备，理解主题和主题的来龙去脉，搜集信息。
2）利用真实的图表、数据、事实等内容表述信息，尽量指明出处。

3）尽量采用书面沟通方式或进行备份，如采取口头沟通方式，对重要信息进行结束前总结。

"负责"原则的典型表述如下。

1）"我认为"表示观点出处是"我"；"我们认为"使用了第一人称复数；"他们说"使用了第三人称，不能具体认定是谁的观点，都表明"我"对此是不负责任的。

2）"来自公司××报表的数据表明"指明支撑观点的数据出处，增强真实性和说服力；"一般而言""有数据显示"没有指明出处的支撑材料，缺乏可靠性和真实性，有可能成为沟通者"攻击"的对象，从而影响对管理者叙述真实性的判断。

当然，坦诚的前提是不冒犯他人，即不能对他人进行人身攻击、侮辱性的言辞和评价、贬低他人、发泄情绪等让他人感到冒犯的做法。

例如，当你感到不快的情绪时，合适的表达是"你的这种做法让我感觉很不舒服"；而不是为了表面的人际和谐，压抑自己的不快，告诉对方"哦，不，我没有不舒服，挺好的"；或者发泄自己的情绪，用讽刺的语言和夸张的肢体告诉对方"你做得太棒了"。

2. 以问题为导向的描述性沟通

在语言陈述中，有两种表达形式，即评价性沟通和描述性沟通。有利于问题解决的沟通方式是描述性的，而非评价性的。当我们进行沟通的时候，评价性沟通评价的对象是"你"，也就是沟通对象，这种评价往往多数是负面的，"这件事你做错了"或者"你不称职"，这是沟通一个裁决和一个标签。这些评价，会使他人感觉到受到攻击并做出防御性的反应，也就是关闭沟通的大门并进行反击，最终导致争执、不满情绪以及关系的恶化。但是在日常生活和工作中，尤其是当我们感到不快时，往往会有强烈的评价他人或事件的意图。

描述性沟通可以更好地替代评价性沟通，提供完全的、准确的信息，而不是有限的、不准确的信息。描述性沟通可以分三步进行：客观地描述发生的事情或者是行为；描述自己对行为结果的反应；提出一个更容易被接受的备选方案。

在描述一个完整事件或提出一个方案时，我们可以借鉴 STAR 原则。所谓 STAR 原则，即 Situation（情景）、Task（任务）、Action（行动）和 Result（结果）四个英文单词的首字母组合，描述顺序为"我们在一个怎样的环境和情景下，有什么任务，可以或已经采取了什么行动，行动的结果或可能的结果是什么"。

在一些特定的沟通情景下，例如绩效面谈、意见反馈等情景下，管理者必须采取评价性陈述。当采取评价性陈述时，要"就事论事"，多对事进行评价，少对人进行评价，更要避免对人格人品等方面的评价。评价要有依据，基于目标、原则、标准、成功经验等作为评价的依据，有利于沟通者接受。典型表述如下。

"你的主要工作是……关键考核指标是……你的指标状况是……所以你的评价是……"表明了衡量标准、客观事实、自身立场；"你的工作还说得过去，但和其他同事比起来还差一些，所以你的评价是合格"则没有具体的衡量指标和标准，凭自身的感觉，准确度和权威度不高。评价时，应将人尽量和标准进行比较，避免将人和人进行比较从而评价。

3. 尊重他人

尊重他人，在进行沟通时，承认、理解、接受、重视他人，而不是强硬、排斥、回避、冷漠、自负，避免引起他人的负面情绪。

古人云"兼听则明，偏信则暗"，管理者要全身心地接受表达者的语言和非语言信息，并对信息进行判断、解读和评价，做出反应或反馈。倾听的典型行为如下所示。

（1）聆听

在一个舒适的不被打扰的环境下进行，聚精会神地听取对方的表达，适度沉默，记录要点。

（2）理解

准确理解他人信息，换位思考，共情思维。

（3）诠释反馈

理解分析对方观点，复述验证重点信息，回应对方观点疑问。

中国民间流传着很多小故事，这些故事也反映出了倾听原则的重要性。曾经有个小国的人到中国来，进贡了三个一模一样光彩夺目的金人，皇帝高兴坏了。小国的使者却出了一道题目：这三个金人哪个最贵重？皇帝想了许多办法，请来珠宝匠检查，称重量，看做工，却发现金像都是一模一样的。

泱泱大国，不能丢了面子啊，怎么办？最后，有一位退位的老大臣说他有办法。皇帝请使者到大殿，老臣胸有成竹地拿着三根稻草，插入第一个金人的耳朵里，稻草从另一边耳朵出来了；插入第二个金人的耳朵里，稻草从嘴巴里出来了；插入第三个金人的耳朵里，稻草掉进了肚子，什么响动也没有。老臣说：第三个金人最贵重！使者默默无语，答案正确。

这个故事告诉我们，最有价值的人，不一定是最能说的人。我们一生下来就有两只耳朵，却只有一张嘴巴，就是让我们在某些场合要多听少说，可见善于倾听在沟通中的重要作用。

4. 找到所有人都能接受的协议领域

为了实现沟通目标，减少或消除矛盾，管理者需要引导和说服他人。在引导和说服他人的过程中，摒弃争强好胜之心，以合作的姿态寻找双方都可以接受的领域至关重要。《论语》曰，"诱之以利，动之以情，晓之以理"，就是在说我们解决问题的重要途径。

诱之以利的"互惠"原则，通俗点说就是给好处，当然，给好处不是说无条件满足对方的要求，而是在维护本方底线的情况下，做出适当的让步或寻找新的合作方式。好处包括有形的利益和无形的利益。奖金、升职、奖品、良好的环境、假期等属于有形的利益；名声、权威、被理解、被需要、被信任等心理情感方面的满足属于无形的利益。

动之以情，晓之以理，引发沟通者的情感共鸣，打开沟通者心扉，用有力的事实和清晰的表达表述自己的观点以及双方得失，提高沟通者对于"好处"的感知能力。

5. 选择最有效的沟通渠道

沟通的渠道分为书面沟通、口头沟通和非语言沟通渠道，每种沟通渠道都有各自的特点。组织日常的沟通渠道如表3-11所示。

表3-11 组织日常的沟通渠道

沟通渠道		沟通类别	沟通方式	
语言沟通渠道	书面沟通渠道	纸质媒介	信函；工作报告、文件资料、会议纪要；公司内部刊物；公告等	
		电子媒介	短信、网络即时通信（QQ、微信等）、电子邮件、博客、微博等	
	口头沟通渠道	单向式沟通	演讲、语音邮件、广播等	
		双向式沟通	面对面交谈；电话、电话会议、视频会议；征询与参与性会议（包括例会、座谈会、年度大会、工作会议等）	
非语言沟通渠道	身体语言	肢体语言	手势、头部动作以及身体其他部位的动作等	
		表情语言	眼神、笑容等其他面部表情	
		形象语言	姿态、体味、妆容、服饰以及身高、体重等	
	副语言	发音修饰	音调、音质、语速、音量、清晰度和重音等	
		语音间隔	停顿和沉默	
	环境语言	自然环境	湿度、温度、天气、光线、噪声等	
		空间环境	房间构造、家居摆设、内部装潢、整洁度、座位的布置、谈话的距离、颜色等	
		时间环境	时点和时间长短	

——摘自张振刚、李云建编著的《管理沟通》

单一沟通渠道难以达到良好的沟通效果。根据传递信息的丰富程度、沟通者的特点、沟通的目标要求，管理者需综合运用各种沟通渠道。

管理出色的公司通常都非常重视沟通，公司会设计制度化的沟通渠道给员工提供申诉的机会。以下列举一些典型的沟通制度。

1）信息通报制度。人力资源部门会及时主动通过电子邮件等方式向公司每一名员工发布信息。内容涉及公司的发展动态、重大事件，以及与员工工作、生活密切相关的信息。

2）员工意见调查制度。每年由人事部要求员工填写不署名的意见调查表，管理人数在7人以上的主管都会收到最终的调查结果，公司要求这些主管必须定期向总经理禀报调查结果的改进情况。

3）申诉制度。在工作中，员工如果觉得委屈，可以写信给任何主管（包括总经理），在完成调查前，公司需注意不让被调查者的名誉受损，不大张旗鼓地调查，以免当事人难堪。

4）"有话直说"制度。鼓励员工对公司制度、措施多提意见的一种沟通形式（一般通过书面的形式进行),员工的建议书会专门有人搜集、整理,并要求当事部门在规定期限内给予回复。

5)圆桌会议。由人事部安排,召集不同部门的若干员工与总经理座谈,交流公司的发展信息,提出相关建议与意见。

6)员工与直属经理的沟通。这是很重要的一条沟通渠道,每年员工向直属经理提交工作目标,直属经理定期考核检查,并把考评结果作为员工的加薪依据。

7)高层管理人员面谈。员工借助该制度来与高层经理进行"一对一"正式谈话。

8)公司高层信件制度。由公司高层给员工写信,与员工一起探讨公司经营中的问题,讨论各种观点。

9)跨部门沟通制度。公司要求各部门定期组织跨部门沟通,一起讨论部门之间的合作问题。

10)质量圈制度。由员工根据需要自行组织质量改进小组(质量圈),向公司提出各种改进质量的建议。公司提供一定的资助和奖励。

6. 关注和使用非语言信号

即使一句话没有说,你也一直在沟通。沟通者会持续关注管理者的所作所为,而不仅仅是他怎么说的。双方在观察对方的外在形象、肢体语言、交际距离和环境等沟通元素后,相互揣摩对方的心理和真实意图。

3.4.3 情景与要素分析

与沟通能力有关的情景通常表现为组织正式沟通,分为组织内部沟通和外部沟通两个典型任务。我们通常所指沟通是指内部沟通,本小节将分析内部沟通的典型情景和具体的要素。沟通能力典型情景规范要素如表3-12所示。

表3-12 沟通能力典型情景规范要素表

要 素	内 容
上行沟通	1)除紧急事件外,与上级提前约定时间,及时进行信息汇报 2)充分理解组织目标和领导意图,信息汇报与目标计划相关,汇报有针对性 3)客观、准确、简明地进行信息汇报,不进行感情渲染 4)预留上级思考评价时间,预留补充材料时间 5)在公共场合,尊重和服从领导,维护领导权威 6)与上司保持良好的工作关系和适度的私人关系 7)了解上司的领导风格和心理特点,用上司适应的方式进行沟通 8)明确沟通目标,约定沟通内容,事先进行资料准备 9)注意自己的位置和心态,在各自的权限下提出问题和解决方案 10)表达准确、扼要,针对具体事情进行沟通而不是针对个人 11)充满自信,依据具体的事实和数据进行说服,必要时形成书面材料,以增加冲击力 12)多提解决方案,少提困难和情绪
平行沟通	1)用直接真诚的方式,明确表达本部门的利益、需要、感受与愿望 2)客观描述行为、现象、事件 3)尊重他人的行为 4)坚持公司整体利益和"游戏规则" 5)在不侵害他人和其他部门利益的前提下,敢于维护自身和部门利益 6)寻找共同目的和双赢解决方案

(续)

要　素	内　　容
下行沟通	1）确保下属工作的目标或重要性，清晰明了地下达命令信息 2）关注重点任务，对沟通进行总结发言 3）尊重下属，言语礼貌，情绪稳定 4）合理授权 5）充分、完整地听取下属汇报 6）对下属的积极行为和结果给予肯定 7）定期会面，保持工作反馈 8）建立信息传递机制 9）明确双方的目标、特质和利益 10）尽量用具体的事实证明观点 11）情绪稳定，思路清晰有重点 12）正确处理下属的怀疑 13）维护下属的自尊心

上表列出的是不同沟通方式的主要内容，以下简单解释其含义和注意事项。

1．上行沟通

上行沟通指信息从组织的低层向高层传递的过程，即由下属到领导自下而上的沟通，是管理人员实践中难度最大的沟通情景。主要沟通障碍包括等级观念陈旧、信息传播失真、组织文化封闭等方面。

在管理实践中，信息沟通的成败主要取决于上下级之间全面有效的合作。但在很多情况下，人们在面对比自己地位高、权力大的人时，往往会因为恐惧心理而形成障碍，这就是管理学所说的"位差效应"。因此，个人首先要塑造超强的胆识，摆正态度。

其次，工作之所以重要，是因为能解决问题、承担责任。所以，一个下属必须是"有用的"，要体现自身的价值。在实践中可以发现，多数下属在组织中一味地高度服从上级，或者因为群体压力而改变自己的言行，久而久之，就丧失了主动思考的能力，这对组织的长远发展是不利的。下属一定要在沟通之前充分准备和调研，在提出问题和要求的同时，给予上级相应的解决方案，最好是多种方案或思路，供上级决策，而不是把问题抛给上级。

最后，沟通时了解领导风格和领导意图，运用一定的沟通技巧，以一种上级可以接受的方式进行交流。

2．平行沟通

平行沟通指信息沿组织横向进行传递的过程，即同一等级人员之间的沟通。平行沟通有助于部门之间和员工之间的任务协调、信息共享、问题解决、冲突化解以及误会消除。但本位主义、职责交叉、资源争夺、错误观念等问题往往导致平行沟通效果不佳。

在平行沟通中，首先要转变观念，打破部门之间、员工之间的本位主义，有整体观念和大局观念。在发生矛盾和冲突时，不只强调本部门或自身利益，在了解其他部门要求的基础上，站在组织长远发展的角度去思考和解决问题。在具体沟通时，可以先确定双方的共同目标和原则，确定目标和原则之后，就有了解决问题的基础和标准。共同目标原则应当站在企业整体的立场上，可以引起双方共鸣，方便达成一致。

其次，具备"共赢"观念。只有基于双方利益，真正互惠互利的方案，才能促使双方积极推动和落实。具体沟通时，引导对方看到方案中的"利益"，不仅限于物力和财力资源，还应当看到工作效率的提高、上级的满意度、双方的融洽关系、长远的合作潜力等"利益"。

最后，在沟通过程中，一定要主动、真诚、尊重。主动积极地沟通，换位思考，肯定对方的价值，体谅对方的难处，不夸大歪曲事实，争取得到同级同事的支持和帮助。

3．下行沟通

下行沟通指信息从组织的高层向低层传递的过程，即由管理者到下属自上而下的沟通。通过有效沟通，对下属传递信息指令、任务绩效反馈、工作指导、表扬鼓励、批评建议，是管理者和领导者一项必须修炼的技能。主要沟通障碍包括管理理念落后、沟通技巧欠缺、信息传递失真、组织机构复杂等方面。

管理者在传递命令时，应当目标标准明确、指令清晰；总结发言时，应当突出重点；表扬下属时，应当真诚具体；批评反馈时，应当控制情绪、有理有据、用事实说话、留有余地并给出希望。

下行沟通还需要建立平台，促进组织成员的交流和沟通。为了更好地达成团队目标，提高组织效益，公司应积极搭建团队交流沟通平台，促进团队的交流与沟通。组织目标的制定和达成，公司工作流程，绩效考核管理体系等都要靠人来完成。因此，员工反馈、信息分享等是不断完善公司管理制度中必不可少的环节。组织活动中让组织中的每个个体都了解组织目标、团队组织情况，也就是领导者告诉员工公司现状、业务进展，以及公司未来发展计划等，让他们知道他们在公司的发展定位和位置，并且像领导者那样明确公司的发展目标。这样使团队中每个人的个人目标和组织的发展目标相一致，才能确保组织成员的合作和士气达到最佳状态。

前面介绍了关于沟通能力的定义、情景和要素，下一节将通过具体案例分析和情景模拟练习，进一步展开与沟通行为有关的能力开发。

3.4.4 模拟案例：如何改善销售现状

王胜利是一家智能电子产品研发公司的销售部经理，该公司新研制的智能盒子进入市场后，市场反应良好，公司顺势推出了第二代智能盒子产品。顾客在使用过程中发现有一些小问题，这些问题是由技术研发工作造成的。王胜利把这个问题告诉了研发技术部经理，希望研发人员能尽快解决这些问题。但研发技术部现在正在攻克和研发一款新产品，不想分心，因此回复王胜利说，这些问题都是"小问题"，不会对产品使用产生较大的影响；而且改进这些"小问题"需要花费较多的精力，只能暂时搁置，等到有时间再处理。

两个月后，客户对产品质量的投诉越来越多，销售量出现下滑。王胜利不得已之下，向总经理说了这个问题，总经理要求技术部立刻解决这个问题。一周后新的技术方案出现了，产品质量稳定了很多。但是第二代智能盒子产品的口碑已经很低了，即使王胜利使出浑身解数，做了很多促销活动，仍不见成效。为此，总裁指示销售部门尽快提高销售业绩。

坏事总是扎堆来。王胜利手下有一名资深销售人员秦风，手中握有不少大客户的资源人脉，本来他就对王胜利不太服气，看到公司销售下滑，渐渐不安分起来，有时会说些"此处不留爷，自有留爷处""嘴上无毛，办事不牢"之类的言语。秦风和王胜利有些过节，一年前，王胜利和秦风一起竞争销售部经理，王胜利因为积极开发新市场、有闯劲干劲而胜出，得以升任销售部经理。

讨论题：

1）在此案例中，王胜利作为销售部经理，需要对上沟通，向公司总裁进行工作汇报和沟通商讨，他应该怎么做？

2）王胜利需要和平行部门（譬如技术部门、财务部门、生产部门等）进行沟通，维护公司和本部门利益，正确方法是什么？

3）王胜利需要对下沟通，妥善处理本部门员工的不满，管理激励员工，他应该怎么做？

3.4.5 观察练习：有效沟通

1）与自己的朋友、同事讨论以往没有解决的争论性的话题并录音，在谈话中使用本章讲述的沟通技巧，并在之后重新听一听录音，思考自己在哪些方面可以提高沟通的有效性。

2）用最有效的方式在短时间内向一名"外行人"介绍你的工作或某项专业知识。

3.4.6 模拟练习：多角色沟通

运用本节的知识技能，以上面的"模拟案例：如何改善销售现况"为蓝本，各自扮演角色，进行模拟沟通对话。在该案例中，对上沟通的目的在于让上司了解自己的工作实效，并指出实际工作过程中的不足；平行沟通中应换位思考，积极处理部门之间的利益冲突，尽力维护公司和部门利益；对下属沟通中应正确处理下属的不满，变反对为合作，增强自身的管理权威。

3.4.7 模拟练习：项目中的有效沟通

活动的形式：8人一组最佳。时间：30分钟。材料：眼罩4个，20米长的绳子一条。使用绳子模拟建造一座四方形的房子。

操作指导如下。

1）小组选出一名总指挥、一名助理、一名项目经理、一名项目经理助理和四名建筑工人。

2）教师把总指挥及助理带到一个看不见的角落里说明模拟活动的规则：

① 总指挥要让自己的助理给项目经理传达一项任务，该任务由建筑工人在戴着眼罩的情况下，把一条20米长的绳子做成一幢正方形的房子，绳子要用尽。

② 总指挥全过程不得直接指挥，一定要通过助理将指令传给项目经理，由项目经理指挥员工完成任务。

③ 部门经理有任何问题可以通过自己的助理请示总指挥，但不得自己直接去问。

④ 部门经理在指挥的过程中要与建筑工人保持5米以上的距离。

3）活动结束后，教师带领学生进行回忆、讨论、点评。

讨论题：

1）作为建筑工人，你们怎么评价你的这位项目经理？如果是你，你会怎么来分配任务？

2）作为项目经理，你对总指挥的看法如何？对建筑工人在执行过程中的表现如何评价？

3）作为总指挥，你对这项任务的感觉如何？你认为哪些方面是可以改善的？

4）小组成员讨论在执行的过程中，大家的沟通状况怎样？最大的障碍是什么？

第四单元　行 为 面 试

【引导案例】招聘因何失败？

　　日升投资集团于2017年6月投资成立了一家肉食品加工企业，经过一年多的建设，肉食品加工厂正式投产，日生产能力200吨。由于快速消费品竞争激烈，品牌众多，该厂产品滞销严重。恰在此时，销售副总离职，使本已处境艰难的肉食品公司雪上加霜。集团人力资源部紧急启动了销售副总招聘，在智联招聘、前程无忧、泰达人才网等多个全国性和区域性网站发布招聘信息，并通过猎头广泛搜寻目标，短期内收集了30多份符合要求的简历，经过快速筛选，最终选定了3个人推荐给了董事会。三位候选人都有过基层销售经验，且有五年以上销售副总工作经验，其中王总是天津大学的MBA，最后的任职是天津某著名食品公司的销售副总；李总是天津商业大学本科毕业，最后的任职是山东金锣集团销售副总；徐总是北京工商大学本科毕业，最后的任职是蒙牛集团华北销售副总。董事会面试中，徐总说："我在蒙牛集团工作多年，现在的销售团队是我一手组建的，我可以全部带到贵公司，迅速组织起一支成熟的销售团队。"这一番说辞打动了董事长，他最终决定录用徐总为销售副总。徐总入职后也兑现了承诺，带来了整个销售团队，使公司的销售在短期内有了很大起色。但随着时间的推移，徐总身上暴露出了令人无法接受的缺点，例如骄横强势，说一不二，经常与其他部门发生冲突，同事关系紧张；公开抗上，当众顶撞上司，违反总经理正确部署，缺乏团队精神。更有甚者，董事长找他谈话时，他出言不逊，与董事长发生激烈争吵，之后不辞而别。一天后，他带来的销售团队陆续离职，公司的销售体系瓦解，倒退回原来的样子……

　　以上案例涉及本单元我们将讨论的行为面试中的个体行为，目的是对这些行为进行评价，它的原理就是：一个人以前的行为能够预示其今后的行为。个体的语言是一回事，行动是另一回事。对于组织来说，通过行为面试，能够有效识别候选人的诚信程度、区分绩效良好者与业绩平平者、预测候选人未来的岗位业绩，提升人岗匹配度；对于个人来说，通过行为面试，可以知悉自己与岗位要求之间的匹配情况，明确努力方向，打造更强的职业能力，提升职业成功可能。

　　第三单元学习了核心技能的概念，介绍了组织成员应该具备的三项典型的核心技能，从表达能力、适应能力、媒介沟通三个方面对核心技能展开了论述，并通过案例讨论、分析使同学们全面学习掌握了核心技能概念以及三项核心技能的能力标准、评价等级。本单元将对行为面试系列的行为观察、客户服务、分析解决问题及自我管理等四个方面进行学习。

4.1 单元目的

本单元的教学目的是促使学生掌握行为面试理论、程序、方法和具体操作。以企业作为具体的情景,以案例形式进行模拟。通过训练,使学生能够在模拟情景中恰当设计行为面试方案,以团队合作方式做出合理选择并掌握运用理论的能力、团队协作能力、设计方案能力、识别人才能力。

行为面试法和情景面试法作为结构化面试方法的两个分支,在国外的研究起步较早,已经取得了大量的研究成果和丰富的实践经验,并广泛应用于公共管理机构和企业,取得了很好的效果。在国内,对结构化面试法的研究也正开展得如火如荼,并在公务员选拔等领域有较为成功的实践案例。行为面试法和情景面试法作为结构化面试法的两个分支,各有优点和限制。本单元仅就行为面试法进行系统训练,以促使学生掌握该理论方法并利用这一理论知识解决实际问题。

行为面试法的应用研究具有重要的价值,其价值主要表现在以下三个方面。

首先,国内存在大量处于从传统人事管理向现代人力资源开发转变过程中的企业,其中有很多企业还不了解结构化面试法,或者刚开始了解并准备通过引入这一工具,因此加强对行为面试法的应用练习,将有助于学生运用这一方法,练就面试中"火眼金睛"的人才识别能力,提高人力资源管理理论水平和实践能力。

其次,通过将行为面试体系的要素、标准、程序等设计为案例教程,在模拟情景中可以帮助学生更好地理解、消化、记忆、转化行为面试的理论结构,为形成永久能力打下基础。

最后,虽然对结构化面试法和行为面试法的学术研究很多,但在如何将相关研究成果落实到具体的企业实践上,包括面试题的设计、完整的评选过程等,都还需要进一步的完善。本单元将行为面试法要素、评价标准等编入案例,与企业实践相结合,不仅具有实用价值,还为学生将来走上工作岗位应用行为面试知识提供了真实而完整的案例,以形成思路、方法和技术上的借鉴。

4.2 概述

行为面试法需要基于准确的工作分析和胜任力素质特征。因此,人们常把结构化面试法称为"基于胜任力的结构化面试法"。

4.2.1 结构化面试法

对于结构化面试,研究者们提出了大量的定义,以下列举较有代表性的观点。人事部对结构化面试的定义是"对试题构成、测评要素、评分标准、时间控制、考官组成、实施程序和分数统计等各环节,必须事先按结构化要求进行规范性设计的面试测评方法"。中国就业培训技术指导中心给出的定义是"根据特定职位的胜任特征要求，遵循固定程序，采用专门的问题（题目）设计、评价标准和方法，通过考官小组与受测者面对面的言语沟通等方式，评价受测者的胜任素质的人才测评过程和方法"。王承先在 2001 年提出：结构化面试中，主持者按照事先设计好的结构向每位申请者提出相同的问题，并记录每一个问题的答案。评价者根据被面试者的回答，只允许对提问方式和内容组合作一些变化，但不允许对内容作随意改动。最后，评价的标准和评分方法也是严格规定、不能变动的。

4.2.2　行为面试

行为面试是通过一系列针对候选人过去行为的问题，收集候选人在代表性事件中的具体行为和心理活动的详细信息。基于候选人对以往工作事件的描述及面试评委的提问和追问，运用胜任特征模型来评价候选人在以往工作中表现出的素质，并以此推测其在今后工作中的行为表现。

1．行为面试的基本原理

个体在过去的稳定行为能够在未来相似情景下重复；具备某种行为能力的个体，能快速迁移到新的情景中；在相似的情景下人们会重复已经成形的行为。例如，候选人从前处理客户投诉时，行为草率粗暴，那么他在将来遇到相同的情景时，极有可能会保持相同的态度来与客户周旋。

2．行为面试的关键

行为面试的关键是向候选人询问过去怎样处理与所需关键胜任特征相联系的情景下的一系列问题。行为面试评估的是与岗位相关的关键胜任特征，其方式包括提问和追问。行为面试的发问方法通常为：评委寻找一个针对特殊情景的开放式问题，然后以追踪式问题调查证明候选人的行为结果。以责任心为例，可以问：请举一个能体现你责任心的事例，然后用追踪问题促使候选人为情景、行为和结果提供具体的细节。特别要指出的是，提问的问题应事先设计，紧紧围绕招聘岗位的关键胜任特征，要让候选人讲述行为性事件。追问则可以由评委在面试过程中自然形成。追问的目的主要是给候选人更多对先前的回答进行补充的机会，使评委能获得更多信息做出充分的判断，并且让评委能通过追问辨明真伪信息，看清候选人的真实能力和素质。

4.2.3　胜任力

胜任力在英文中有两种表述：competence 和 competency，这两个词均是从古罗马语言 competere 一词衍生而来的，在意义上没有本质上的区别。本单元中采用企业界运用较多的 competency 一词。另外，在中文环境中，胜任力还经常被译为"胜任素质""胜任特征""胜任能力"或"胜任资质"等，这些表述的内涵都是一致的。

现代的"胜任力"（competence）概念由美国心理学家 David Clarence McClelland

提出。20 世纪 70 年代初，McClelland 曾帮助美国政府挑选外交联络官（Foreign Service Information Officers，简称 FSIO）。McClelland 研究小组首创了行为事件访谈法（Behavioral Event Interview，BEI），研究那些表现优异的 FSIO 和表现平平的 FSIO 的差异，预测影响 FSIO 绩效的因素，并建立了世界上第一个胜任力模型。该模型要求 FSIO 必须具备三大核心胜任力：1）跨文化人际敏感性；2）对他人的积极期望；3）快速进入当地政治网络。

后来的事实证明，以能力素质模型为依据来选择 FSIO 是非常有效的，至今美国政府仍将上述三大能力作为选拔 FSIO 的主要依据。在此次研究基础上，McClelland 在 1973 年发表了题为《测量胜任力而非智力》（Testing for competence rather than for Intelligence）的文章，该文章标志着胜任力理论的产生。L&S Spencer 在 1993 年发表了《工作的胜任特征》一书，提出其中共通的 21 项，形成管理者通用胜任力模型，并编制了麦克白胜任力词典《Mcber Competence Dictionary》。中国人民大学彭剑锋教授（2005）对胜任力概念进行的归纳认为：胜任力是驱动一个人产生优秀工作绩效的各种个性特征的集合，它反映的是可以通过不同方式显现出来的个人的知识、技能、个性与内驱力等。胜任力是判断一个人能否胜任某项工作的起点，是决定并区别绩效差异的个人特征。

目前在学术界普遍认为胜任力具有三个重要特征。首先，与工作绩效有密切的关系，进而可以预测员工未来的工作绩效；其次，具有动态性，与工作或任务的情景相关；最后，能够区分高绩效表现员工和普通绩效表现的员工。

在识别并描述胜任力的基础上，可以进一步地构建胜任力模型。

4.2.4 胜任力模型

1. 胜任力模型的理论结构

目前广为人们所接受的胜任力模型结构是由 Spencer（斯潘塞）研究整理提出的冰山模型结构。Spencer 在 1993 年将胜任力理论模型结构归结为五个方面，分别为：动机、特质、自我概念、知识、技能，并提出了描述胜任特征整体结构的冰山模型，如图 4-1 所示。

该模型将胜任力的整体结构比喻成一座漂浮的冰山，水平面以上的是一个人的知识、技能等方面的要素，被称为表层特征。这些表层特征无法区分优秀绩效者和一般绩效者，所以也称为基准胜任力（threshold competency）；水下的部分包括了个人的动机、特质、自我概念等方面的特征，个人在特定情景下的行为会更多地受到这些深层次的影响，从而区分出优秀绩效者和一般绩效者，所以这些特征被称为区分胜任力（differentiating competency）。

2. 胜任力模型开发方法及程序

美国管理协会的一项研究发现，一个错误的用人决策带来的损失是一个员工年薪的1.4倍，会严重影响企业未来的发展（Donovan J,2014）。因此面试作为公司当前选拔录用人才必经的程序，显得尤为关键。随着实践的不断深入，人们发现由于对程序的不理解或操作不当等问题，常常会使得行为面试法的实际效果不佳。如何熟练掌握行为面试法，选拔出高素质人才，成为当前企业必须要解决的难题。

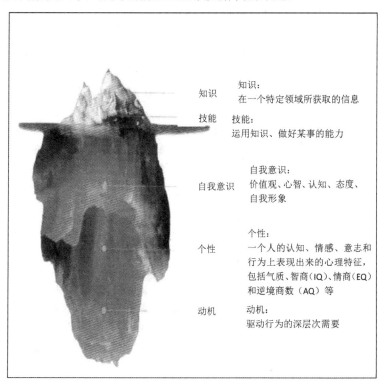

图4-1　胜任力结构冰山模型

（1）行为面试法的起源与发展

行为面试法最早可追溯到20世纪60年代美国工业与组织心理学的一些研究工作，它是基于行为一致性的假设，即"过去行为是未来行为的最好预测指标"，具有良好的信度和效度。田昀溦（2011）的实证研究证明，行为面试法在衡量应聘者工作经验和能力方面比传统的面试方法准确率更高，通过行为面试法招到的人与招聘职位的匹配程度准确率可高达80%，而传统的面试准确率却低于20%。根据Pulakos和Schmitt（1995）的研究结果，行为面试法比同属于结构化面试的情景面试法在针对高层职位范围的有效性更高。在Allen（2001）的研究中又进一步证实了，直接比较情景（SI）和行为描述（BDI），情景交互的有效性减弱，行为描述访谈的效果则持续有效。

（2）行为面试法的开发程序

首先是进行工作分析——明确工作任务和胜任素质。工作说明书是行为面试法的基础，其中的任职资格说明书提供了胜任岗位工作的候选人应该具有的能力、素质、技能、知识、经验、性格、特质等，这些是构成胜任素质的核心部分。行为面试法正是基于任职资格说明书所确定的上述素质，设计相应典型行为，把这些行为内化到具体的模拟行为事件中，通过候选人在模拟情景中的行为，观察、记录候选人是否做出了需要的行为、产生了预设的结果，以此判断候选人是否具有相应的胜任素质。

其次是选择测评方法——判断实施面试的必要性。测试不同的胜任素质，要求有适合的测评方法。例如，要测评高级管理人员的管理能力，适合的测评方法可能有案例分析法、沙盘推演法等；而要测评一个基层的生产操作工，适合的测评方法就是笔试、实际操作等。面试作为招聘必备的一环，对于甄选合格的适岗人才绝对必要且重要。此处的"面试必要性"指的是对哪些关键素质和能力进行测评，其目的在于最大化节约组织成本。

最后是制定面试方案——设计问题与构建量表。面试方案中的问题设计应针对具体岗位进行个性化设计，问题设计的出发点必须是要考察候选人的某一方面能力、技能、素质等，即应该目标明确。设计出问题后，要构建相应的量表，对候选人的表现进行评级。面试评价表示例（部分）如表4-1所示。

表4-1 面试评价表示例（部分）

面试项目	评价要点	提问问题
仪表风度	体格外貌、穿着举止、礼节风度、精神状态	通过面试人员的判断完成
工作动机和愿望	更换现在工作与求职的原因，对未来的追求与抱负，本公司所提供的岗位或工作条件能否满足其工作要求和期望	请谈谈你现在的工作情况，包括待遇、工作性质、工作满意程度 你为何希望来本公司工作 你在工作中追求什么？个人有什么打算 你想怎样实现你的期望与抱负
工作经验	从事所聘职位的工作经验丰富程度，职位的升迁状况和变化情况，从其所述工作经历中判断其工作责任心、组织领导能力、创新意识	你大学毕业后的第一个职业是什么 在这家企业里你担任什么职务 你在这家企业里做出了哪些你认为值得骄傲的成就 你在主管部门中遇到过什么困难？你是怎样处理和应付的
经营意识	判断应聘者是否具备商品概念、效率观念、竞争意识以及是否具备基本的商品知识	通过经营小案例来判断其是否有这方面的观念和意识

仪表风度评价量表如表4-2所示。

表4-2 仪表风度评价量表

评价项目	评价标准	评价得分（1～10分）
体格外貌	体格匀称；五官端正、面色健康	
穿着举止	着正装（西服或中山装）、衣着得体、干净整洁	
礼节风度	礼貌周到、精于职场礼仪	
精神状态	精神抖擞、精力充沛、双目神采飞扬	

（3）技术

利用胜任力素质模型工具确定胜任素质指标及权重。胜任特征模型的构建最常用到的方法是行为事件访谈法（Behavioral Event Interview，简称为BEI）和开放式问卷调查法，其中更常用的是行为事件访谈法。例如我们要对证券客户经理进行胜任素质分析，BEI 的内容主要包括：个人基本资料，列举成功事件和不成功的事件，特别关注优秀客户经理相对于一般客户经理所特有的职业素养和个人素质。根据不同胜任素质的重要性确定权重，设计面试评估表。最后依据设好的标准对应聘者打分，找出 A 级候选人。

（4）实施要点

设计的问题要保证一定是行为性问题，尽量避免出现引导性问题和理论性问题。例如：同样是针对团队协调能力，不同提问方式往往带来不同的效果，理论性问题会问，你将如何对付难以管理的员工？引导性问题会问，你擅长解决矛盾或冲突吗？行为性问题则会问，作为一名主管，你曾如何处理棘手的员工事件？

（5）行为面试法的操作程序

首先是寒暄与破冰。在面试考官与候选人面对面时，如何打开话题，让候选人觉得有话可谈，甚至和面试考官成为知己，相互之间建立信任，使之更快进入放松状态，正常发挥，是行为面试中的重要一步。寒暄一般从问好开始，可以先谈一下天气、候选人来公司的行路状况，聊一些公共事件等。也可以让候选人介绍一下自己，或者面试考官先介绍一下公司，一步步地切入正题。

其次是根据面试提纲提问并对关键事件进行追问。根据面试提纲提问可以保证面试过程的逻辑性，也可以保证获得全部想要得到的信息。对关键事件进行追问，一是能够根据关键事件对候选人的能力进行梳理，明确其能力结构；二是对关键事件进行追问可以了解候选人在关键事件中扮演的角色、采取的行动、所起的作用、最终的结果，能够据此对候选人的能力进行判断；三是追问关键事件的细节能够识别候选人可能描述的不实事件。

然后是对关键事件进行评价。评价关键事件，一是评价关键事件是否具有岗位代表性；二是关键事件是否与岗位绩效相关联；三是关键事件与候选人的特点是否符合；四是关键事件的数量是否足够并且数量也不过多；五是关键事件的表述是否言简意赅，并且清晰、准确。

最后是角色互换，由应聘者发问。应聘者到一个单位应聘，必然有其一系列的利益诉求，包括物质利益、精神利益、社会角色、自身价值、职业发展等，面试考官应该对应聘者关心的利益予以理解宽容并给予真实充分的解答，使双方的互信关系进一步加强，提高招聘成功的可能性。

（6）技术展开

面试官要紧扣完整事例四要素（即 STAR）——情景（Situation）、任务（Task）、行动（Action）、结果（Result）。例如当应聘者说"我是我们小组销售业绩第一名"时，面试官就需要对其追问："你当时的任务目标是多少？"（T）、"你的具体业绩是多少？"（R）、"全公司其他人的业绩水平如何？你所处的公司在行业内的地位？"（S）、"当时整个市场的行情如何？利润率如何？"（S）、"能不能具体讲一下你当时是怎么完成业绩目标的？"（A）、"你在完成业绩目标过程中遇到了什么样的困难？为此你做了哪些努力？花了多长时间应对困难？"（A）、"你的努力效果如何？"（R）。当面试者的叙述中出现模糊的词语如"通常""大多数时候""一般"，或事件主体不清晰，如以"我们做了……"或"大家做了……"代替"我做了……"，又或者以主观描述代替客观事件如"我以为""我觉得""假如说"等时，面试官应针对疑点及时进行详细和彻底的追问，旁敲侧击来判断可信度，期间还要对疑点和要点进行简要记录。

行为面试法已经在诸多公司企业的招聘中进行了使用，整体上来说该方法将人才的有效选拔概率大大地提升了。与其他面试法相比，行为面试法对候选人的真实水平了解准确率提升到了更高的一层，采用这种方法进行面试的企业招聘到的人才与需要招聘的职位之间的匹配程度也越来越高，因此，行为面试法可以让更多的企业在今后人才的招聘中推广使用，高效地提高其招聘的质量和效率。

本节主要内容是结构化面试、行为面试、胜任力及其模型基本理论、胜任力模型构建的方法和程序等。行为观察的前提就是要知晓行为恰当与否、行为的水平等级，这些都需要岗位胜任力提供依据。在之后的小节里，本章将以客户服务、分析解决问题和自我管理三个方面的能力素质为例，进行行为面试的阐述。

4.3 客户服务

本节的客户是指提出人员招聘需求的用人单位，行为面试的客户分两类，一类是组织内部部门，一类是外部组织（如为客户提供招聘服务的猎头公司）。

4.3.1 定义

沟通：指信息、思想在两个人或两个人以上的群体中传递或交换的过程，客户服务过程中的沟通既传递和交换信息也传递和交换思想和情绪。沟通的有效性取决于多种因素，如信息发出者与接受者的能力、文化背景、知识、环境噪音、传递渠道等，客户服务中的沟通有效性会因双方文化背景不同而影响效果。此外，语义困难、误解及沟通过程中噪声的干扰都可能造成人们之间意见不一致，进而影响沟通效果。

- 谈判与决策：谈判是客户服务过程中，服务需求方与供给方就服务的权利和义务、服务价格、质量等事项达成协议的过程。决策行为贯穿谈判过程，双方谈判代表的权限是影响决策速度和质量的决定性因素。优秀的谈判者能够做到：1）理性分析谈判的事；2）理解谈判对手；3）抱着诚意进行谈判；4）谈判过程中既坚持原则，又注重灵活，使两者有机结合。
- 合同审核：本章所指的合同审核是指对服务合同的形式、内容的合法性合规性进行审查，审核服务条款完备性以及文字的规范性。因为客户服务的谈判代表双方是经过沟通由双方组织派出的，其主体合法性审核可以省略。审核合同内容是否合法的重点是审查合同内容是否损害国家、集体或第三人的利益；是否有以合法形式掩盖非法目的的情形；是否损害社会公共利益；是否违反法律、行政法规的强制性规定。审核合同意思表示的重点是意思表示是否真实，避免出现法律陷阱。审核合同条款是否完备的重点是法定条款必须具备，协商条款必须齐全，避免落项。审核合同文字的重点审核文字表达的是规范性。
- 履约能力：本章所指的履约能力主要包括服务提供方的服务能力和服务需求方

的支付生产能力两方面的内容。在审查支付能力时，主要审查对方当事人的注册资本、资金来源、银行存款、交款能力等情况；在审查生产能力时，主要审查对方当事人的生产能力、生产规模、技术水平、产品质量、交货能力等情况。审查履约能力的目的是提高经济合同的真实性和可行性。

- 履约信誉：履约信誉是指服务供需双方在商业行动中对合同的执行情况，主要调查在以往合同履行过程中是否存在过违约行为。在当次合同执行过程中也需适时监控履约行为。

4.3.2 典型行为（正面和负面）

本小节以客户对需求的表达的准确性、简洁性、充分性、友好性为标准区分客户的正面典型行为和负面典型行为。客户服务的典型行为分为正面行为和负面行为，如表4-3所示。

表4-3 客户服务典型行为表

行为类别	典型行为
正面行为	1）提供准确的用人需求，对所需候选人的知识、能力、技能、经验、个性特征、学历、培训等描述清楚，能够提供完整的工作说明书 2）在描述需求时语言简洁、易于理解、用语没有歧义 3）表达需求坦率、信息完全 4）提出需求时与沟通对象保持地位平等、态度友好，令人心情愉悦、易于接受 5）对于双方异议，能够心平气和进行沟通，从对方立场进行考虑
负面行为	1）提供的用人需求含糊不清，对候选人的知识、能力、技能、经验、个性特征、学历、培训等描述存在不清楚、出现多种选择，不能提供工作说明书或提供的工作说明书对候选人特征描述不准确 2）在描述需求时词不达意、漫无边际、不着重点，难以理解和把握 3）提出需求时有所保留，提供的信息不全，不利于准确分析其需求 4）提出需求时心理上有比较优势，以"救世主"或"主人"心理自居，态度骄横，令人心情郁闷、产生抵触 5）出现异议时，以行家、专家自居，强势要求对方服从，不听对方不同意见

4.3.3 情景与要素分析

与客户服务有关的情景通常表现为客户要约及谈判、合同履行两个典型任务，本小节将分析这两个常见的典型情景和其具体的要素。

1. 客户要约及谈判

客户提出用人需求，与组织就招聘事宜开展谈判活动。这里的客户有两类，一类是内部客户，服务提供者可以是企业内部的人力资源部，也可以是猎头公司的猎头；另一类是外部客户，这一类客户的服务提供者是猎头公司。其情景要素如表4-4所示。

表4-4 客户要约及谈判情景要素表

要素	内容
沟通	1）运用专业知识对别人解释和沟通信息 2）确定沟通的信息，希望提供的信息对方能够准确理解并给予回应 3）辨别表达信息最佳方法

(续)

要素	内　　容
沟通	4）选择最佳的显示格式 5）转换为期望的信息格式 6）通过各种途径向他人传递信息（例如讲演，书面沟通）
谈判与决策	1）研究反对意见和冲突的历史 2）设定现实可行目标 3）客观地呈现事实和争论 4）倾听、听取、并对所述事做出反应 5）必要时澄清问题并解决冲突 6）迅速调整以适应新情况/观念 7）提出并检验可能的备选方案 8）做出恰当的妥协
合同审核	1）预算控制与达成合同技巧 2）文字阅读及纠错 3）逻辑严密性 4）订立合同的权限或获得授权

2. 合同执行

合同执行的情景要素如表4-5所示。

表4-5　合同执行情景要素表

要素	内　　容
履约能力	1）按合同规定提供了相应服务时，客户按规定履行自己的责任 2）不能按规定履约时积极沟通，说明客观情况，并约定履约时间按期履行 3）辨别表达信息最佳方法 4）选择最佳的显示格式 5）转换为期望的信息格式 6）通过各种途径向他人传递信息（例如讲演，书面沟通）
履约信誉	1）客户过往信誉良好 2）客户对本合同的履行符合合同约定

4.3.4　评价标准

根据上述的情景要素分析，可以得出下面的评价标准。

1. 合同签订

合同签订评价标准（内容标准）如表4-6所示。

表4-6　合同签订评价标准（内容标准）表

要素	内　　容
沟通	1）能够分辨沟通信息并予以确定 2）根据信息种类使用最佳方法（例如越级上报，通告） 3）根据信息种类选择最佳的显示格式 4）能够根据需要把信息转换为相应的格式 5）能够选择适合的途径向他人传递信息（例如讲演，书面沟通）
谈判与决策	1）能够分辨出反对意见，了解冲突的历史 2）设定的目标组织资源可支持实现 3）在描述事实和争论时不掺杂主观意愿 4）在倾听、听取对方谈话时善于抓住关键信息、迅速做出正确反应、组织语言沟通 5）以正确的语言、正确的方式澄清问题、化解冲突

(续)

要素	内　　容
谈判与决策	6) 具有较强应变能力 7) 能够提出可行的可能方案 8) 有原则底线，在此基础上适当妥协
合同审核	1) 明确掌握预算标准、在争取合法权益与适当让步之间取得平衡，能够促使合同达成 2) 思维逻辑清楚、能够抓住本质矛盾 3) 有文字功底，在阅读同时能够发现错误并予以纠正 4) 预先取得合同签订的权利

2．合同执行

合同执行评价标准（内容标准）如表 4-7 所示。

表 4-7　合同执行评价标准（内容标准）表

要素	内　　容
履约能力	1) 能够按合同规定的时间提前或按时履行各种法定责任 2) 遇到不可抗力时能积极沟通；遇到不能按时按约定履约的情况时，以合适方式进行积极沟通；能够就未履约事项给出对方能够接受的条件
履约信誉	1) 经调查证实，客户以往履行合同时保持了良好的信誉 2) 本合同在执行期间，客户对法定责任的履行都符合合同约定

本节首先定义了客户服务，接着对客户服务典型行为进行梳理，在此基础上分析了为客户服务的情景及情景要素，提出了客户各类行为标准。下面将通过案例分析加深对客户服务情景及标准的理解，并通过具体案例分析和情景模拟练习，进一步展开与客户服务行为有关的能力开发。

4.3.5　模拟案例：赢得老年消费者

消费心理是消费者在其消费需求实现过程中的思想意识及活动，它支配着消费者的购买行为。中国已经进入老龄化社会，"银发经济"成为我国经济社会中的重要组成部分。随着人们年龄的增大，身体器官逐渐出现变化，心理上也由此出现了一系列变化。要了解老年消费者的消费心理，就必须研究老年人的生理和心理特征，给企业的营销决策提供依据。

"为老康"保健品公司在为老年人提供保健品时采用了以下一些营销措施。

1) 在广告宣传策略上，着重宣传产品的降血脂、降血压、预防血管硬化等保健功能。

2) 在媒体的选择上，主要是电视、报纸和杂志。

3) 在信息沟通的方式方法上主要是聚会讲解、介绍、提示、理性说服，而力求避免炫耀性、夸张性广告，或邀请懂医道的人扮演医生现身说法。

4) 在促销手段上，他们主要使用了价格折扣、会员折扣、抽奖活动。

5) 在销售现场，生产厂商派出中年促销人员，为老年消费者提供热情周到的服务，为他们详细介绍商品的特点和用途，若有需要，就送货上门。

6) 在销售渠道上，他们主要选择销售员定期举行家庭聚会、药店聚会。

7）在产品的款式、价格、质量的选择上采用了以保健和防病为主、以中低档价格为主，适当地配以福寿等喜庆寓意图案的策略。

8）在老年顾客的接待上，厂家再三要求销售人员在接待过程中不疾不徐，以介绍质量可靠、方便健康、经济实用为主，在介绍品牌、包装时注意顾客的神色、身体语言，适可而止，不硬性推销。

2019年11月中旬的一天，该厂开办的专场药品促销会上来了六位消费者，从他们亲密无间的关系上可以推测出是一群朋友。经过询问得知，其中一位老人的朋友说这场促销会上有很多适合老年人的打折促销的药品和保健品，介绍他参加。这位老人跟一起聚餐的几位朋友简单介绍后，几位朋友就趁着酒兴来一起看看。几位老年人很快就看中了一款红色金属礼盒包装、写着"正宗东阿阿胶"的保健品，促销人员见状微笑着走上前，向几位老人热情地介绍这款产品的质量、包装和阿胶产品相关知识。几位同伴劝说其中一位老人买了给老伴补血用，可这位老爷子不愿意，理由是产品跟以前家里吃过的纸盒包装没什么两样，价格却太高，贵就贵在包装上，不划算。这时促销员连忙说，市面上的东阿阿胶产品很多，都宣称自己是正宗产品，实际上有很多假货，不了解内情的人很难分辨出来，接着给几位老人指出这款产品从哪几个方面可以确定是正宗产品，并强调它价钱虽然贵点但能保证效果。几位老人听了连连点头，营业员见状，趁热打铁："老爷子您可真是好福气，今天这款产品我们有折扣，折后价格跟您说的以前购买的阿胶差不多。而且我们的产品是保真的，如您发现任何问题，随时可以来药店找我们退换。"听到这儿，那位老人脸上露出了笑容。几位同伴也劝说道："这儿离你家近，有什么问题可以随时来找他们，还有什么不放心的？"促销员见此情景，进一步建议："您先买两盒试试，因为今天的折扣价是最少两盒，效果好再来，好吗？"见老人点头，促销员很快把保健品装进袋子交给了老人，一群人高高兴兴地走出了店门。

讨论题：

1）工厂制订的八大营销措施体现了老年消费者怎样的消费心理和购买行为，这样的心理和行为是怎样形成的？

2）请分析并评价促销员为顾客提供的服务行为。

3）请分析购买产品的老人的行为和同伴的角色。

4）根据本小节的内容，拟出本案例中促销员的面试题，并给出客户服务能力评价表。

4.3.6　观察练习：服务行为与效果

以实际生活中某个组织的服务人员为观察对象，观察典型客户服务行为（正面和负面），并总结岗位行为要素。例如，以餐厅服务人员、市场的商贩、银行服务人员等为观察对象，观察其行为，评价其服务行为的有效性。

4.3.7　模拟练习：胜任服务的行为

自拟情景（例如在宾馆前台接待客人、上门维修空调等），进行模拟观察，总结出在特定情景下应呈现出的客户服务行为。

操作指导如下。

1）教师向学生阐明训练目的和知识准备。
2）学生分组，每一大组又分为行为模拟小组和行为观察小组，例如，一组同学模拟空调维修人员和客户，另一组同学对模拟进行观察。
3）教师指导大组选择情景主题。
4）行为模拟小组和行为观察小组分别进行模拟和观察准备。
5）教师指导实施行为模拟观察。
6）观察组阐述行为观察结果。
7）每一大组提交一份自拟情景人员客户服务能力评价表。

4.4 分析解决问题

分析问题和解决问题的能力是企业员工必备的能力，我们经常在招聘广告中看到企业对应聘者的要求中提到"具备分析和解决问题的能力"，然而分析和解决问题的评价标准却很少见到，本节我们将对这个问题进行讨论。

4.4.1 定义

问题。胡适（1932）指出"问题是知识学问的老祖宗，古往今来一切知识的产生与积聚，都是因为要解答问题"。但到底什么是"问题"呢？有人认为"问题"是指需要解决的某种疑难；有人把"问题"定义为尚未被人们解决的思维任务；也有人从问题的结构和解决的过程给问题下定义，认为一个问题必须具备四个方面要素。这些要素分别如下。1）目标，即疑难被解决后所达到的终极状态。2）已知条件，它可能较多，也可能较少；可能充分，也可能不足，不能完全解决存在的困难。3）障碍，即那些阻碍目标得以实现的因素。4）方法和操作，指用于解决问题的某些具体过程。

纽厄尔和西蒙（Newell & Simon，1972）指出，问题是这样一种情景：个体想做某事，但不能马上知道这件事所需采取的一系列行动。

李铮、姚本先（2001）给出的问题定义是：问题是个体需要按照步骤和方法，经过积极的思维活动努力克服活动过程中的障碍，达成活动的目标。

综上所述，问题就是人们解决那些横亘在要实现的目标与现有条件之间的障碍，并按照一定的步骤和方法，达成目标。

1）思维能力。人们在工作、学习、生活中对每一个遇到的问题都要进行思考，这种思考就是思维。思维是通过分析、综合、概括、抽象、比较、具体化和系统化等一系列过程，对感性材料进行加工以转化为理性认识及解决问题的。思维的基本形式包括人们常说的概念、判断和推理。思维能力是学习能力的核心，包括理解力、分析力、综合力、比较力、概括力、抽象力、推理力、论证力、判断力等能力，是整个智慧的核心，参与、支配着一切智力活动。一个人聪明不聪明，有没有智慧，主要就看他的思维能力强不强。要使自己聪明起来，智慧起来，最根本的办法就是培养思维能力。

2）团队合作。团队指的是为了实现某一目标而由相互协作的个体组成的正式群体，1994年，斯蒂芬·罗宾斯首次提出了这个概念。团队合作指的是一群有能力，有信念的人在特定的团队中，为了一个共同的目标相互支持、相互合作、共同奋斗的过程。如果团队合作是出于自觉自愿，它必将会产生一股强大而且持久的力量。

3）责任心。责任心是指个人对自己和他人、对家庭和集体、对国家和社会所负责任的认识、情感和信念，以及与之相应的遵守规范、承担责任和履行义务的自觉态度。

4）主动性。主动性是指个体按照自己规定或设置的目标行动，而不依赖外力推动的行为品质。主动性主要由个人的需要、动机、理想、抱负和价值观等推动。也指人在完成某项活动的过程中，来源于自身并驱动自己去行动的动力的强度。

5）客户服务导向。所谓客户服务导向与顾客导向是相同的，都是指企业以满足顾客需求、增加顾客价值为企业经营出发点，在经营过程中，特别注意顾客的消费能力、消费偏好以及消费行为的调查分析，重视新产品开发和营销手段的创新，以动态地适应顾客需求。它强调的是要避免脱离顾客实际需求的产品生产或对市场的主观臆断。客户服务导向包含两个维度，一是动机的强度和行动的完整性（A），行动中以客户信赖的顾问或辩护人的角色为重点；二是为客户付出心力或采取行动的程度（B），从花费时间的多少到自愿为客户付出超常心力的举动。

6）影响力。影响力是用别人所乐于接受的方式，改变他人的思想和行动的能力。

系统地收集相关信息，考虑广泛的问题和因素，抓住复杂性，观察问题之间的关系。

首先，定义"问题"标准讯息结构（information-processing framework）；其次，说明问题是一个目标（goal）还是目的状态（end state）；然后，问题的初始状态（starting state）是什么（即描述整个问题）？最后，问题的中间状态（intermediate states）是什么[指那些有可能达成目标实现的解决问题路径（solution paths）]？

每一个解决问题的路径都是由一些个别的步骤所组成，这些步骤会将个体由开始状态运作到目标状态。初始、中间和目标状态的过程就组成了"问题空间"（problem space）。问题空间有几种可能：第一种是初始状态单一，一个目标一条途径；第二种是初始状态单一，一个目标两条途径，其中一条途径更为有效；第三种是初始状态多样，一个目标，几种路径，但不能保证哪一种路径能够达成目标；最后一种是一个问题，但有多个目标或一些不清楚的目标。这样的情景往往存在于定义不明的问题之中（ill-defined problem）（W.Reitman,1964）。

解决问题的特征一般有三个：1）目的指向性；2）子目标的分解；3）算子（operator）的选择。算子是指解决问题者把一种问题状态改变成另一种状态的操作（Anderson,1990）。

具有代表性的解决问题的理论和模式有：试误说、顿悟说、阶段论、信息加工理论模式和现代认知派模式等。

试误说。世界上最早进行解决问题研究的是美国心理学家桑代克（E.

Thorndike.t)。桑代克的试验以动物为对象,在猫走迷笼的实验研究中提出了"试误说"(Trial and error theory),认为解决问题是由刺激情景与适当反应之间形成的联结而构成的,而联结是通过尝试错误逐渐形成的。解决问题的过程就是通过一系列盲目的尝试错误,逐渐而又不断形成刺激与情景之间的联结,进而达到解决问题的目的。试误说强调了解决问题的过程和系列动作,却忽略了认知因素在解决问题过程的作用。

顿悟说。格式塔心理学创始人之一柯勒(Kohler,1927)在加那利群岛的特拉里夫岛对黑猩猩摘取香蕉的经典实验研究中提出了"顿悟说"(insight theory),认为黑猩猩苏尔坦把棍子加长是解决问题的关键,但对它来说却是前所未有的创新行为,是"顿悟"(insight)。顿悟说认为人们遇到问题时,会重组问题情景的当前结构,以弥补问题的缺口,达到新的完形,从而联想起解决方案,这一过程是突然出现的顿悟。顿悟说强调了个体重组问题情景的认知成分。

阶段论。五阶段说。杜威(Dewey,1910)在其名著《思维术》中提出了五阶段论:1)遭遇到了疑难或挫折;2)发觉问题关键之所在;3)搜集有关资料并提出可能解决假设;4)就可能之解答中评析并选出最适当者;5)按选定的解答方法实际行动,遇有不妥之处随时修正。

四阶段说。四阶段是英国心理学家华莱士(Wallace,1926)提出的,分为准备(preparation)、孕育(incubation)、明朗(illumination)、验证(verification)四个阶段。

准备阶段主要指个体由刺激的情景引起多方面的联想,并进而发现解决问题的线索,明确从何处入手;孕育阶段指在问题复杂情况下,个体需要经过一定酝酿,找寻解决问题的办法;明朗阶段指经过酝酿后因无意中受到某种情景的启示,解决问题的办法突然明朗起来;验证阶段指所获得的解决问题的办法不一定都是正确或有效的,还需经过实践的检验。四阶段的模式是一个普遍有用的参照体系,它对问题的解决过程进行了简要的描绘,但实际问题的解决的次序是变化多端的(韩进之,1989)。

信息加工论模式。50年代,由于信息论研究和计算机的问世,许多人尝试以计算机的信息加工原理模拟人的思维活动。美国的纽威尔和西蒙(Newell & Simon,1958,1972)设计了通用的解决问题者(GPS)。通用解决问题者的最基本观点是:问题是介于两种状态之间的差异,如A和B间的差异。状态A是早已存在的,状态B是所期望达到的目标。为了解决状态A和B之间的差异需要经过一系列的检测和匹配,直至使当前状态和目标状态之间完全一致为止。其过程和步骤如下:1)接纳者(receptors);2)处理者(processors);3)记忆(memory);4)作用者(effectors)。

解决问题的过程就是在问题空间(problem space)搜索算子的过程。搜索算子的途径有两种,一种是算法式(algorithm),它指将达到目标的各种可能的方法找出来,保证成功但费时费力,有时在实际中甚至不可能实现;另一种是启发式(heuristic),它根据目标指引,试图不断地将问题状态转换成与目标状态相近的状态,只试探那些趋向成功的有价值算子;简单省时,但不一定保证成功。计算机常用算法式来搜寻问题空间,人则常用启发式来解决问题(刘儒德,1996)。GPS是以"手段——目的分析"来解决问题的一种聪明的方法,故被称为"万能模型"。但是,随着研究的深入,人们发现GPS所要解决的问题和解决的方法都必须是非常明确的。也就是说,它只能解决结构良好（well-structure）的算子和问题空间都明确界定的问题。但日常生活中、社会生活中的问题往往是条件并非充分的模糊问题，即结构不良（ill-structure）的问题，因此，它的局限性也显而易见。

根据内容可以将问题分为低级、中级和高级三类。低级型问题是由他人呈现的问题，解决的方法是已知的，解决此类问题，学生只需记忆；中级型问题也是由他人呈现，可解决的方法和结果是未知的，解决这类问题，学生需要推理；高级型问题是由学生自己发现的问题，解决这类问题，不仅需要靠记忆和推理，还需要运用创造型思维。

根据解决问题的方式可以将问题分为归纳结构的问题、转换的问题和排列的问题，还有一些问题是这三类的复合型。

问题的结构状态分为结构良好（well-structure）、结构不良（ill-structure）。

根据解决问题的水平可以将问题分为六个水平（Bloom，1956）：水平一，事实性知识问题，解决的问题是回答"是什么？是谁？多少？什么时候？怎么样？"等；水平二，综合理解性问题，要求学生必须进行深入而又广阔的深层次的思考并能用自己的语言清楚地表述；水平三，应用性问题，学生将所学的知识应用到新的领域或产生新产品；水平四，分析性问题，提出的问题需要学生用不同的材料进行验证；水平五，综合性问题，通过此类问题的解决使学生的知识超越当前的知识；水平六：评价性的问题，要求学生使用证据和复杂的细节进行判断，并能清楚地解释。

4.4.2 典型行为（正面和负面）

以公司对支持素质的行为理解为基准，确定分析解决问题的典型行为。

1. 分析解决问题的行为

分析解决问题的行为分为两类：正面行为和负面行为，如表 4-8 所示。

表 4-8 分析解决问题典型行为

行为类别	典型行为
正面行为	1）具有团队领导力、实现目标的执行力、跨部门合作能力，有大局观 2）有很强的逻辑思维能力，有逻辑地处理事情 3）习惯于科学分析 4）尊重事实，以事实为决策依据 5）重视量化 6）行为有条理 7）做事遵循规律，循序渐进 8）重规划 9）注重细节 10）有时依靠直觉 11）整体性思考 12）创新的
负面行为	1）团队领导力、执行力、合作能力较差，缺乏大局观 2）逻辑思维能力不强，处理事情逻辑不清楚 3）很少进行科学分析 4）决策依据多为主观臆断

(续)

行为类别	典型行为
负面行为	5）喜欢定性看待问题 6）行为欠缺条理 7）做事规律性不强，常常跨越式往复 8）计划性差 9）对于细节，给予的关注不够 10）较少依赖直觉 11）思考问题欠缺系统性，割裂性思考 12）守旧

2．分析解决问题的行为解析

1）具有团队领导力、目标制定与执行力、跨部门合作能力和大局观。

2）逻辑性的。在个体的心目当中，注重事物、事物间的关系和变化三部分的关系。要加强逻辑思维，就要培养注重事物间的联系、关系，用规律、系统的眼光来看世界，分析世界万物的习惯。

3）偏好分析的。偏好分析的行为可以描述为喜欢将研究对象的整体分为各个部分、方面、因素和层次，并分别加以考察的认识活动。当一个人习惯于把一件事情、一种现象、一个概念分成较简单的组成部分，找出这些部分的本质属性和彼此之间的关系时，这个人就是偏好分析的人。科学思维的分析活动与感官分析器这种感性的分析活动是不同的，它是一种理性的认识活动。

4）重事实的。重事实有两个含义，一是尊重事实，二是看重事实。事实是什么？它是既成的、客观的，独立于观念而存在的。它包括事物、事件和主观事实。事物是存在的实体；事件是由事物或者是事物的表现形式组成的；主观事实是由个人亲身经历的事实，或者是间接通过别人的经历确认的事实；确认事实是为了验证事物、事件、主观事实真实性而采取的动作，包含直接观察和间接收集证据确认。

尊重事实是人类主动去认识、确认、纠正观念与事实间的对应关系。这种对应关系越稳固，就证明观念越合理，确认的事实越具备真实性。与事实接触得越多，对事实的理解就越深；对事实理解越深刻，对事实的主观反映（观念）就越清晰；对事实的主观反映（观念）越清晰，判断就会越精准，解决问题的方案就会越完备。

不尊重事实有什么后果？不尊重事实的可能后果主要包括以下几个方面，例如：产生不合理的观念；做出主观冲动性的决定；下简单化的判断；做过于概括化的描述。

看重事实就是以事实为行事的依据，根据实际情况采取相应的行动，并在事实改变的时候及时改变想法、行动。

5）强调量化的。日常生活中所说的"量化"指的是目标或任务具体明确，可以清晰度量。根据不同情况，表现为数量多少，具体的统计数字，范围衡量，时间长度等。例如，四万亿支出，八个小时……强调量化，即在分析解决问题中能够用数量化表达的就用数量化表达，不能用数量化表达的也尽量接近数量化，目的在于衡量解决问题的情况。

6）有条理的。条理就是事物的规矩性,条条是理,讲究章法、法则;条条是道,即讲道理。有条理就是能够找到事物的规矩,循着事物本来的章法分析,解决问题。

7）循序渐进的。指学习工作等按照一定的步骤逐渐深入或提高,按一定的讯息、步骤前进。

8）重规划的。解决问题时有计划,并按计划的安排逐步推进。

9）重细节的。什么是细节?一般来讲,细节就是细小的事物、环节或情节。可以形象地说,细节是转动链条上的扣环。细节决定成败,在分析与解决问题的过程中,注重细节,往往可以收到奇效。

10）直觉的。直觉,是指对一个问题未经逐步分析,仅依据内因的感知迅速地对问题答案做出判断、猜想、设想,或者在对疑难百思不得其解之中,突然对问题有"灵感"和"顿悟",甚至对未来事物的结果产生"预感""预言"等的思维模式。分析与解决问题在没有先例可循时,往往靠直觉获得思路。事实证明,经过训练培养的直觉在分析解决问题中是可靠的。

11）整体的。即在解决问题时,把问题放到一个整体的环境中进行思考,系统地统筹考虑全面的信息,是解决问题整体性思维的一种表现。

12）创新的。创新是指以现有的思维模式提出有别于常规或常人思路的见解为导向,利用现有的知识和物质,在特定的环境中,本着理想化需要或为满足社会需求,而改进或创造新的事物、方法、元素、路径、环境,并能获得一定有益效果的行为。在分析解决问题过程中要求有创新,是指不能拘泥于已有经验或思路,而在已有经验基础上形成新的思路,创造性解决新问题。

4.4.3 情景与要素分析

与解决问题有关的情景通常表现为个体的思维能力、团队合作、责任心、主动性、以客户为导向、影响力等素质和能力,本小节将分析这些素质和能力常见的典型情景和其具体的要素。

解决问题情景与要素如表4-9所示。

表4-9 解决问题情景与要素表

要　素	内　容
思维能力	1）遇到新情况时整理、综合、分析信息,形成概念 2）准确理解问题,透过现象看到问题的本质 3）根据问题产生的根本原因,调动知识和能力、资源,形成解决方案
团队合作	1）在面临任务时,具有团队合作的意识,主动采取行动与成员合作 2）以团队目标作为行动的指南 3）找准在团队中的位置 4）明确在团队中的职责 5）与其他成员在能力、性格、知识、关系等方面互补
责任心	1）在工作中的工作态度,遇事不推诿 2）对自己负责,不抱怨 3）做好分内的工作,出现问题不找借口 4）担负社会责任,不斤斤计较

(续)

要素	内容
主动性	1) 对工作坚持，即使面对障碍与困难也不放弃 2) 了解情况，把握各种机会 3) 经常能够超出工作要求，绩效超出标准 4) 计划性强，事先准备面对尚未发生的特殊机会或问题
以客户为导向	1) 以客户为关注焦点 2) 理解客户，具有客户同理心 3) 保持跟进客户，调查了解客户行为 4) 采取适当措施，缓解客户压力 5) 无论什么情况，情绪保持稳定，不受客户言行影响
影响力	1) 面对问题时，提高个人可信度，与问题各方建立信任 2) 采取能增进各方信任的方式与人互动 3) 做出的承诺与行动一致

思维能力在解决企业的问题中，按层次可以分为四点，分别为：理解公司战略，能据此制定部门工作目标；理解公司战略及其对部门的要求，分清部门工作任务的轻重缓急，通过制定目标和计划、分配工作、监督执行，落实公司战略；理解部门的要求，通过工作计划、辅导实施，以及向员工反复传递，让员工理解并落实到日常工作中；深刻理解并能对解决问题提出重要建议，且为公司领导采纳，在此基础上独立提出部门工作思路，通过计划、组织、监督以执行到底。

团队合作则是指能从部门全局的、组织的角度去看待问题，把自己融入一个整体当中，不因为某些局部利益而受到限制。团队合作的层次如下：从事自己所负责工作的同时，能够考虑到对流程上其他工作的影响；从事自己所负责工作的同时，能够有意识地考虑到对全局发展的影响；习惯于从全局的、组织的角度看待自己所负责的局部工作，在利益发生冲突的时候，能够主动放弃局部利益以服从于整体利益；关注组织所处的环境，思考组织的发展前景，同时以更高更远的视角看待自己在组织中从事的工作。

责任心是给自己和他人设立高的标准，提供新的、有挑战的任务，甚至加入一定的风险，在需要提高的正面行为方面给出特别的和及时的反馈支持他人的发展，愿意与他人分享知识和经验，与同事协作，做出合理的发展计划。责任心的层次如下：对自己的责任勇于承担；不但承担自己的责任，还能对他人提供详细的指导或演示，并能解释原因，同时提出具体的建议；遇事不推诿扯皮；总是给他人提出具体的正、反面反馈，总是在他人受到挫折时给予安慰，对未来表现总能提出正面期待或个性化建议以帮助其改进工作；有意安排或专门设计合适的工作，提高解决问题的素质和能力，增强自信心。

对于一个员工来说，主动性重点在于遇到问题主动采取行动。主动的意义是在没有人要求的情况下，超乎工作预期和原有需要层级的努力。个人的主动性层次如下：别人帮自己设定了目标，自己被动接受，行动多数需要别人督促，目标能否实现不能确定；在别人的帮助和指导下，设立了稍有挑战性的目标，在实现目标的过程中，运用常规的方式和渠道，采取了不止一次的主动行为，最后实现了目标；通过分析现成的信息，设立了中等难度挑战性的目标，在实现目标的过程中，除了运用常规的方式和渠道外，还能开辟出其他方式和渠道，采取了多次主动行为，最后实现了目标；通过自己收集信息并加以分析，设立了难度比较大的挑战性的目标，在实现目标的过程中，主动开辟出多种独特的方式和渠道，采取了多次主动行为，最后实现了目标。

以客户为导向行为包括搜集有关客户真正的需求，即使远远超出客户原先的表述，找出符合其需求的产品或服务；愿意独立承担客户服务问题的责任，不采取自我防卫的态度并迅速改正问题；担任可信赖的顾问角色，根据客户的需要和问题提出具有独特见解的意见；以长远的眼光解决客户的问题；对客户提出的询问、要求、抱怨进行追踪，让客户了解计划进展的最新状况；与客户在共同的期望上保持清晰的沟通；不表现出对客户的负面看法，不就一些客户发出的负面评论指责客户。以客户为导向行为的层次如下：对客户的种族或性别有歧视；对客户缺乏清晰的了解；不清楚客户的需求和自己参与的细节，如不是很确定为什么开这个会、从来不确定客户想要什么，并且没有采取行动、逐步让情况明朗化；专注于自身能力，渴望客户看到的事实是以自身或公司的能力为重点，而不是以客户的需要为重点；提供最低程度的必要服务；留意客户的满意度，提供有帮助的信息给客户，并且提供亲切愉快的服务；让客户随时找得到自己，当顾客正处于危机时期时，把家里的电话号码或其他容易联络的方式告诉客户，或是拜访客户时多停留一些时间；采取某些行动让事情更完善，具体地为客户提供价值，为客户着想让事情做得更完美满足根本的需求，搜集有关客户的真正的需求，即使超过原先所表述的，并找出符合其需求的（或定制）产品或服务；重视长期的效益，以长远的眼光来解决客户的问题，为了维持长久的关系可能付出短期的成本作为交换，为客户寻找长期的利益，或采取行动为顾客创造可以预见的成果，然后把成果归功给该客户，担任足以信赖的顾问角色。

影响力是基于对他人施加具体影响的愿望，主动通过语言、行动、事例等使他人赞成或接受自己的观点或建议。影响力的层次如下：向对方陈述个人意图，但不采取具体行动去使对方接受；采取直接说服的方式，较少考虑为适应对方的兴趣和水准而改变；为说服和影响他人，能根据对方兴趣和水准调整自己语言和行为方式；能运用复杂的策略影响他人或通过微妙的幕后操作使别人接受自己的观点。

4.4.4 评价标准

根据上一小节的情景要素分析，可以得出下面的评价标准（本小节以等级形式给出标准）。

1. 思维能力

思维能力即形成概念，向他人传递使他人理解或者解决问题的思路、思考问题的方式与方向。思维能力的评价标准（等级标准，下同）如表4-10所示。

表4-10 思维能力评价标准表

等 级	行 为 描 述
1级	观察事物比较全面
2级	观察事物全面并发现事物之间的内在关系
3级	观察事物全面、清晰知道事物之间的内在关系并能表达出来
4级	能够透过事物的表象抓住事物变化的本质

2. 团队合作

团队合作的要求是能从团队整体、组织的角度去看待问题，把自己融入一个整体当中，不因为某些局部利益而受到限制。团队合作评价标准如表 4-11 所示。

表 4-11 团队合作评价标准表

等 级	行 为 描 述
1 级	从事自己所负责工作的同时，能够考虑到对流程上其他工作的影响
2 级	从事自己所负责工作的同时，能够有意识地考虑到对全局发展的影响
3 级	习惯于从全局的、组织的角度看待自己所负责的局部工作，在利益发生冲突的时候，能够主动放弃局部利益以服从于整体利益
4 级	关注组织所处的环境，思考组织的发展前景，同时以更高更远的视角看待自己在组织中从事的工作

3. 责任心

责任心强弱评价标准如表 4-12 所示。

表 4-12 责任心强弱评价标准表

等 级	行 为 描 述
1 级	能够做到承担自己的职责
2 级	不但能够做好自己的职责，还能对他人提供详细的指导或演示，并能解释原因，同时提出具体的建议。总是给他人提出具体的正反面反馈，总是在他人受到挫折时给予安慰，对未来表现总能提出正面期待或个性化建议以帮助其改进工作
3 级	着眼于团队或组织整体，有意安排或专门设计合适的工作，提高合作者的责任意识和素质，增强他们的自信心
4 级	作为激励，给高素质、高绩效的员工更多、更大的责任

4. 主动性

主动性指个体参与社会事务、提高自身、履行责任的自发性自觉性。主动性评价标准如表 4-13 所示。

表 4-13 主动性评价标准表

等 级	行 为 描 述
1 级	偶尔能够主动设置未来目标，但经常发生变化。人际交往被动
2 级	能主动设置未来目标，目标很少改变，人际交往较多主动
3 级	总是主动设定目标，采取多种方式和渠道，依靠多次主动行为最后实现目标。人际交往主动
4 级	人际交往主动，发表自己的观点，对别人的观点进行分析评说，最终使别人接受自己的观点。目标坚定，即使遇到挫折和失败也不动摇

5. 以客户为导向

以客户为导向即以客户的需求为行动指南，目的是尽量达到客户满意。以客户为导向的评价标准如表 4-14 所示。

表 4-14 以客户为导向评价标准表

等 级	行 为 描 述
1 级	发表有关顾客的负面评论或厌恶麻烦的顾客,不采取任何行动或找借口不处理。
2 级	采取例行或基本要求的行动,不考虑客户是否满意
3 级	主动采取本职责任以外的行动,更多付出时间和精力,为客户提供额外的协助
4 级	尽力满足客户的需求,影响他人付出更多时间和精力采取本职工作之外的行动,以满足客户需求

6.影响力

影响力指基于对他人施加具体影响的愿望,主动通过语言、行动、事例等使他人赞成或接受自己的观点或建议。影响力评价标准如表 4-15 所示。

表 4-15 影响力评价标准表

等 级	行 为 描 述
1 级	向对方陈述个人意图,但不采取具体行动使对方接受
2 级	采取直接说服的方式,较少考虑为适应对方的兴趣和水准而改变
3 级	为说服和影响他人,能根据对方兴趣和水准调整自己的语言和行为方式
4 级	能运用复杂的策略影响他人,或通过微妙的幕后操作使他人接受自己的观点

本小节学习了解决问题的各项能力和能力等级定义,下一小节通过案例对解决问题的能力进行观察模拟练习。

4.4.5 模拟案例:选聘集团行政部部长

沛霖投资集团成立于 2000 年,前身是鑫霖装饰装修工程有限公司。2000 年,集团总裁敏锐地抓住了房地产大发展的市场机遇,投资进入房地产领域,借助 T 市房地产业井喷式高速发展的 20 年,集团迅速发展壮大,积累了巨大的资金量,成为集房地产开发、矿山开发、石油钻探设备生产制造、食品生产制造、金融服务等多个子公司为一体的跨行业多元化投资集团。

2018 年 7 月,集团行政部主任因身体原因离职,需要选聘一位新的行政部主任。该职位是集团的一个重要职位,不但负责集团及下属各子公司的行政管理工作,而且对整个集团的人际关系起着调节作用,在集团内部有人际润滑剂的功能。

经过层层筛选,有三位候选人进入了最后一个考核环节:情景模拟测试。为了选出适岗的行政部主任,行政人事副总裁邢总经过深思熟虑,出了一道考题,每位候选人均需针对考题提出完整的解决方案。题目及要求如下。

假设你现在是集团行政部部长,下午接到了总裁办公室电话,通知你策划一个接待活动。被接待的是集团非常重要的客人,他们是厦门近华集团运营副总与技术副总联合带领的一个团队,一行 6 人乘飞机从厦门出发,将于明天上午 9:42 分抵达滨海国际机场,他们来集团的目的是洽谈与集团下属的食品生产企业进一步就市场开发与技术研发深度合作事宜。该食品生产企业投产时间较短,市场尚处于开发阶段,产品特色不明显，董事会和集团总裁正为如何打开局面而焦虑，与厦门近华集团的合作被寄予厚望，这也进一步说明了本次接待的重要性。近华集团洽谈组在T市只停留一天时间，后天早上7:36就会乘飞机返回厦门。这次接待的总体要求有三个：一是与近华集团副总裁一行人加深感情，使他们在T市停留期间身心愉悦；二是巩固双方的合作关系；三是拓展双方合作，促成技术深度合作和市场共建共享。请三位候选人独立策划接待活动，撰写接待日程表，时间为两个小时。

三位候选人被安排在三个独立的办公室，行政人员将题目交给他们并开启了计算机、打印机，提供了纸、笔以及集团简介和食品加工子公司的相关资料后离开。三个人开始独立策划并撰写接待日程表。

L候选人是三位候选人中用时最长的一位，一共用了1小时50多分钟，日程表是手写的，而其他两位候选人的日程表都是打印版。三份日程表送到了邢总办公桌上，邢总分别与三位候选人进行了沟通。限于篇幅，本例主要选择邢总与L的交流过程进行叙述，以下是整理过的对话过程。

邢总：你的日程表是手写的，为什么不用计算机和打印机呢？

L：邢总您好，是这样的，我觉得这是个特别重要的接待，需要认真思考。但人力资源部给的时间是2个小时，比较紧张，考虑到要边编写边整理思路，打字会让我分心，所以选择了手写。

邢总：你平时用计算机处理的工作多吗？

L：（脸红了红）挺多的，平时的档案、文案都是需要用计算机处理的。不过，我主要让文员处理。

邢总：（点了点头）你担任行政部主任的经历有多少年？任职的企业规模怎么样？在集团型企业工作过吗？

L：（理了理头发）邢总您好，我在之前任职的企业担任行政主任已经9年了，只是企业规模不大，没有在大型企业任过职。

邢总：我看了两遍你策划的日程表，你自己评价一下吧。

L：我觉得基本上能满足公司的要求吧。第一，提前派车去机场接机，保证客人能及时来到公司；第二，中午安排客人就餐的餐厅是T市最有名的海鲜城之一，档次够高；第三，安排客人入住的酒店是五星级的，能彰显客人的尊贵地位；第四，到公司之后安排客人先参观食品公司，之后到集团小会议室洽谈；第五，晚餐由集团总裁或行政副总裁主持欢迎晚宴，参加人员包括运营副总裁、技术副总裁等；第六，后天早上客人走时安排送机。我个人认为已经安排得比较周全了，当然，有考虑不周之处也在所难免，请邢总提出批评。

邢总：嗯，咱们的交流先到这儿吧，请等待我们的后续安排。

附：L的接待日程表

7月12日，8:00接机人员从公司出发去机场，负责人：行政部部长、司机，车型为考斯特。

11:00，到达下榻的水*宫酒店（11日预订酒店），客人稍事休息。

11:30，*号海鲜酒楼，行政副总、运营副总、技术副总等公司领导接待午餐。

13:00,返回酒店休息。

14:00,接客人至食品生产企业,由运营副总和技术副总、食品生产企业总经理、相关副总等陪同参观企业,介绍企业情况。

15:30,返回集团,在小会议室进行洽谈,总裁、运营副总、技术副总、食品生产企业总经理、相关副总等共同参与。

17:30,接客人赴**号海鲜酒楼,由总裁主持晚宴。

7月13日,早上5:00接客人去机场,由集团行政副总带队欢送。

讨论题:

1)请评价面试过程中L的表现,对其分析解决问题的素质和能力作出判断。

2)请分析邢总问话的含义,试举一例说明如何回答邢总会更满意。

4.4.6 观察练习:考官履职行为

以实际生活中某个组织的某种岗位人员为观察对象,观察典型分析和解决问题行为(正面和负面),并总结岗位行为要素。例如,以学校中学生会纳新、社团纳新过程中担任考官的人员为观察对象,观察他们在解决选拔人员问题中的责任行为。

4.4.7 模拟练习:晚会组织过程

自拟情景(例如社团活动的组织,恶劣天气出门等),进行模拟观察,总结出在特定情景下应呈现出的分析和解决问题的行为。

操作指导如下。

1)教师向学生阐明训练目的和知识准备,如观察组织者的组织能力,启发学生构建能力模型。

2)教师指导大组选择情景主题,如社团举行的迎新晚会。

3)由组织者拟定计划和分工,其他模拟小组成员配合,观察小组负责观察并记录组织者的行为和组织过程中的关键事件。

4)每一大组提交一份自拟情景人员的分析解决问题能力评价表。

4.5 自我管理

进入知识经济时代以来,随着职业生涯开发活动的实施,自我管理能力成为一个员工发展潜力的标志。刚刚毕业的大学生进入组织就意味着开始了职场生涯。尽管在学校受过良好的教育与培养,但学校与组织不同,组织特有的内容、文化、结构、人际等方面都会给新入职的员工压力。处于这一阶段中的人员的职业心理可以简单地概括为:不断地加深自我认知;试探性地接触工作来判断该职业是否适合自己。

缺乏自我管理能力表现为,遇到挫折容易产生调换工作的愿望;在充分了解公司内部真实的情况之后,难以找到个人与公司的契合点,并判断该公司是否适合自己的发展;职业选择主观性比较强,导致职业期望与现实之间可能有落差;对于组织没有归属感,可能由于受到挫折或契合点较少而选择跳槽。

4.5.1 定义

自我管理又称自我控制,是指识别并利用个人优势、兴趣,压制自身局限,通过教育、培训提升内在力量改变行为的策略,是减少不良行为与增加好的行为来反馈自我提高的自我关系管理。因此,自我管理就是指个体对自身,对自己的目标、思想、心理和行为等表现进行的管理,是把自己组织起来、自我约束、自我激励、自己管理自己的事务,最终实现自我奋斗目标的一个过程。自我管理注重的是一个人的自我教导及约束的力量,即行为的制约是透过内控的力量(自己),而非传统的外控力量。

- 缺乏时间管理能力是指分不清事情的轻重缓急,不会时间规划,忙于琐事,做事没有条理,拖延症严重;反之,时间管理能力强就是精于时间规划,做事条理清楚,能够按照事情的轻重缓急合理安排时间。
- 自觉学习是指能够反省检讨自己的不足是什么、盲点是什么、有哪些瓶颈需要突破,是自我精进的关键途径。
- 潜能开发中的潜能指潜在的能力,它藏在人们的深层意识当中,也就是人们的潜意识,是人类原本具备却忘了使用的能力。用有效的方式开发、放开自身的内在潜力,唤醒它们为人所用,就是潜能开发。
- 健康自我管理是指个体有意识地对自己的身体状况、心理状况加以主动干预,使之处于良好状态的行为。健康自我管理是人们在社会生活当中重要的活动,保持健康是人们幸福生活的先决条件。
- 学习力是指人们为提高自己的知识、能力而有意识地探索世界,吸收外界营养以提高自己的能力,是把知识资源转变为人力资本的能力。
- 情商自我管理是监视情绪时时刻刻的变化,能够察觉某种情绪的出现,观察和审视自己的内心世界体验。它是情绪智商的核心,只有认识自己,才能成为自己生活的主宰。情商自我管理就是调控自己的情绪,使之适时适度地表现出来,即能调控自己;

自我激励是指能够依据活动的某种目标,调动、指挥情绪的能力。它能够使人走出生命中的低潮,重新出发。

识别他人的情绪是指能够通过细微的社会信号,敏感地感受到他人的需求与欲望,是认知他人的情绪,是与他人正常交往,实现顺利沟通的基础。

处理人际关系是指调控自己与他人的情绪反应的技巧。

在充分了解自我管理基本概念的基础上,下面开始系统学习自我管理的典型行为。

4.5.2 典型行为(正面和负面)

1. 自我管理的典型行为

自我管理的典型行为分为正面行为和负面行为两类,如表4-16所示。

表 4-16 自我管理典型行为表

行 为 类 别	典 型 行 为
正面行为	1）善于进行时间管理 2）成功进行自我潜能开发 3）善于进行健康自我管理 4）能够自我完成学习力提升 5）能够提升自己的情商水平 6）不断养成好的习惯并不断摒弃不好的习惯
负面行为	1）缺乏时间观念，时间管理低效 2）进行自我潜能开发时不能总是奏效 3）身心健康管理的计划性不强，对健康问题归结为外因 4）在学习力提升方面手段和方法不多 5）提升自己的情商成效不显著 6）不认为个人习惯是造成某些不良后果的原因

上表列出了自我管理的正面行为和负面行为，下面对这些行为进行简要解析。

2．自我管理的典型行为解析

（1）时间自我管理

进行时间自我管理，涉及人生的 5 大领域，它们是分别是工作自我管理、人际关系自我管理、家庭自我管理、心灵思考自我管理和休闲自我管理。有效地进行时间自我管理需要做到如下几点。

1）必须有一套明确的远期、中期、近期目标。目标设置以时间为轴，分为远期目标（5 年及以上）、中期目标（3~5 年）、近期目标（1~3 年），有了目标，就有了努力的方向和考核的标准，有助于激励人们一步一步稳定实现，并最终达到远期目标。在时间自我管理中，组织目标、个人目标都应该内化为个人目标，必须是由一个个体，而不是一个群体来对目标负责。组织目标的重要功能之一就是使责任分配到人。正是因为组织是集体共有的，所以责任必须尽可能地分配到人。如果由于某种原因，无法做到这一点，而且尽了最大努力之后，仍无法让个人而非群体对目标负责，那么，我们只好怀疑成功实现目标的可能性，并对其报以较低的期望了。

2）有一个价值观和信念。

3）根据目标制定你的长期计划和短期计划，然后分解为年计划、月计划、周计划、日计划。目标和计划是一个硬币的两个面，没有目标，计划就失去了意义；没有计划，目标的实现就失去了保障。确定了目标后，要制定相应的计划来保障目标的实现。

4）相应的日结果、月结果、年结果及各种结果的反馈和计划的修正。这个过程实际上是一个 PDCA 循环。对照目标和计划，检查各个时间段的工作成果是否达到了相应的目标和完成了相应的计划，根据结果修订工作方法、时间；或者在外部环境发生改变的情况下，修改计划和目标。

（2）潜能开发自我管理

潜能开发的本质是脑力开发，也称为"第五层次开发"。人的第一层次开发是"知识更新"，第二层次开发是"技能开拓"，第三层次开发是"思维创新"，第四层次开发是"观念转变"，个人的成功是潜能开发的过程。潜能开发必须做到如下几点。

1）设立目标，并且使目标视觉化。潜能开发的过程实质是激发自身能力，提升素质的过程，主要通过设立高于现有能力的目标，在实现目标的过程中完成潜能和素质的开发。根据目标管理的 SMART 原则设立目标。要增强目标的激励效果，就需要把目标视觉化，即可视化。通过文字、图表等工具使目标变得直观，有助于开发的进行。

2）自我正面暗示，排除负面暗示，充满自信。自我暗示是指透过五种感官元素（视觉、听觉、嗅觉、味觉、触觉）给予自己心理暗示或刺激，是人的心理活动中意识思想发生部分与潜意识行动部分之间的沟通媒介。它是一种启示、提醒和指令，会告诉你注意什么、追求什么、致力于什么和怎样行动，因而它支配影响你的行为。成功心理、积极心态的核心就是自信主动意识，或者称作积极的自我意识，而自信意识的来源和成果就是经常在心理上进行积极的自我暗示；反之也一样，消极心态、自卑意识，就是经常在心理上进行消极的自我暗示。也就是说，不同的意识与心态会有不同的心理暗示，而心理暗示的不同也是形成不同的意识与心态的根源。所以说心态决定命运，正是以心理暗示决定行为这个事实为依据的。

在潜能开发中，要用正面的自我暗示，排除负面暗示。

3）光明思维，即思考问题要看到事物光明面，积极的心态很重要。开发潜能时要乐观、自信、阳光，总是以积极的心态引导自己，充满正能量。

4）综合情绪，使情绪与智力成为推动成功的力量。让情商发挥作用，做一个令人喜爱、受人欢迎的人，也是激发潜能的重要方面。

5）放松自己，使心灵松弛下来。开发潜能的过程可能会有挫折，遇到挫折要正确对待，分析原因，找到解决方法，而不应该紧张、自责甚至自暴自弃。使自己身心完全放松，更有利于发挥聪明才智，快速获得提升。

（3）健康自我管理

广义的健康管理是建立在生理学、心理学、组织行为学等学科的研究基础上的对个体和组织发展完善状态的研究和实践，狭义的健康管理仅指在医学领域的针对个体或群体的身心健康的管理（本小节讨论限于心理健康方面）。

1）对个体的关注要素有行为、营养、关系、环境、心理等。对自身健康状况进行自我管理，要综合评估自己的健康并加以合理的管理，包括形体、行为、道德水平、心理因素、营养均衡、人际关系和谐程度、与环境的和谐程度等。

2）健康管理工具的流程：认知、评估、策略、实施。对自我的健康进行有效管理，首先是要对自己的身心健康状况有正确的认知，可以借助一定的科学手段和方法，如身体健康状况，可以通过体检，得到各项身体指标，经过与标准值比较，获知身体健康状况。对于精神健康状况，则可以借助精神健康测试，获得相应指标，从而检验精神是否健康。在此基础上，采取相应科学策略，提升身心健康程度。

3）健康管理的个人操作有专家咨询、评估和分析、纠正和提高。健康管理是专业程度比较高的管理，作为普通人，我们可能无法采取准确有效的措施来改善健康，这时就需要借助专家，由他们给出科学合理的健康管理方案，帮助我们提升健康水平。

（4）学习力自我管理

学习力是一个人学习态度、学习能力和终身学习的总和，也是动态衡量人才质量高低的真正尺度。

1）自觉学习，反省检讨自己的不足是什么、盲点是什么、有哪些瓶颈需要突破是自我精进的关键途径。

2）交流学习，与人分享越多，自己将会拥有越多。交流学习是一种比较高效的学习方法，课堂上常见的是分组讨论。通过与别人分享自己的观点，可以加深自己对问题的理解，也能通过他人的发言，激发自己的潜在思维。

3）快乐学习，终生学习就要快乐学习、开放心胸并建立正确的思维模式，通过学习让自己完成心理准备，应对各种挑战及挫折。

4）改造学习，自我改造，通过学习向创造价值和降低成本的方向努力，这种改造的效果往往是巨大的。

5）国际学习，面对无国界管理的时代，不论是商品、技术、金钱、资讯、人才等，都可以跨越国界流通。跨边界的学习能力在未来将是一种非常重要的能力，对学习进行管理，跨国界、跨边界的沟通学习能力管理和提升是重要的方面。

6）自主学习，每个人有自己的生活规划，要自主地选择学习项目，安排自主学习计划，以迎接各种挑战。自主学习就是要根据自己的时间合理安排、充分利用时间，主动学习。自主学习的根本在于提高自律能力。

（5）情商管理自我管理

情商（Emotional Quotient，EQ）通常是指情绪商数，主要是指人在情绪、意志、耐受挫折等方面的品质，其包括导商（Leading Quotient——LQ，即领导商数）等。戈尔曼和其他研究者认为，情商是由五种特征构成的：自我意识、控制情绪、自我激励、认知他人情绪和处理相互关系。情商自我管理需要做到如下几点。

1）尊重所有人的人权和人格尊严，不将自己的价值观强加于他人。

2）肯帮助别人，能够放下手头的事情，时不时停下来关注别人，向有困难的人伸出援助之手，而不是完全沉浸在自己的小世界里。

3）知道什么时候该拒绝，情商高的人懂得何时以及如何拒绝别人，并有强大的心理承受能力来有礼有节地拒绝。

4）善于读懂别人的面部表情、能领悟别人感受，情商管理要求人们能够站在别人的立场看问题，理解对方的处境，并能充分为对方着想，给对方非常舒服地"搭台"，使其扮演好自己的角色。

5）失败后能重新崛起，情商高的人无论遇到何等逆境，都会坚持下去，迅速调整情绪，恢复活力，具有很强的心理韧性。

（6）习惯自我管理

习惯是一种恒常而无意识的行为倾向，反复地在某种行为上产生，是心理或个性中的一种固定的倾向。

我们每个人都受到习惯的束缚，但习惯是由一再重复的思想和行为所形成的，因此，只要能够掌握思想，养成正确的习惯，我们就可以掌握自己的命运，而且每个人都可以做到。以下是习惯的正面行为。

1）工作有计划性，能分清事务的轻重缓急。工作计划的重要性表现在做工作有计划能够明确目的、避免盲目性，使工作循序渐进、有条不紊。工作计划是指由于工作竞争激烈，或者为了满足社会的生产力，不得不提高工作效率。为了使步伐的加快不影响正常的秩序，这时就得提出一种计划。

有了计划，工作就有了明确的目标和具体的步骤，就可以协调大家的行动，增强工作的主动性，减少盲目性，使工作有条不紊地进行。同时，计划本身又是对工作进度和质量的考核标准，对大家有较强的约束和督促作用。所以计划对工作既有指导作用，又有推动作用，搞好工作计划，是建立正常的工作秩序、提高工作效率的重要手段。

2）以工作和生活为乐。有研究表明，如果一个人对工作的积极性高，就能发挥出其全部才能的百分之八十到九十；如果一个人对工作没有兴趣，就只能发挥出其全部才能的百分之二十到三十。找不到工作的乐趣，只能把工作当成无奈之举，得过且过，结果也自然就是一事无成；假如找到了工作的乐趣，就会认真工作而并不觉得累，不觉得苦，就会在不知不觉中成功。一个人的人生目标不管有多高远，兢兢业业地做好本职工作都是实现人生大志的第一步和最基本的一条。然而，光有敬业精神而找不到工作的乐趣，敬业恐怕是坚持不了多久的。

某位经济学家曾说："职业不但是每个人的谋生之道，也是每个人享受人生的一个重要方面，将两者结合起来，就是敬业精神。"这才是对敬业精神的精辟阐释。

爱因斯坦在60多岁以后，每天还工作14个小时以上。有人问他：你每天工作那么多时间，不感到辛苦吗？他回答说："辛苦？我从来没有觉得辛苦过，我认为工作是一种享受。"还有居里夫妇，在成吨的工业废渣中提炼"镭"元素，几年如一日，非常艰辛与枯燥，但怀着找到"镭"元素的梦想。他们从来没有认为这项工作是辛苦的，从来没有为此抱怨叫苦过。敬业的最高境界就应该像两位科学家这样，找到工作的乐趣，从而把工作当作一种享受。美国成功人士有94％以上都认为自己在从事着喜爱的工作。试想，一个人如果连自己的工作都不喜欢，又怎么能指望他做出一番成绩呢？如果你对工作不感兴趣，就不会产生热情，精神与肉体都容易疲倦，工作就会变成无休无止的苦役，这是非常可怕的事情；反之，如果对工作充满兴趣，不仅会积极热忱地工作，从工作中享受到很大的乐趣，而且即使遇到困难，也绝不会放弃。

成功学家卡耐基曾经向一位著名的成功人士请教成功的第一要素是什么，得到的回答是：做自己喜欢的工作，爱上你的工作。如果你热爱自己所从事的工作，那么工作再忙再累，对你来说，都是快乐充实的事情。

因此，我们应该不仅仅将工作当作谋生的手段，更要学会在工作中寻找乐趣。毕竟，人生的三分之一时间都在工作，如果我们能在工作中找到乐趣，那么整个人生都会是快乐、幸福的，正如松下所说：真正的幸福就是能找到工作的兴趣而愉快地工作。

简单来说，找到工作的乐趣，需要做到：设定目标，获得成就感，乐趣源于成就感；帮助工作伙伴，助人可以为乐；多学习工作中需用到的知识，会得越多越有兴趣；进行自我暗示，如语言暗示"我喜欢，我很喜欢"，用行为暗示让他人觉得你在工作中有乐趣并向你表达；多想工作带给你的益处，如增加收入，积累经验，扩充人际网络，有事可做，获得提升和成功的机会等。

3）面对自己的缺憾，利用它来激励自己和困难做斗争。在每个人的生命历程当中，都不可避免地遭遇逆境、也很容易被失败打垮。但是，如果因为失败就停止前进，就注定只能被世界抛弃。所以，要激励自己和困难做斗争。怎么做呢？你可以试着：清晰地规划目标，清晰地规划目标是人生走向成功的第一步，但塑造自我却不仅限于规划目标，要真正塑造自我和自己想要的生活，就必须奋起行动；树立远景，远景必须即刻着手建立，不可拖延，想法可能随时会做些改变，但远景却一刻也不能没有；把握好情绪，人开心的时候，体内就会发生奇妙的变化，从而获得阵阵新的动力和力量，但是不要总想在自身之外寻开心，令你开心的事不在别处，就在你身上；调高你的人生目标，如果主要目标不能激发你的想象力，目标的实现就会遥遥无期，因此，确立一个既宏伟又具体的远大目标，能时刻激励你前进；加强紧迫感，撇开消极悲观的朋友；对于那些不支持你目标的"朋友"，要敬而远之，你所交往的人会改变你的生活，正所谓"近朱者赤、近墨者黑"，与愤世嫉俗的人为伍，他们就会拉你沉沦，结交那些希望你快乐和成功的人，你就在追求快乐和成功的路上迈出最重要的一步；对生活的热情具有感染力，同乐观的人为伴能让你看到更多的人生希望；迎接你内心的恐惧，做好调整计划，实现目标的道路绝不是坦途，它总是呈现出一条波浪线，有起也有落，要直面生活中的困难。

4）做事追求高效：第一要做好事前准备。工作相关的事物准备齐全，不能开始忙了才发现少这少那。第二要全身心地投入工作。一旦开始工作，就不要想着其他事物，把心思都放在工作当中，你会发现时间过得很快，眨眼的时间就一天过去了，事情也忙完了。第三，完成后先不要放松，回顾一下自己还有哪些需要改进的地方。第四，触类旁通。不仅是这一次工作，每天的工作都可以这么做延伸到生活中也是同样通用的道理。

5）强调时间管理，决不拖延。著名管理学家科维提出了一个时间管理理论，把工作按照重要和紧急两个不同的程度进行了划分，如图4-2所示。该理论把工作中的事件划分为四个"象限"：既紧急又重要（如人事危机、客户投诉、即将到期的任务、财务危机等）、重要但不紧急（如建立人际关系、新的机会、人员培训、制订防范措施等）、紧急但不重要（如电话铃声、不速之客、行政检查、主管部门会议等）、既不紧急也不重要（如客套的闲谈、无聊的信件、个人的爱好等）。时间管理理论的一个重要观念是应有重点地把主要的精力和时间集中放在处理那些重要但不紧急的工作上，这样可以做到未雨绸缪，防患于未然。在人们的日常工作中，很多时候往往有机会去很好地计划和完成一件事，但常常却又没有及时地去做，随着时间的推移，这就造成了工作质量的下降。因此，应把主要的精力有重点地放在重要但不紧急这个"象限"的事务上。要把精力主要放在重要但不紧急的事务处理上，需要很好地安排时间。对此一个好的方法是建立预约，建立了预约，自己的时间才不会被别人占据，从而有效地开展工作。

以下简要介绍时间管理中重要事情的区分标准。区别重要与不重要的事情可以参考以下标准：会影响群体利益的事情为重要的事情；上级关注的事情为重要的事情；会影响绩效考核的事情为重要的事情；对组织和个人而言价值重大的事情为重要的事情。

6）强调与同伴协作，讲求双赢。双赢是营销学的一个理论，其基础是竞争与合作并存的关系。和谐与竞争的统一才是自我管理的最高境界，时刻考虑同伴的利益，从双方互利的角度出发做事,与同伴共同成长,是当今世界的主流趋势,即竞争与协作不可分割地联系在一起。

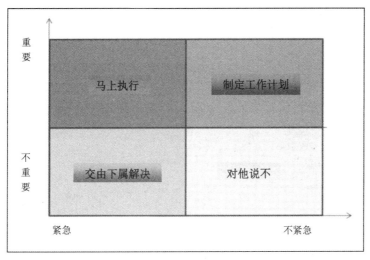

图 4-2 时间管理的四象限法

7)强调授权并信任。信任建立在充分了解的基础上,而授权建立在信任的基础上,领导要对下属充分授权就要先对下属进行充分的了解。对下属充分授权,让下属感觉到上司对自己的信任,就会最大限度地调动下属的积极性,让下属的无限潜能得以发挥。授权让下属去做,你会发现下属远比你想象得还要尽心、卖力和能干。企业的发展需要每一个人,包括一线工人和管理层的知识、思想及创造力。优秀的企业将每一个人都转变成企业的领导者,使他们以主人翁的态度为企业不断创造价值。

8)时常反思。子曰:"吾日三省吾身",翻译成现代文就是,曾子说:"我每天多次反省自己"。作为普通人,更需要每天反思自己的所作所为,尤其在习惯管理方面,要经常反思:这个习惯好吗?好在哪里?如何养成好的习惯而去除不好的习惯?这些对于好习惯的养成具有决定意义。

9)工作或生活都有激情和热情。保持高昂的激情是一个人努力工作、提高工作效率、追求卓越的动力所在,一旦缺乏激情,做事情、干工作往往容易拖沓涣散、半途而废,最终一事无成。

4.5.3 情景与要素分析

与自我管理有关的情景通常表现为自我时间管理、潜能开发自我管理等典型任务,本小节将逐一分析这些常见的典型情景和具体的要素。

1. 自我时间管理

将时间自我管理与目标设定、目标执行相结合,相辅相成。要有良好的计划习惯和能力,学会运用 80:20 原则,要让 20%的投入产生80%的效益。把握一天中 20%的时间用于关键的思考和准备,并根据生活状态、生物钟来确定20% 时间是哪个时候。

要追踪目标达成的程度。时间管理最关键的要素是目标设定和价值观；将运用时间自我管理工具变成习惯，效率高；对浪费时间的事情、不良习惯说"不"。

自我时间管理情景与要素如表 4-17 所示。

表 4-17 自我时间管理情景与要素表

要 素	内 容
工作自我管理	1）设置工作目标并分解到不同的时间段 2）有计划地逐步完成目标 3）注意工作之间的关系，分清主次 4）定期检查工作完成情况，调整计划
人际关系	1）有效选择人际关系，不在无效人际关系方面浪费时间 2）合理安排人际关系时间 3）保持适度人际关系交往，不过多占用时间 4）人际关系活动以不影响正常工作为标准
家庭生活	1）有效协调家庭生活与工作的时间，在两者之间适度平衡 2）家庭生活与工作界限清晰，互不干扰
心灵思考	1）思考与工作、学习有关的事情，有利于自我成长 2）减少用于做"白日梦"的思考时间 3）思考能够提高工作与学习的效率 4）独立思考
休闲娱乐	1）休闲娱乐项目少而精 2）每个休闲娱乐项目的时间都经过详细的安排 3）非计划内的休闲娱乐项目能够控制时间和频次 4）在不影响工作的前提下进行休闲娱乐

2．潜能开发自我管理

潜能开发自我管理需要避免的是认识不到自己有潜能，只把着眼点放在某些具体技能上、没有注意到需要均衡发展。潜能开发与做事是并行的，也不能每天只开发潜能不做事。潜能开发自我管理情景与要素如表 4-18 所示。

表 4-18 潜能开发自我管理情景与要素表

要 素	内 容
设立目标	1）设置潜能开发目标并使目标可视化 2）有计划地逐步提升自我素质 3）素质目标要能达到、可执行、富有挑战性 4）潜能开发目标要设置时间界限
情商	1）专注于他人的讲话，聆听并理解 2）习惯于站在沟通对象的角度思考问题 3）抓住对方讲话的重点和实质，回答富于针对性 4）与他人交往采取对方喜欢的方式
心智	1）善于自我激励，成功时能够给予自己适当的奖励 2）善于处理情绪，不受坏情绪的影响 3）身心开放，注意从其他人那里吸取经验 4）勤于思考，弄懂困扰自己的问题

3．健康自我管理

健康的自我是拥有健康的人格魅力；喜欢自己；相信自己能成功，相信会有属于自己的天空；能让自己愉快的心情生长；能有效控制生活；有克己自律的习惯等。健康自我管理中的偏见指对健康问题不够重视，认为健康问题是医院关注的问题，不知道身心与环境的微妙关系随时影响着自己的工作和生活，更无法接受组织健康管理的概念。健康自我管理中的片面指只是从报纸、杂志看到，甚至道听途说得来的一些健康指南就确信无疑。无论是在营养，运动和关系调整方面都是心血来潮，追随时尚而不对自己全面认识和分析。健康自我管理中的指在身体，心理和环境三者的关系上只注重一个或两个方面，而没有有机地统一这个关系，这就必然导致行为的偏离。健康自我管理中的忽视指对健康管理问题视而不见的现象。越是工作压力大就越不顾及健康问题，而压力会造成各种问题进一步恶化，陷入恶性循环。健康自我管理情景与要素如表 4-19 所示（此处只讨论心理健康）。

表 4-19　健康自我管理情景与要素表

要　素	内　　容
心理健康	1）我的情绪忽高忽低 2）做什么我都感觉很困难 3）我喜欢与人争论、抬杠 4）我对许多事情心烦 5）遇到紧急的事我手发抖 6）我怕应付麻烦的事 7）我情绪低落 8）我感到人们对我不公平 9）我觉得大多数人都不可信任 10）感到别人对我不友好 11）我不能控制自己而发脾气 12）我感到前途没有希望 13）我喜怒无常 14）我要求别人十全十美 15）我抱怨自己为什么比不上别人 16）我觉得别人想占我的便宜 17）我觉得活着很累 18）看见房间杂乱无章，我就安不下心来 19）我着急时，嘴里有味 20）我感到我将有坏事发生 21）我感到疲劳 22）我常为一些小事而心情不好 23）我不能容忍自己不如别人 24）别人有成绩我会生气 25）我想法与别人不一样 26）遇到挫折，我便灰心 27）我经常责备自己 28）害怕别人注意我的短处 29）我一紧张就头痛 30）我有想打人或骂人的冲动 31）感到别人不理解我，不同情我 32）我固执己见 33）我对什么事情都无兴趣 34）我心里焦躁 35）我过人多、车多的十字路口时心里发慌 36）遇到紧急的事时我尿多 37）我心情时好时坏 38）我对新事物不习惯 39）我感到别人亏待我 40）我感到很难与人相处 41）我有想摔东西的冲动

(续)

要素	内容
心理健康	42）我觉得我出力不讨好 43）总觉得别人在背后议论我 44）我爱揭别人短处 45）我喜怒都表现在脸上 46）我紧张时睡不好觉 47）我无缘无故感到紧张 48）遇到应采取果断行动时，我就犹豫不决 49）我与人相处，关系紧张 50）该做的事做不完我放不下心 51）我不分场合发泄我的不满 52）我控制不住自己的情绪 53）当别人看我或议论我时，感到不自在 54）别人对我成绩的评价不恰当 55）我感到自己没有什么价值 56）我总觉得别人在跟我作对 57）我情绪波动性大 58）我担心别人看不起我 59）我感到忧愁 60）我心情一紧张，胃就不舒服 61）在变化的情况下，我不能灵活处事 62）我觉得我的学习或工作负担重 63）我对比我强的人不服气 64）我不能接受别人意见 65）我对亲朋好友忽冷忽热 66）我觉得生活没意思 67）我担心自己有病 68）遇到紧张情况，我心跳厉害 69）我对与陌生人打交道感到为难 70）我心里总觉得有事 71）我在公共场合吃东西感觉不服务 72）我的朋友有钱、吃好穿好令我感到不舒服 73）我做事想怎么做就怎么做 74）我难以完成工作任务或学习任务 75）紧张时我手出汗 76）我常用刻薄的话刺激别人 77）我遇到脏、乱、差环境及强烈噪声时，感到不能忍受 78）我容易激动 79）我的感情容易受到别人伤害 80）到一个新环境，我不能很快适应

心理健康量表来源：《中国人心理健康量表》，王极盛编著。

上表的测试结果按"无、轻度、中度、偏重、严重"划分为五个等级，每一项从"无"到"严重"分别赋分为1分、2分、3分、4分、5分，被测试者独立完成测试后视其得分判断心理健康程度。以2分为判断心理健康与否的分界线，以中国人心理健康量表总均分评定被试者在总体上心理健康状况，中国人心理健康量表80个项目的得分之和除以80，即成为心理健康问题检测的总均分小于2分，表示被试者总体心理健康；总均分为2～2.99分，表示被试者总体存在轻度的心理健康问题；总均分为3～3.99分，表示被试者总体存在中度的心理健康问题；总均分为4～5分，表示被试者总体存在严重心理健康问题。

某些项得分在2～2.99分之间表示有轻度的心理健康问题，被试者可以通过自我心理调适对自己的心理状态进行调整，如果一周后自我调适不满意，效果不明显，可找心理医生帮助。

心理健康量表得分如果某量超过 4 分,可以找心理医生咨询,请求帮助。

4. 学习力自我管理

本小节的学习力指个人学习力。个人的学习力,不仅包含知识总量,即个人学习内容的宽广程度和组织与个人的开放程度;也包含知识质量,即学习者的综合素质、学习效率和学习品质;还包含学习流量,即学习的速度及吸纳和扩充知识的能力;更重要的是知识增量,即学习成果的创新程度以及学习者把知识转化为价值的程度。高学习力指总能进行自觉学习、将知识分享给他人;心胸开阔,豁达快乐;能够进行自我改造;自我学习计划性很强。学习力自我管理情景与要素如表 4-20 所示。

表 4-20 学习力自我管理情景与要素表

要素	内容
学习动力	1) 时刻反省自己的不足,找出学习瓶颈并有突破自我的途径 2) 对学习有喜爱的情感,爱好学习 3) 对未知识容易产生兴趣并产生一探究竟的好奇心
学习毅力	1) 决定学习之前制定计划,坚定不移地推行 2) 遇到学习困难不气馁,积极寻求解决方法 3) 学习目标明确,能够长时间坚持 4) 外界诱惑不能动摇学习行动
学习能力	1) 能够自主自愿学习 2) 生命主体能动地富有创造性地积极学习,善于转化成生命所需要的物质和精神能量 3) 创造性学习,不是"死读书,读死书,读书死"状况

5. 情商自我管理

情商自我管理主要内容包括:认识自身的情绪;善于管理情绪;自我激励;认知他人的情绪;人际关系的管理,即管理他人情绪。高情商者能够进行高度自我管理,非常自信,树立远大的目标并自我激励,乐观热情幽默,有很好的人际关系技巧,做事认真、不怕困难,能够共情,心理强大,能应对各方面的问题等。情商自我管理情景与要素如表 4-21 所示。

表 4-21 情商自我管理情景与要素表

要素	内容
尊重他人	1) 理解不同文化背景的人在面对相同问题时的不同言行 2) 及时感知他人的情绪变化并能采取适当的应对措施 3) 对自己的情绪有很好的控制能力 4) 乐于接受和学习他人的不同之处
正视差异	1) 对于人与人之间的不同认识客观 2) 正确处理他人与自己的差异,不将自己的见解强加于人 3) 心态开放,乐于听取他人的不同意见

4.5.4 评价标准

前面了解了自我管理的情景要素,在此基础上,本小节将进一步讨论自我管理的评价标准(按正负面等级评价形式给出),具体包括,时间管理、潜能开发、学习力和情商四个方面。健康管理的评价前面已经明确给出,不再赘述。

1. 自我时间管理

缺乏自我时间管理概念的表现为:分不清事情的轻重缓急,不会时间规划,忙于琐事,做事没有条理,拖延症严重等,如表4-22所示。

表4-22 缺乏自我时间管理的行为表现

序 号	行 为 描 述
1	忙于杂事、琐事,没有时间做真正重要的工作
2	被工作追赶,没有余裕的时间
3	每件事都想依预定时间进行,但每次都无法准时开始、准时完成,陷于恶性循环中
4	常常把事情拖延到最后,使自己在时间上没有变通的弹性
5	从不认为经由时间管理能增加自己的时间
6	常因为沟通不良、情报错误而使工作重新再做
7	接下许多工作,才发现根本没有足够时间按时完成
8	接到指令后,才知道要做什么,很少能预计要做什么而先准备
9	常常认为"今天不做没关系,反正明天也能做!"
10	没有工作计划
11	经常过了规定的期限,使工作无法进行或要花更多的代价才能完成
12	经常花很多时间等待前手完成工作后再进行工作
13	非要完成一件事后才做另一件事,无法同时进行多项工作

有较强自我时间管理能力的表现是:有较强的计划性,能够明确工作目标并可以同时开展一些工作,能利用闲散的时间,不拖延等,如表4-23所示。

表4-23 较强自我时间管理的行为表现

序 号	行 为 描 述
1	能利用有限的时间完成任务
2	依工作的重要程度分配时间
3	先明确工作的目的及目标
4	对工作并行处理
5	认清工作的特性
6	拒绝大多数拖延理由
7	制订中短期目标
8	把握工作进行的程序
9	从错误中学习

善于自我时间管理的表现是:总是能订立长远、可达成的目标,制订详细可行的行动计划,严格按计划分步骤执行并达到阶段性目标,工作效率高,讲究劳逸结合,善于调节,从不拖延等,如表4-24所示。

表 4-24 善于自我时间管理的行为表现

序 号	行 为 描 述
1	善于根据实际情况,制订明确的可达到的目标并分解为阶段性目标
2	善于制订时间计划且一以贯之
3	能够合理安排全部事务,轻重缓急事情均适宜
4	总能用恰当的方法、采取恰当措施处理相应事务
5	善于获取各种情报信息并加以适当利用
6	每天上班能提前十分钟抵达,上班开始即能开始工作
7	下班钟响前已收拾好工作,准备回家
8	工作时间从不与同事闲聊或吃零食
9	各项会议均能准时参加
10	总能提前 5 分钟赴各种约会
11	工作时间外出,总能向主管报告外出理由及所需时间
12	预定时间无法返回公司时,一定用电话与上司联络
13	交办的工作都能在指定的时间完成

上面列出的时间管理正负面不同等级的评价标准,在行为面试的时候可以作为评价依据。

2. 潜能开发自我管理

高潜能开发自我管理的表现为:对他人的观点和感受有更直接的兴趣,快速适应新的环境和新的伙伴,能够快速调节情绪、使自己平静等。高潜能开发自我管理的行为表现如表 4-25 所示。

表 4-25 高潜能开发自我管理的行为表现

序 号	行 为 描 述
1	鼓励人们表达他们的观点、意见、感受和想法,直接表达对他人的观点和感受的兴趣
2	对他人能产生积极影响
3	善于倾听
4	积极倾听别人意见,为他们提供讨论的机会
5	总是与他人分享时间和空间
6	积极参与团队的谈话流程
7	总能使用恰当的非语言行为(如身体姿势和面部表情)、总是保持风度
8	当事情难以进展时,当担心事情的结果时,或者当与他人发生矛盾时,腾出时间和空间让自己的情绪平静下来,并考虑如何以及何时与他人分享情绪,以达到积极的效果
9	喜欢公开表达自己情感时,非常清楚自己的情感表达方式对他人的影响
10	谨慎地与他人分享感受时,充分考虑过建设性地分享情感有助于加强关系

较高潜能开发自我管理的表现为:对他人的观点和感受经常有直接兴趣,能够适应新的环境和新的伙伴,能够调节自己的情绪、使自己平静等,如表 4-26 所示。

表 4-26 较高潜能开发自我管理的行为表现

序 号	行 为 描 述
1	经常鼓励人们表达观点、意见、感受和想法，经常会直接表达对他人观点和感受的兴趣
2	一般情况下，能对他人产生积极影响
3	经常善于倾听他人的想法和意见
4	经常积极倾听别人意见，为他们提供讨论的机会
5	经常与他人分享时间和空间
6	经常积极参与团队的谈话流程
7	通常能使用恰当的非语言行为（如身体姿势和面部表情）、保持风度
8	当事情难以进展时、当担心事情的结果时，或者当与他人发生矛盾时，通常情况下，能腾出时间和空间让自己的情绪平静下来，并考虑如何以及何时与他人分享情绪，以达到积极的效果
9	喜欢公开表达自己情感时，多数情况下，清楚自己的情感表达方式对他人的影响
10	谨慎地与他人分享感受时，多数情况下，会考虑建设性地分享情感有助于加强关系

较低潜能开发自我管理的表现为：对他人的观点和感受偶尔有直接兴趣，在适应新的环境和新的伙伴时有一定困难，部分情况下能调节自己的情绪、使自己平静等，如表 4-27 所示。

表 4-27 较低潜能开发自我管理的行为表现

序 号	行 为 描 述
1	时常鼓励人们表达观点、意见、感受和想法，时常会直接表达对他人的观点和感受的兴趣
2	偶尔能对他人产生积极影响
3	某些时候，能够善于倾听他人的想法和意见
4	偶尔积极倾听别人意见，为他们提供讨论的机会
5	偶尔与他人分享时间和空间
6	某些时候会积极参与团队的谈话流程
7	某些时候能使用恰当的非语言行为（如身体姿势和面部表情）、保持风度
8	当事情难以进展时、当担心事情的结果时，或者当与他人发生矛盾时，有时能腾出时间和空间让自己的情绪平静下来，并考虑如何以及何时与他人分享情绪，以达到积极的效果
9	喜欢公开表达自己情感时，少数情况下，清楚自己的情感表达方式对他人的影响
10	谨慎地与他人分享感受时，少数情况下，会考虑建设性地分享情感有助于加强关系

低潜能开发自我管理的表现为：对他人的观点和感受不能表现出直接兴趣，难以适应新的环境和新的伙伴，极少能调节自己的情绪、使自己平静等。低潜能开发自我管理的行为如表 4-28 所示。

表 4-28 低潜能开发自我管理的行为表现

序 号	行 为 描 述
1	很少鼓励人们表达观点、意见、感受和想法，很少会直接表达对他人的观点和感受的兴趣
2	很少能对他人产生积极影响
3	很少能够倾听他人的想法和意见

(续)

序 号	行 为 描 述
4	很少积极倾听别人意见,为他们提供讨论的机会
5	很少与他人分享时间和空间
6	积极参与团队的谈话流程的次数很少
7	很少使用恰当的非语言行为(如身体姿势和面部表情)、保持风度
8	当事情难以进展时、当担心事情的结果时,或者当与他人发生矛盾时,很少能腾出时间和空间让自己的情绪平静下来,并考虑如何以及何时与他人分享情绪,以达到积极的效果
9	喜欢公开表达自己情感时,很少考虑自己的情感表达方式对他人的影响
10	谨慎地与他人分享感受时,很少考虑建设性地分享情感有助于加强关系

上面列出的潜能开发的正负面不同等级的评价标准,在行为面试的时候可以作为评价依据。

3. 学习力自我管理

高学习力的行为表现为:总能进行自觉学习、将知识分享给他人,心胸开阔,豁达快乐,能够进行自我改造,自我学习计划性很强等。高学习力的行为表现如表4-29所示。

表4-29 高学习力的行为表现

序 号	行 为 描 述
1	时刻反省自己的不足,找出学习瓶颈并有突破自我的途径
2	总是能与人分享知识,不论对方的文化背景如何
3	学习成为自觉自愿、深入灵魂,心胸开阔,时刻准备应对挑战和挫折
4	总能进行自我改造并通过学习创造更多价值、降低成本
5	安排恰当的自主学习计划,计划科学合理

较高学习力的行为表现为:大多时间能够进行自觉学习、经常将知识分享给他人,心胸较开阔,豁达快乐,经常能够进行自我改造,自我学习计划性较强等,如表4-30所示。

表4-30 较高学习力的行为表现

序 号	行 为 描 述
1	经常反省自己的不足、找出学习瓶颈并有突破自我的途径
2	很少不能与人分享知识,视对方的文化背景能进行有效沟通
3	大多情况下,能够自觉自愿学习,心胸较开阔,多数时候都对挑战和挫折有准备
4	多数时间都能够进行自我改造并通过学习创造更多价值、降低成本
5	大多情况下能安排恰当的自主学习计划,计划科学合理

较低学习力的行为表现为:较少进行自觉学习、较少将知识分享给他人,心胸较闭塞,时常郁闷,较少能进行自我改造,自我学习计划性较差等,如表4-31所示。

表 4-31 较低学习力的行为表现

序 号	行 为 描 述
1	较少反省自己的不足，较少能找出学习瓶颈并突破自我
2	较少与人分享知识，只与少数文化背景的人能够分享
3	在外力监督下能够学习，精神经常郁闷，应对挑战和挫折能力较差
4	较少能够进行自我改造，通过学习创造价值较少、成本降低得较少
5	较少能够安排自主学习计划，计划科学合理性较差

低学习力的行为表现为：不能自觉学习、不会将知识分享给他人，心胸闭塞、经常郁闷，自我改造能力差，自我学习计划性差等，如表 4-32 所示。

表 4-32 低学习力的行为表现

序 号	行 为 描 述
1	很少反省自己的不足，无法找出学习瓶颈并突破自我
2	不能与人分享知识，没有能力与不同文化背景的人沟通交往
3	缺乏自觉自愿的学习，心胸闭塞，缺乏应对挑战和挫折的准备和能力
4	靠自己无法进行自我改造，需要在外力作用下学习创造价值、降低成本
5	靠外力安排学习计划，基本能够完成计划

上面列出的学习力的正负面不同等级的评价标准，在行为面试的时候可以作为评价依据。

4．情商自我管理

高情商的行为表现为：高度自我管理，非常自信，树立远大的目标并自我激励，乐观热情幽默，有很好的人际关系技巧，做事认真、不怕困难，能够共情，心理强大，能应对各方面的问题等。高情商的行为表现如表 4-33 所示。

表 4-33 高情商的行为表现

序 号	行 为 描 述
1	自动自发
2	目标远大
3	情绪控制
4	认识自我
5	人际技巧
6	对自己有清醒的认识，能承受压力
7	自信而不自满
8	人际关系良好，和朋友或同事能友好相处
9	善于处理生活中遇到的各方面的问题
10	认真对待每一件事情

较高情商的行为表现为：自信而不自满，很乐观和幽默，能站在别人的角度想问题，有较好的人际关系，做事不怕难，心理承受能力强，能应对大多数的问题等。较高情商的行为表现如表 4-34 所示。

表 4-34　较高情商的行为表现

序　号	行　为　描　述
1	拥有自我意识
2	心理承受能力强，能够进行自我调节
3	能够积极乐观地看待世界
4	能够揣测他人动机心理
5	拥有较好的人际关系
6	能够对事情问题做出判断

较低情商的行为表现为：多数情况下不自信、不乐观、不幽默，有些时候能站在别人的角度想问题，做事时常害怕困难，心理承受能力一般，能应对部分问题等。较低情商的行为表现如表 4-35 所示。

表 4-35　较低情商的行为表现

序　号	行　为　描　述
1	易受他人影响，自己的目标不明确
2	比低情商者善于原谅，能控制大脑
3	能应付较轻的焦虑情绪
4	把自尊建立在他人认同的基础上
5	缺乏坚定的自我意识
6	人际关系较差

低情商的行为表现为：缺乏自信、没有目标，不会自我激励，做事无计划、怕困难，心理承受能力差，时常焦虑，人际关系差，做事无耐心，悲观等。低情商的行为表现如表 4-36 所示。

表 4-36　低情商的行为表现

序　号	行　为　描　述
1	自我意识差，没有自信
2	无确定的目标，也不打算付诸实践，严重依赖他人
3	说话和做事时从不考虑别人的感受，经常大发脾气，处理人际关系能力差
4	应对焦虑能力差，生活无序，爱抱怨
5	总喜欢为自己的失败找借口，推卸责任，做事怕困难，胆量小
6	心理承受能力差，受不了一点打击，经常流泪，对生活感到悲观绝望

上面列出的情商自我管理的正负面不同等级的评价标准，在行为面试的时候可以

作为评价依据。

前面介绍了关于自我管理的定义，情景要素和评价标准，下面将通过具体案例分析和情景模拟练习，进一步展开与之行为有关的能力开发。

4.5.5 模拟案例：自我管理能力

小张、小王、小李和小赵是 T 市某大型国营钢铁集团的四位年轻员工。小张来自农村，聪明好学，从小学到大学学习一直名列前茅。在学校读书期间，小张在课堂学习之余就经常阅读各类课外书籍和报纸杂志，同时还积极参加各项校内活动和校外实践，这些良好的学习生活习惯一直保持到工作中。在工作之余，他还喜欢看书，钻研业务，扩充专业知识，因此，小张发现自己对研究工作很感兴趣。通过多方面的了解，他发现本集团下属的 A 钢铁研究院对人才的要求是必须具备硕士以上学历，这意味着考取硕士研究生是从事研究工作的有效途径，经过长时间考虑，他决定考研，毕业以后搞研究。为了考研的成功，他说服了父母，得到了家庭的坚决支持。小张对自己的工作、业余、交际、体育锻炼、娱乐等时间制定了详细的计划，进行了有效的管理，按照"轻重缓急"对学习和工作各项任务进行了分类，不同任务不同对待。为了促进学习，他还主动发起了"考研者同盟"协会，会员每周聚会一次，就学习情况和弄不懂的问题进行沟通，共享并交流各类考研信息；主动联系以前"考研"成功的同学，多方打听考研的成功秘诀，寻求帮助和指导等。小张在网上搜索了考研辅导班，并选择一个考研辅导班报名参与。他挤出每一点时间来学习，经过一年多的努力，最后考上了 T 市一所理想的名牌大学。

小王在工作中踏实肯干，普通大学毕业的他本来想通过努力工作，取得良好业绩出人头地，但当看到同住一个宿舍的小张准备考研的时候，小王也逐渐心热起来，慢慢也培养起了考研的兴趣。他主动向小张询问了一些考研的信息，觉得考研可以改变自己的前途，而且能够更快实现职业成功，是一条很好的发展道路，随后下定了考研的决心，确立了考研的目标。在积极备考的过程中，小王也精心进行了时间规划，一改以往积极参与各类娱乐、聚会等无效交际的风格，把大部分业余时间用在了复习上。除了常规的学习外，他还将周六作为"考研"的专门学习日，并且积极响应小张的倡议，鼓动自己的同学也来参加"考研者同盟"。由于小王基础稍差，在学习中经常会遇到难题，但他始终对自己抱有信心，以乐观进取的态度在小张等同学们的帮助下不断进步。经过近一年的刻苦准备，小王也终于考上了理想的大学。

小李是小王的饭友，两个人分属于不同的车间，但宿舍在一个楼层且相距不远。由于不在同一个车间，只有下班回到宿舍或中午吃饭时小王和小李才会见面。小王考研期间的变化也深深地感染了小李，两个在一起吃饭或小李偶尔到小王宿舍里时，听到的或看到的都是跟考研有关的话题，或小张、小王一起学习的情景，同为大学毕业且年龄相仿的小李慢慢也动心了。在小王的鼓动和鼓励下，看到小伙伴为考研奋斗的景象，小李被小王说的道理所打动，也确立了考研的目标，加入了"考研者同盟"。在对自己的时间认真规划的基础上，小李把每天能够挤出的时间都利用起来，自发地在宿舍复习。

经过近一年的准备，小李最后也圆了自己的研究生梦想。

小赵是小李的室友，看到小李在准备考研，小赵开始也打听了他的考研情况，从而了解到小王、小张两人也在复习考研，小赵觉得在企业工作，本科学历足够了，不会的业务可以在工作中边干边学。至于考研嘛，辛辛苦苦地复习那么长时间，牺牲了几乎全部的业余时间，最后能不能考上还难说得很，万一考不上，岂不是白白浪费了大好青春？而且为了考研要牺牲用于提高业务技能的时间，在业务上进步就慢，所以小赵觉得不以为然，还是抱着车到山前必有路，走一步看一步的心态。但是小赵的父母听小赵说了几位同事考研的情况，告诫他说："现在的本科生到处都是，不考研将来要落后的。"在父母的劝说下，小赵也只好将"考研"作为自己的目标。在整个考研复习过程中，他看到小李出去锻炼身体就跟着一起去锻炼，其他同事邀请他出去娱乐、聚会，小赵也一场不落，只是在无聊的时候翻几页书，复习效果可想而知。最终，由于准备不充分，小赵考研失败。

讨论题：
1）结合本节的内容和本案例中情况，拟定一个自我管理评价表。
2）结合自我管理要素，对案例中四个人的自我管理能力进行排序。
3）你觉得小赵考研失败，主要原因在于自我管理的哪些方面有欠缺？

4.5.6 观察练习：英语六级备考

以实际生活中身边的同学为观察对象，观察同学在自我管理方面的典型行为（正面和负面），例如，你的室友考英语六级的计划及其执行经过，结合室友的考试结果、访谈结果，总结自我管理中规范行为的要素。

4.5.7 模拟练习：竞聘能成功吗

自拟情景（例如考公务员，准备参加一个重要面试，考研准备，干部竞聘等），进行模拟观察，总结出在特定情景下应呈现出的规范行为。

操作指导如下。
1）教师向学生阐明训练目的和知识准备。
2）学生分组，每一大组又分为行为模拟小组和行为观察小组。
3）教师指导大组选择情景主题，例如"社团部部长竞聘"。
4）行为模拟小组制定竞聘程序，分别按程序展现自己；观察小组制定打分表，观察模拟小组成员竞聘过程、打分并记录。
5）观察组阐述行为观察结果，写出推荐顺序并说明理由。
6）每一大组提交一份模拟竞聘或观察打分的自我管理能力评价表。

第五单元　创业能力

【引导案例】带领创新

　　创业活动关键要素之一就是要有一个与创业活动匹配的团队。创业活动的复杂性和不确定性决定了仅仅一个人做事情难以完成创业。所以,想创业的活动创业者就得找一帮人,同学、合作伙伴、同事、朋友、下属,这些人从一开始就得用对了,才能形成合力为创业成功保驾护航。挑了没有能力的人,最后会做不出事情来,挑了过于有能力的人,最后跟领导造反、老是跟领导过不去,也做不出事情来。把人招进来了就得让人信服,因此,就得展示领导者的个人魅力,还得展示领导者的判断能力、设计能力,让大家觉得跟着领导者走是有前途的,哪怕在最艰难的时候大家也愿意坚持跟随。

　　阿里巴巴的马云之所以能成功,很大程度归于他的个人魅力。他有能力把一帮人聚在一起,最初给他们不高的工资,给他们承诺未来,这个未来到最后谁也不知道能不能实现,但大家会有一个期盼。所以用人能力是有巨大力量的,它是领导能力的一个典型体现。刘邦打天下,手下问他为什么能做到的时候,他说了这样一番话:"其实我自己一点本领都没有,但我能够用萧何、韩信、张良这样的人才,是他们帮助我打天下"。项羽身边只有一个范增,他都没有能力好好用上,最后失败了。这就体现了带领和团结人、正确使用人的重要作用。一个孤军奋战的人也许能成为英雄,但他却不能成就事业。刘邦不管有没有打过仗,都是我们心目中的英雄,还是领袖,因为他的起家创建了一个百年帝国,容纳了那么多的有识之士。带领人、用人能力对创业活动是非常重要的。

　　新东方的成功也离不开对人才的聚集与使用。新东方有一句话,叫作"一只土鳖带着一群海龟奋斗",这只"土鳖"就是比喻俞敏洪,而"海龟"就是比喻围绕在俞敏洪身边的高层管理者,他们大部分都是海外留学归来的。海归眼界是比较高的,很多人眼睛都是长在额头上的,是很容易看不起土鳖的。俞敏洪抱着为他们服务的心态,体现出超强的学习力,以使自己在很多方面接近甚至超越他们从而获得了他们的尊重和追随。创业者在创业过程中会发现,身边的人越来越多,各种各样个性、想法的人越来越多,要能把他们统一在一起,既要运用利益的杠杆,又要动用感情的杠杆、事业的杠杆。把他们完美地结合在一起,是一件很不容易的事情。

　　创业活动具有创新性、资源限制性、结果高度不确定性等特征,这就需要创业者具备创业能力。创业能力包含多个方面,既涵盖了创业的基本素质特征,也涉及创业者应具备的技能。本章以"带领创新、建立信任、营销能力"为重点分析创业者的创业能力。

5.1 单元目的

创业活动已经在中国快速地开展起来,创业为中国经济社会发展发挥了无法估量的作用。党的十七大报告首次将创新创业写入,明确指出"把鼓励创业、支持创业摆到比就业工作更加突出的位置",并上升到国家战略层面。党的十八大再次强调:"促进创业带就业,提升劳动者就业创业能力,实施鼓励创业的方针,推动实现更高质量的就业,支持青年创业。"对于社会,创业是吸纳就业,扩大国民财富的源泉,是社会持续发展的助推器;对于国家,创业是推动国家前行、民族复兴的巨大力量;对于个人,创业是对个体生命价值的彰显,追求的是自我价值的实现。

创业活动的核心关键要素之一就是创业者,创业者必须能够寻找、识别、抓住机会,认识风险并规避,对资源进行最合理的利用和配置,对工作团队进行适应性的分析、认识和调整。创业者的创业素质和能力成为创业活动成败的重要影响因素。创业能力指拥有发现或创造一个新的领域,致力于理解创造新事物(新产品,新市场,新生产过程或原材料,组织现有技术的新方法)的能力,并能运用各种方法去利用和开发它们,然后产生各种新的结果。创业能力分为硬件和软件,硬件就是人力、物力和财力;软件就是创业者的个人能力,包括专业技能和创业素质。创业素质又包括创业热情、价值观、发现能力及创新能力,其中任何一个方面都是可以再细分的。虽然我们能从无数个创业成功者身上看到创业先天能力,但大量事实证明,创业者的某些行为和态度可以通过经验和学习学到、被开发、实践或提炼出来。如何提升创业者的创业能力,是教育需要回答的问题。创业教育的重点之一就是培养创业能力。创业教育首先是培养学生作为核心创业者对新机会把握、评估和捕捉,带领创新的能力;其次是开展创业活动、管理创业团队的能力;最后是培养学生将机会转化为商业利润的能力。

创业能力包含多个方面,既涵盖了创业的基本素质特征,也涉及创业者应具备的技能。本单元以"带领创新、建立信任、营销能力"为重点,对创业能力的内涵、正面和负面行为、特定情景与核心要素进行分析,以使学生认识在这三方面应呈现或禁止的典型行为,有效提升创业能力;同时配合案例分析、实际观察和模拟实践,将所学理论与实践相结合,进一步启发学生思考,提高学习效果。

5.2 带领创新

成功的创业离不开创新。创业者的创业首先要有创业精神和知识,创业精神的本质是创新。创业者必须以创新为前提。每个成功的创业者都很注重创新,他们可能开发出了新的产品和服务,也可能找到了新的商业模式,还可能探索出新的制度和管理模式,从而获得了成功。著名的经济学家约瑟夫·熊彼特(Joseph Alois Schumpeter)把创新作为创业者与创业精神的重要特征,管理大师彼得·德鲁克(Peter F.Drucker)在其著作《创新与企业家精神》中也将创新与创业精神放在一起进行讨论,可以看出两者紧密相关、很难分割。带领创新是创业者关键能力之一。这种能力需要在某领域有专业素养和全局性宽广视野，从而在高风险的创新领导活动中降低失败成本，提高总体收益。带领创新能力具体体现在带领创新活动时将新的思维、方式引入其中，革新原有的领导关系和情景，创造新的领导方法和途径，呈现出带领创新行为，塑造新的带领者与被带领者，从而达到新的效益层次。

5.2.1 定义

创业（entrepreneurship）是指在不确定环境下，不拘泥于资源条件限制，识别、捕捉和开发创业机会，执行不同资源组合，开创新的事业以实现商业价值创造的过程。创业不等同于创新，创新也不等同于创业，创新与创业互动发展。创业是创业者通过商业冒险来创建盈利模式，使企业在市场中生存。创业者为了实施创业行为而不断地捕捉市场机会，创新产品或服务，利用内外部关系进行运营规划来迎合市场机会，让企业的竞争优势得以提升。

创新（innovation）一词起源于拉丁语里的 innovare，意思是更新、制造新的东西或改变。赋以"创新"丰富的经济内涵并奠定现代创新理论基础的是约瑟夫·熊彼特（Joseph A.Schumpeter）。熊彼特认为，创新是把一种生产要素和生产条件的"新组合"引入生产体系，并通过市场获取潜在利润的活动和过程。

熊彼特提出的创新包括如下五方面的内容。

1）创造一种新的产品，也就是消费者还不熟悉的产品，或者已有产品的一种新的特性。

2）采用一种新的生产方法，也就是在有关的制造部门中尚未通过经验检定的方法，这种新的方法不需要建立在科学新发现的基础之上，可以是以新的商业方式来处理某种产品。

3）开辟一个新的市场，也就是有关国家的某一制造部门以前不曾进入的市场，不管这个市场以前是否存在过。

4）取得或控制原材料或半制成品的一种新的供给来源，不论这种来源是已经存在的还是第一次创造出来的。

5）实现任何一种新的产业组织方式或企业重组，比如造成一种垄断地位，或打破一种垄断地位。

创新能力（innovative capability）指从事创新活动所具备的素质和技能，主要有两种表现形式：激进式创新能力和渐进创新能力。激进式创新能力是以显著变革现有产品服务或模式为目的的创新能力，渐进式创新能力是以优化或强化现有产品服务或商业模式的创新能力。

带领创新（lead innovation）是一种能力。这种能力需要在某领域有专业素养和全局性宽广视野，从而在高风险的创新领导活动中降低失败成本，提高总体收益。带领创新具体体现在领导创新活动中将新的思维、方式引入其中，革新原有的领导关系和情景，创造新的领导方法和途径，呈现带领创新行为，塑造新的领导者与被领导者，从而达到新的效益层次。

创新氛围（climate for innovation）指个体对组织环境的认知表征，它表现为个体所感知到的组织对卓越创新绩效的嘉奖以及组织积极尝试创新的意愿程度。

领导者创新鼓励（leader encouragement of creativity）指领导者对员工的创造力及员工积极参与创新成果产出过程的重视程度。

上级和同事创造力支持（support for creativity from supervisors and coworkers）指组织的上级和同事对员工创新活动的支持，或人们帮助和鼓励员工展现创造力的程度。

作为工作需求的创新（innovativeness as a job requirement）指员工将创新视为工作需求的一部分，或者一种外部需求和期望，使在职者的创新行为得以合法化。

5.2.2 典型行为（正面和负面）

带领创新是作为核心创业者的创业能力的重要体现。理解带领创新能力在创业活动中呈现出的典型行为，将有助于学生快速提升创业能力。

本小节以构建创新氛围、上级及同事对创新的支持、领导者创新鼓励为例，分析典型的正面行为和负面行为，并将其进行对照，以助个体呈现组织期望的带领创新行为。

1．构建创新氛围

构建创新氛围是创业领导者带领创新中需关注的重点工作，通过创新氛围的构建，让创业活动中的个体感知到上级和组织对创新活动的支持和赞赏。带领者塑造的创新氛围的行为越被成员感知和观察，个体创新积极性越高；反之，个体创新意愿程度越低。构建创新氛围的典型行为如表5-1所示。

表 5-1 构建创新氛围的典型行为表

行为类型	典型行为
正面行为	1）赏识个体创造性工作的能力 2）允许使用不同的方法来解决相同问题 3）对个体变化抱有开放的态度和积极的回响 4）为个体提供创新所需的资源 5）留给个体充足的时间追求创新想法 6）公开表扬创新者 7）制订规章奖励创新者
负面行为	1）某个个体标新立异会惹来麻烦 2）希望个体严格执行传达的指令 3）组织中与人相处的最佳办法是想问题随大流 4）倾向保持现状而非改变 5）期望员工以同样的方式解决问题 6）缺乏资源支持创新活动 7）很少公开表扬创新者 8）处罚创新失败者

构建创新氛围行为是指创业领导者在带领创新中有意识地营造支持、赞赏创新的组织氛围的行为，通过构建创新氛围，促进成员创新行为。对于创业领导者来说，构建创新氛围是带领创新中的重要工作。典型的构建创新氛围正面行为包括赏识成员创造性

工作的能力，对成员展开的变革抱有开放的态度，留给个体充足的时间追求创新想法，允许使用不同的方法来解决相同问题，提供所需的资源，并给予赞赏等。典型的负面行为包括极力反对成员标新立异，倾向保持现状而非改变，希望成员按照规定程序和方式开展工作，成员开展变革得不到领导者的支持，不确定风险由创新成员承担等。

2. 上级及同事创新支持

创新的宝贵之处不仅在于个体创造力是一种稀缺资源，更重要的是职场中对创新者的支持和宽容难能可贵。上级应该自我审视自己是否对下属的创造力火花投入了足够关注，即便是一些细小的合理化建议，一些很奇特、甚至闻所未闻的做法，都可能是创新源泉。上级要给予积极反馈，鼓励自下而上的创新源泉。职场中同事的支持对创新也至关重要，支持意味着包容失败，甚至牺牲短期利益。上级及同事创新支持的典型行为如表 5-2 所示。

表 5-2 上级及同事创新支持的典型行为表

行为类型	典型行为
正面行为	1）关注成员创意、新想法 2）支持成员提合理化建议，即便合理化建议细小 3）作为上级会与员工讨论，帮助员工改进工作想法 4）上级和同事支持员工在工作中产生新想法 5）作为上级对下属有关工作的想法给出有益、积极的反馈 6）作为上级毫不犹豫地支持员工创新想法或解决方案 7）参与到成员创新活动中，并给予指导和服务支持 8）为下属提供创新必要的资源 9）上级和同事包容成员创新中的失败 10）上级勇于承担创新失败的责任
负面行为	1）忽视成员创意、新想法 2）很少征询员工对工作合理化建议 3）很少与员工一起讨论员工对工作的新想法 4）上级和同事往往对员工的新想法感到奇怪和莫名其妙 5）总是喜欢成员按既定方案开展工作 6）对成员创新行为缺乏充足的资源支持 7）注重短期利益，对创新失败者给予相应的处罚

上级及同事创新支持行为是指在从事岗位工作中，表现出对于成员创新行为的支持。上级对于岗位中创新支持的力度，会影响成员对于工作的热情和办事效率。对上级及同事创新支持的正负面典型行为的分析将有助于创业领导者了解在组织工作中带领创新应呈现什么样的行为，不应呈现什么样的行为。

典型的创新支持正面行为表现为在组织中上级及同事关注成员新创意、新想法，并在资源及情感上给予支持的行为。例如，上级及同事认同成员的创新思维并参与其中的表现（关注成员创意、新想法、支持成员提合理化建议，即便合理化建议细小、作为上级和同事会与员工讨论，帮助员工改进工作想法、作为上级对下属有关工作的想法给出有益、积极的反馈、作为上级毫不犹豫地支持员工创新想法或解决方案），以及在工作过程中支持成员的创新行为所呈现的正面行为，例如，参与到成员创新活动中，给予指导和服务支持、为下属提供创新必要的资源、上级和同事包容成员创新中的失败、上级勇于承担创新失败的责任。相反，典型的负面行为则指忽视成员创意、新想法，上级和同事往往对员工的新想法感到奇怪和莫名其妙，很少与员工一起讨论员工对工作的新想法、征询员工对工作合理化建议，总是喜欢成员按既定方案开展工作，对成员创新行为缺乏充足的资源支持，在成员自觉创新中没有给予容错的空间，往往对创新失败者给予处罚。

3．领导者创新鼓励

领导者对成员创新支持和鼓励并不简单。具有创造力的下属不乐意服从陈规，常常对固有做法提出挑战，就会影响组织既得利益，影响工作进度。有些创新带领者一方面感叹自下而上的创新源泉不够，另一方面对员工创新举措支持不足，恐怕值得反思。领导者创新鼓励的典型行为如表 5-3 所示。

表 5-3　领导者创新鼓励的典型行为表

行为类型	典型行为
正面行为	1）创新带领者鼓励并且重视员工的创造力 2）创新带领者尊重员工的创新能力 3）创新带领者允许员工尝试不同的方式解决同一个问题 4）创新带领者希望员工用不同的方式解决问题 5）创新带领者会奖励工作有创造性的员工 6）创新带领者会公开表扬那些有创造性的员工 7）创新带领者有冲劲、有激情，能带动成员协同创新 8）创新带领者构建挑战，带领团队构建挑战性目标
负面行为	1）创新带领者忽视成员创意、新想法 2）创新带领者很少征询员工对工作合理化建议 3）创新带领者对员工的新想法感到奇怪和莫名其妙 4）创新带领者要求成员严格按工作程序工作 5）创新带领者对成员创新行为缺乏充足的资源支持 6）创新带领者缺乏个人魅力、自控力差，不能有效激发成员协作创新 7）创新带领者不经常公开表扬有创造性的员工

创新带领者应是一个富有干劲、激情，有较强影响力和带动力的创业者。创新带领者对于员工的创新鼓励行为是指创业领导者在带领创新中所呈现出对员工的赞赏、鼓励、带动行为，包括精神和物质上的鼓励支持，以及个人影响。

典型的领导者创新鼓励正面行为表现为创新带领者有冲劲、有激情，能带动成员协同创新，带领团队构建挑战性、创新性目标，鼓励并且重视员工的创造力的提升，尊重员工的创新能力，允许并希望员工尝试不同的方式解决同一个问题，会公开表扬那些有创造性的员工，奖励工作有创造性的员工；相反，典型的领导者创新鼓励负面行为则指创新带领者忽视成员创意、新想法，很少征询员工对工作合理化建议，要求成员严格按工作程序工作，创新带领者对成员创新行为缺乏充足的资源支持等。

5.2.3　情景与要素分析

在组织工作中，带领创新有关情景有很多，本小节选取"带领作为工作需求的创新"和"带领创业团队创新"两个情景，分析其具体情景及具体要素。

1．带领作为工作需求的创新

带领作为工作需求的创新是指上级基于岗位工作创新要求带领成员完成创新工作

的行为。随着创新在组织、团队乃至个体层面重要性的日益提升，基于岗位的工作需求创新活动变得越来越普遍。作为上级如何带领成员基于岗位需要开展创新活动成为需重点关注的工作。对带领作为工作需求的创新行为进行要素分析，将有助于此项创新活动的高效开展。带领作为工作需求的创新行为情景要素，如表5-4所示。

表 5-4 带领作为工作需求的创新行为情景要素表

要 素	内 容
明确工作职责中的创新	1）明确工作职责中包含的新技术和新方法 2）明确工作任务中创新部分的要求 3）明确岗位创新的创新目标
创新支持与鼓励	1）为下属提供创新必要的资源 2）提供创新服务 3）对成员创新行为给予肯定 4）为创新失败者重建信心
创新进程参与	1）主动融入创新成员当中 2）参与创新信息分享 3）参与成员创新活动
沟通与反馈	1）频繁地沟通与分享创新信息 2）与成员不断交换创新进展 3）反馈创新结果
建立创新榜样	1）积极尝试新技术、新方法 2）具备专业领域技能和创业技能 3）争做岗位创新的先进和榜样

带领作为工作需求的创新是当前知识经济时代对领导尤其是创业领导的基本要求。在这一过程中，创业领导要明确工作中的创新目标和要求，并给予成员在指导和资源方面的支持，并一定程度的融入创新过程，参与到与成员共同创新中，组织成员加强创新过程中的沟通，及时分享创新信息，反馈创新成果，以促进创新。另外，作为创新的带领者，创业领导者要努力成为成员中的创新榜样。

带领作为工作需求的创新情景要素主要包括：明确工作职责中的创新、创新支持与鼓励、创新进程参与、沟通与反馈和建立创新榜样五点。

明确工作职责中的创新主要指明确工作职责中包含的新技术和新方法、明确工作任务中创新部分的要求、明确岗位创新的创新目标。通过此要素使创新带领者明晰工作中要求的创新是什么，要达成什么目标，有哪些可供使用的工具和方法。创新支持与鼓励指为下属提供创新必要的资源，参与成员创新活动，并提供创新服务，对成员创新行为给予肯定，为创新失败者重建信心等，即带领创新者通过构建创新氛围，提供创新所需资源和服务，激励成员创新，促进创新行为。创新进程参与指主动融入创新成员当中，参与创新信息分享，参与成员创新活动。沟通与反馈主要包括频繁的沟通与分享创新信息，与成员不断交换创新进展，反馈创新结果。建立创新榜样包括积极尝试新技术、新方法，具备专业领域技能和创业技能，争做岗位创新的先进和榜样。

2. 带领创业团队创新

创业者创业离不开高效的创业团队。无数的成功案例告诉我们，卓越的创业团队可以打造卓越的企业。创业团队是围绕创业者的一群创业伙伴，在创业过程中开展创新事业、拥有共同价值定位、价值追求和发展战略目标，能够共同承担风险，共享创业收益。带领创业团队开展创新活动是创业的重要部分。带领创业团队创新情景要素，如表 5-5 所示。

表 5-5 带领创业团队创新情景要素表

要 素	内 容
构建挑战	1) 提出具有挑战性的目标，使创业团队成员将他们的能力发挥到最大程度 2) 保持对环境变化的敏感性，能够带领团队快速捕捉创业机会 3) 熟悉行业发展趋势，能向团队成员阐述创业愿景，并得到团队成员认同
营造创新工作环境	1) 构建开放的创新环境，让每个成员都无拘无束地表达观点和想法 2) 采取一定的措施鼓励员工勇于表达 3) 为创新提供必要的资源条件 4) 鼓励成员进行开创性、创造性思考 5) 勇于承担失败的责任，包容安全的文化
沟通与协调	1) 鼓励团队成员相互交流 2) 充分分享想法，集思广益 3) 协调成员，发挥各自优势，相互配合，达成互补 4) 促进成员间工作反馈，确保相互支持
带领实施创新活动	1) 与其他人共同实施创新活动 2) 不断创新团队管理技术和方法 3) 整合创新资源，在成员间优化配置 4) 呈现榜样的行为

带领创业团队创新要求创新领导者保持对外部环境的敏感，并掌握对内部所具备的条件，为成员指明方向、愿景和短期创新目标，使成员始终保持奋斗的激情，将他们的能力发挥到极致。在团队管理中要注重营造有益于创新的工作环境，提供成员创新必要的资源条件，勇于负责，为创新成员创造包容安全的文化；鼓励成员加强沟通交流，分享新想法，发挥各自优势。在创新实施中，要主动融入创新过程中，不断创新管理团队的技术和方法，并为成员树立创新榜样。

带领创新团队创新情景要素包括构建挑战、营造创新工作环境、沟通与协调、带领实施创新活动四点。

构建挑战指创业领导者通过对创业内外部资源的分析与把握，根据创业项目实际，为创业团队指明方向、发展愿景和具有挑战性的目标，并使团队成员认同。营造创新工作环境是指创业团队领导积极构建开放的创新环境，让每个成员都无拘无束地表达观点和想法，充分分享想法，集思广益，并采取一定的措施鼓励员工进行开创性创造性思考，勇于表达，包容成员在创新尝试中出现的失误。沟通与协调要求创业领导者鼓励团队成员相互交流，协调成员，发挥各自优势，相互配合，达成互补，促进成员间工作反馈，确保相互支持。带领实施创新活动指创业团队领导者参与到创业活动过程中，整合创新资源，在成员间优化配置，与其他成员共同实施创新活动，不断创新团队管理技术和方法，并为团队成员树立榜样。

前面介绍了关于带领创新的定义、情景和要素，下面通过具体案例分析和情景模拟练习，进一步展开与带领创新行为有关的能力开发。

5.2.4 模拟案例：A 公司的创新

A 公司一直把创新作为公司持续发展的动力，在公司重视创新的推动下，目前公司平均每2天开发3个新产品,并且对现有产品不断更新换代。时至今日,A公司每年仍有500个左右的新产品被开发推广。A公司取得辉煌业绩的根本原因在于创新,其关键包括加强横向交流和共享的密集网络;给予富有最好创意和创造力的员工丰厚奖赏的激励机制;鼓励自我创新、激发创意和宽容失败的公司文化;以及让每个员工把客户需求放在首位的公司信条。

公司高层管理者在管理上也注意引导创新,他们不会只在意某个新项目的短期赢利能力,而是平衡现有业务与新业务,平衡专注性与灵活性,这对公司的未来持续发展和经营绩效至关重要。而对那些才华横溢、满怀激情的人来说,这个使命是一种诱惑,吸引他们加入公司的原因是公司提供了让他们可以充分发挥才华的舞台。在公司发起的创新活动可以得到公司领导层的支持和赞助,从而使得创新计划能够得到相应的资源配置。由于管理层的支持会直接影响到员工创新的积极性及创新成果的取得,公司特别强调管理层对员工创新的鼓励、支持与导向作用,并注重管理者在员工创新管理中的管理艺术。

公司总裁忠告他的管理层要大胆下放职权,鼓励员工主动实践自己的构思与创意,并且容忍错误。在公司,管理层被要求做到"耐心倾听任何一个人的原始创意,无论当初看有多么荒诞不稽",以及"鼓励,而不是吹毛求疵,让员工带着创意前进"。

公司认为创新就是满足客户的需要,并超越他们的期望。公司员工往往要花费大量的时间和消费者进行沟通,公司销售代表和服务代表随时随地倾听消费者的需要。

有效的创新离不开组织知识、信息、经验与教训等资源的共享。同时,公司内部有很多网络共享专题,如"经验共享""教训共享""问题共享"等等。"共享"有助于创新者站在"巨人的肩膀"上,汲取组织其他成员的经验与教训,少走弯路,也利于组织资源的节约与创新效率的提高。公司鼓励员工跨越领域或部门界线,积极沟通合作,深入了解客户公司内部的各个层次的不同需要,并以此为基础提出全面、完整的一体化解决方案。而且公司的任何一项技术平台都可以在全公司范围内共享,使同一技术可以应用到更多领域。

公司尊重每一位员工的价值,并鼓励员工创新,为员工提供具有挑战性的工作环境及平等的发展机会。公司鼓励创新榜样,每年都要举行隆重的仪式,而此事又向员工们证明,在公司宣传新思想、开创新产业是完全可能取得成功的,而且成功了就会得到认可和奖励。

公司在创新方面的一个积极举措是,将创新列入员工的工作时间预算,鼓励员工积极探索新技术领域并且投入合理的费用。

公司营造创新文化最重要和最困难的一点是,领导者要懂得授权——把嘴巴闭起来,把手放在口袋里,放手让团队去做事情。正是在公司宽容失败的文化鼓舞下,研发人员不怕失败,反复试验。

讨论题:
1)公司领导在创新实践中做了哪些正面的带领创新行为?
2)公司在带领创新上包含哪些带领创新要素?

5.2.5 模拟案例：创业者如何带领团队

创业者仅仅发现目标还不够，他所面临的挑战是创造一个人人都能有使命感的世界。为了保持社会的进步，创业者身负挑战——不仅仅是创造新的工作，还要创造新的目标。没有更高远的使命感，创业公司不可能梦想成真。创业者令团队成员具有使命感的三种方法如下。第一就是一起做有意义的项目，通过重新定义平等，使每个人都有追求目标的自由。做这些项目的使命，并不仅仅是为人们提供工作，而是让整个团队感到自豪。没有人从一开始就知道如何做，想法并不会在最初就完全成型，只有在工作时才能逐渐清晰，需要做的只是开始。第二就是重新定义平等，让每个人都有追求目的的自由。我们这一代人的父母，很多在整个职业生涯中都有稳定的工作。但是现在，创业者们无论是刚开始一些项目，还是在寻找创业目标，都已经比父辈有了更多的进步意识。我们的创业文化恰好是导致我们创造如此多进步的原因，并赋予每个人追求目标的自由。第三就是花一点时间去帮助其他人，这是我们每个人都可以做到的。通过此举，让每个人都有实现人生目标的自由——不仅因为这样做是正确的，更是因为当人们可以把梦想变为伟大的现实时，我们每个人都会变得更好。

讨论题：
1）怎样理解创业者有目标还不够，还要为他人创造目标？
2）通过案例，你认为创业者应具备哪些能力？

5.2.6 观察练习：创业者如何带领创新

以实际生活中某个创业团队为观察对象，观察它们是怎样激励团队成员积极开展创新活动的，其中典型的正面行为和负面行为又有哪些？例如，以学校中某个大学生创业团队为观察对象，观察创业者带领创新活动的行为，思考如果是你带领这一团队，会如何改进。

5.2.7 模拟练习：带领创新行为模拟

自拟情景（例如，如何在没有鞋子的情况下走山路，外出旅游时突然遇到意外困难等），进行带领创新行为模拟观察，总结出在特定情景下应呈现出的带领创新行为。

操作指导如下。
1）教师向学生阐明训练目的和知识准备。
2）学生分组，每一大组又分为行为模拟小组和行为观察小组。
3）教师指导大组选择情景主题。例如，带领创新班级集体活动形式。
4）行为模拟小组和行为观察小组分别进行模拟和观察准备。
5）教师指导实施行为模拟观察。
6）观察组阐述行为观察结果。
7）每一大组提交一份行为观察模拟训练总结报告。

5.3 建立信任

信任是一种无形的推动力。它是一种力量，自己信任自己、别人信任自己和自己信任别人，这三种信任的方式不是孤立的，而是同时存在的。信任是所有关系的基础，离开信任这个坚实的土地，一切合作的种子都将无从发芽。不过，信任不等于轻信。信任是人与人之间最美丽的语言，一个信任的眼神可以化解矛盾的坚冰；一个信任的口吻足以让人刻骨铭心，难以忘记。信任，是相信并敢于托付，也是相信自己能力的一种表现。相信自己，才会相信他人。信任是相互的，贵在真诚，贵在尊重，不欺骗、不隐瞒，才是正确的为人处事的态度。

信任是一种不需要契约的服从感。家族企业、创业团队等一系列组织形态之所以超越一切资源困境，克服一切前进道路上的问题，恰恰是信任的力量。信任让沟通简化了程序，信任也让成员间愿意互担风险，信任更能使成员间不遗余力地相互配合、相互支持。信任让"1+1>2"的整体涌现性得以实现。创业中建立的信任偏重于自下而上的信任，是创业领导者让成员对自身产生的信任。建立信任是雇佣关系的一种深化，是高于劳动契约的心理契约，会呈现出工作积极状态。创业团队竞争力强不强不能只看占有的资源多不多、环境挑战大不大，关键是要看内部信任度高不高。创业是一个不确定性很高的活动，面对的困难和问题有许多是难以预料的，这就需要创业成员间彼此信任，同心协力，而这些需要建立在相互信任的基础上，建立信任是创业能力的重要表现。

5.3.1 定义

信任（trust）是涉及交易或交换关系的基础。在社会科学中，信任被认为是一种依赖关系。值得信任的个人或团体意味着他们寻求实践政策、道德守则、法律和其先前的承诺。相互依赖表示双方之间存在着交换关系，无论交换内容为何，都表示双方至少有某种程度的利害相关，己方利益必须靠对方才能实现。管理学中的信任是指信任方放弃了对被信任方的监督和控制的能力，宁愿使自己暴露弱点处于具备风险的环境中，也相信对方不会损害自己利益的信念。

基于情感的信任（affect-based trust）是指通过与成员的互动和交流，增进感情，形成良好的人际关系，以达成彼此信赖。

基于认知的信任（cognition-based trust）是指通过强化自身专业知识和技能，使自己的专业知识和业务能力胜人一筹，从胜任力和工作态度上得到成员的认可，从而彼此信赖。

心理契约（psychological contracts）是存在于成员之间的一系列无形、内隐、不能书面化的期望，是在各层级间、各成员间任何时候广泛存在的没有正式书面规定的心理期望。如果员工认为组织或管理者可信任，他们将保持对组织或管理者的心理忠诚。

管理者可信行为（managerial trustworthy behavior）是管理者对下属予以信任的行为方式，有助于管理者掌握自身行为在员工心目中的印象，了解员工对管理者评价，从而进行针对性的改善，提升员工信任。

管理层信任（trust in management）是指成员对组织或团队管理者所抱有的一种意愿，即在无监控和监督情况下听任其支配的意愿。

建立信任（establish trust）是指组织或团队管理者通过加强与成员互动建立良好人际关系、增强胜任力等，呈现管理者可信行为，获取成员信任，从而建立起彼此信任关系、强化成员间心理契约、获得组织或团队绩效改善的行为方式。

5.3.2 典型行为（正面和负面）

在合作成为主旋律的时代背景下，促进信任发展已经成为研究者和组织实践者共同关注的问题。古训曰"言不信者，行不果"，倘若管理者失信于下属，必然会影响团队或组织的整体发展。创业者带领创业团队开展创业活动时，建立信任影响着创业团队的整体绩效，甚至创业活动的成败。

本小节以在创业团队中建立信任行为、管理层建立信任行为为例，分析其典型的正面行为和负面行为，并将其作为对照，帮助创业团队创业者建立信任，提升创业能力。

1. 创业团队建立信任行为

创业是一个伴随高风险的活动，对商机的准确把握、资源的整合、商机的转化等创业活动，均需要创业团队相互信赖、相互支持、共同承担风险、共同克服创业中的一切困难，最终共同分享收益，这就需要团队成员彼此信任。

建立信任是创业团队得以成功的保证，良好的信任行为将有助于增进成员间的信任，成员愿意分享成功的知识、经验、信息，也愿意向其他成员展示自己的弱点和不足，使成员相互促进、相互支持，形成较强的凝聚力。相反，缺乏信任的创业团队，难以形成合力，最终会导致创业活动的失败。创业团队建立信任典型行为如表5-6所示。

表5-6 创业团队建立信任典型行为表

行为类型	典型行为
正面行为	1）以身作则，向成员展示自己信任其他人 2）让团队中的每一个人以诚实、有意义的方式相互交谈，开诚布公地交流 3）鼓励团队成员平等看待同事、尊重同事 4）发展人际关系，相互了解经历、家庭，彼此真正认识 5）展现自身专业知识和技能，同事认同解决问题的能力 6）团队内倡导相互负责，杜绝相互指责 7）提倡相互坦诚，暴露缺点和不足，互补支持、共担风险 8）提倡不针对人的有益冲突，争论问题只对事不对人 9）团队目标一旦达成共识，成员义无反顾地执行
负面行为	1）对成员要求相互信任，自身言行不一致 2）相互交流不坦诚，存有欺骗 3）不尊重同事，对同事不一视同仁 4）忽略对团队成员的情感投入，彼此不真正认识 5）自身专业能力不过硬，做事情时，其他成员总是担心会出问题 6）团队内讨论问题，对人不对事，相互指责 7）团队目标不能达成共识，成员行为与团队要求有差异 8）不能共担风险

创业团队建立信任行为是指团队在创业过程中表现出的能够增强团队之间信任的行为。正向的建立信任行为会使团队成员相互依赖，提高团队的凝聚力，从而利于协作开展创新活动；相反，负面的建立信任行为会极大地伤害成员间信赖关系，使成员间相互防备、相互猜疑，甚至会相互人身攻击，不能同心协力、团队涣散，破坏团队凝聚力。创业行为中既有正面行为，也有负面行为。

从创业领导者的视角分析建立信任行为，其典型的正面行为包括创业领导者须以身作则，向成员展示你信任其他人，也要践行承诺，让成员信任自己；构建信任的团队氛围，让团队中的每一个人以诚实、有意义的方式相互交谈；开诚布公地交流，鼓励团队成员平等看待同事、尊重同事；相互了解经历、家庭，彼此真正认识；杜绝相互指责，争论问题只对事不对人；团队目标一旦达成共识，成员义无反顾地执行。典型的负面行为包括言行不一致，对成员承诺不能及时兑现，对待成员不一视同仁，成员不信任自己；自身专业能力不过硬，做事情时，其他成员总是担心会出问题；不能建立起相互信任的团队氛围，成员之间不坦诚，遇到问题相互指责，不能共担风险。

2. 管理层信任行为

管理层信任是下级对管理者由于信任所表现的在无监控和监督情况下听任其支配的意愿。管理层展现管理者可信行为有助于管理者掌握自身行为在员工心目中的印象，了解员工对管理者评价，从而进行针对性的改善，提升员工信任。

正面的管理层信任行为，可提升下属信任水平，建立积极的心理契约；相反，会失去对管理层的信任，质疑管理层的管理能力和水平，对管理层下达的任务命令表现拖延，边做边看，严重影响组织氛围和管理效率。管理层信任典型行为如表 5-7 所示。

表 5-7 管理层信任典型行为表

行为类型	典 型 行 为
正面行为	1）管理层在工作相关信息方面都是诚实和值得信任的 2）真诚地面对下级的意见和建议 3）履行承诺，不失言 4）在管理专业能力上称职，被下级认同 5）用相同的规则要求所有下级，不区别对待 6）不遗余力地支持任何下级，帮助他们解决工作中的困难问题 7）公正地评价下级工作表现 8）关注下级所获利益，并设法改善
负面行为	1）管理层在工作信息方面有隐瞒 2）对下级的意见表现敷衍，长时间不落实 3）承诺不兑现 4）专业能力不称职，下级不认同 5）对下级区别对待，厚此薄彼 6）分配资源看人不对事 7）不能正确评价下属工作表现 8）对下级利益不关注

管理层信任行为是指管理层能够让员工感受到被信任的行为。员工往往会通过管理层的行为来判断分析自己是否被管理层信任，从而表现出无监督情况下的自发意愿。

这些行为中既有管理层信任正面行为,也有负面行为。对管理层信任典型正负面行为进行分析,能够改善管理者建立信任行为,使员工感受到自己被信任,感受到自己存在的价值,进而满足个人的精神追求,更好地服务于企业。典型的管理层信任正面行为表现为管理者传递信息的真实性和行为的公平性,例如,严格履行承诺,平等对待下级;真诚地面对下级的意见和建议;公正评价下级工作表现;关注下级所获利益,并设法改善。相反,典型的负面行为则是指管理对待下级意见或建议不认真,自己的言行不一致;分配资源看人不对事;不能正确评价下属工作表现;对下级利益不关注。

5.3.3 情景与要素分析

在创业团队中建立信任情景通常表现为,从创业团队成员角度和创业团队领导角度,创业团队如何建立信任,本小节分析这两种常见的典型情景和其具体的要素。

1. 创业团队建立信任

创业团队建立信任要素,可以指导创业团队应从哪几方面着手建立信任。分析创业团队建立信任要素,将有助于创业团队提高信任水平,提升创业能力。创业团队建立信任情景要素(创业团队成员角度)如表 5-8 所示。

表 5-8 创业团队建立信任情景要素表(创业团队成员角度)

要 素	内 容
建立共识	1) 对创业前景和目标达成共识 2) 对商业机会的把握有共同认识 3) 共识一旦确定,各自尽所能
以身作则	1) 信任其他团队成员 2) 向其他成员做出信任行为表率,展示信任行为 3) 言必行,行必果
共享信息	1) 对成员坦诚,开诚布公交流 2) 与成员共享全部信息 3) 向成员反馈工作进展情况
展现专业能力	1) 不断学习专业知识和技能 2) 利用专业技能帮助成员解决问题 3) 专业能力得到成员认可
情感基础	1) 与成员建立良好人际关系 2) 成员间相互尊重 3) 与成员开展工作外交流,彼此真正认识
相互支持	1) 与成员彼此依赖、互补 2) 为成员及时提供帮助与支持
共担风险	1) 彼此负责 2) 共同承担创业风险 3) 勇于负责,不推卸责任

从创业团队成员角度看,创业团队建立信任需要团队成员与其他成员在创业目标和发展前景、商业机会上达成共识,在创业实施中,以身作则信任其他成员,言行一致,与其他成员交流坦诚,分享全部信息。在所负责的工作上表现出较强的专业能力,并获得其他成员的认可。注意与其他成员建立人际关系,成员间相互尊重,彼此支持,愿意共担创业风险。

从创业成员角度看创业团队建立信任情景要素包括：建立共识、以身作则、共享信息、展现专业能力、情感基础、相互支持、共担风险。

建立共识指成员间对创业前景和目标达成共识，对商业机会的把握有共同认识，各尽所能；以身作则指成员积极表现出信任其他团队成员，向其他成员做出信任行为表率，展示信任行为，言行一致；共享信息指成员间相互坦诚，开诚布公交流，与成员共享全部信息，向成员反馈工作进展情况；展现专业能力指成员不断学习专业知识和技能，利用专业技能帮助其他成员解决问题，获得成员认可；情感基础指成员间建立良好人际关系，相互尊重，与成员开展工作外交流，彼此真正认识；相互支持指成员间彼此依赖、互补，为其他成员及时提供帮助与支持；共担风险指成员勇于负责，不推卸责任，彼此负责，共同承担创业风险。

2. 创业团队领导者与成员建立信任

创业团队领导者与成员建立信任是管理层信任的一种情景。创业团队领导者建立信任情景的要素解构将帮助管理者改善信任水平，建立成员积极的心理契约。创业团队建立信任情景要素表（创业团队领导者角度）如表5-9所示。

表5-9 创业团队建立信任情景要素表（创业团队领导者角度）

要素	内容
信守承诺	1）兑现与成员的事前承诺 2）奖惩按事前约定，做到有依据
充分分享信息	1）与成员分享所掌握的全局信息 2）团队整体信息公开分享
鼓励有益冲突	1）鼓励成员就问题争论 2）禁止相互指责，对事不对人
敢于负责	1）敢于承担风险 2）敢于为成员背书，承担责任
基于认知的信任	1）强化专业领域技能和创业技能 2）利用专业技能帮助成员解决困难问题 3）专业能力得到成员认可
基于情感的信任	1）与成员建立良好人际关系 2）尊重团队的每一位成员 3）关心成员工作以外的生活

从创业团队领导角度分析创业团队建立信任行为可以帮助创业领导者提升创业团队管理能力，促进创业活动开展。作为创业团队领导，践行组织承诺，信守承诺，按约定进行奖惩；与团队成员公开分享信息，鼓励团队成员开展有益的争论、促进新想法的产生；强化自身专业能力，帮助成员解决专业难题，使团队成员基于对领导专业能力的认同而在工作中更加信任上级；积极与成员建立良好的人际关系，关心成员的工作和生活，建立良好的情感关系，以促进成员对领导的信任。

从创业团队领导角度分析创业团队建立信任情景要素包括信守承诺、充分分享信息、鼓励有益冲突、敢于负责、基于认知的信任、基于情感的信任。

信守承诺指创业领导得言行一致，代表团队践行组织承诺，兑现与成员的事前承诺，奖惩按事前约定，做到有依据；充分分享信息指创业领导与成员分享所掌握的全局信息，提倡团队整体信息公开分享；鼓励有益冲突指创业领导鼓励成员就问题开展有益争论，以促进问题解决，以及产生新想法；敢于负责指创业领导为成员创造宽容的创新环境，勇于为成员背书，承担责任；基于认知的信任指创业领导通过强化自身专业知识和技能，使专业知识和业务能力胜人一筹，从胜任力和工作态度上得到成员的认可，从而彼此信赖；基于情感的信任指创业领导通过与成员的互动和交流，增进感情，形成良好的人际关系，以达成彼此信赖。

前面介绍了关于建立信任的定义，情景和要素，下面通过具体案例分析和情景模拟练习，进一步形成与建立信任行为有关的能力开发。

5.3.4 模拟案例：难以开展的合作

胡强站在行政审批中心门口长舒了一口气，他在五年前创立的创业公司注销成功了。他曾为此焦虑了很久，总担心公司会出现风险。这家主营工业互联网的公司，是胡强与同学袁奇、戴胜一起创办的。由于公司进入的行业是目前国家大力发展的行业，创办之初公司就从社区、医院、物流公司接下了几个大项目，公司营收达到800多万元。戴胜主张将收入扣除必要的成本后，利润按大家当初的协议分成；胡强和袁奇则强烈反对，认为应该将利润留下来，进行业务的开展。最后，经过一番激烈争论，他们定下暂不分成利润，则将其作为后续的业务拓展资金。虽然达成了共识，但戴胜工作表现愈来愈不在状态，他觉得自己没白没黑地工作，生活又得不到改善，加上家人对他抱怨很大，也影响了工作情绪。而这笔钱是用来开展智能家居业，还是与消防设备制造合作开展消防智能设备项目，胡强与袁奇又有很大争议，胡强认为智能家居是家居行业发展趋势，未来对智能家居设备会有很大的需求，市场潜力巨大；而消防智能设备往往应用在公用建筑上，受行业管制大，未来市场很难估算。袁奇则认为智能家居行业现有公司太多，市场竞争混乱，而消防智能设备市场刚起步，未来潜力更大。袁奇认为胡强太保守，胆子小，不愿承担风险；而胡强认为袁奇太过激进，听不进别人的意见。在几个项目执行中，胡强还发现戴胜遇到执行困难、客户有怨言时，总喜欢抬出自己承担错误责任；当有客户表扬时，却总是冲在最前面。而袁奇在办理业务时，总是虚报一些账目，虽然那是一些极少的虚报，但胡强感到这是他对整个创业团队的不坦诚，对他也不再像以前那样放心，当需要袁奇办理对外资金往来时，总是派自己的助理协助，以便杜绝账目上的差错。公司开办五年来，胡强感觉三人之间变得越来越不信任，这样下去公司会出大问题，他因此而一直处于焦虑中。一个月前，三个人因为某物流公司的车载智能设备投标出现时间和资质审查问题而失去投标资格大吵了起来。长年积累的矛盾终于爆发，三人决定不再合作经营公司，将现有业务转让给一家竞争企业，注销公司。

讨论题：

1）案例中创业团队中的三人为什么会互不信任，他们在建立信任行为中都出现了怎样的正面行为和负面行为？

2）思考如何在创业团队中建立信任？

5.3.5 模拟案例：M 公司团队是怎样炼成的

M 公司管理层从上到下精诚团结，遇到困难公司团队能够各尽所能去攻克，不过 3 年时间营业额就突破了百亿。M 公司的成功与它的团队是密不可分的。

M 公司在组建团队上的宗旨是和一群聪明人一起共事、为了挖到聪明人不惜一切代价。如果一个同事不够优秀，很可能不但不能有效帮助整个团队，还会影响到整个团队的工作效率。来到 M 公司的人，都是真正干活的人，并且都非常有热情。

在 M 公司工作的人都聪明、技术一流、有战斗力、有热情做一件事情，这样的员工做出来的产品注定是一流的。这是一种强大的行动力和执行力。

扁平化的管理方式是在 M 公司相信优秀的人本身就有很强的驱动力和自我管理能力的基础上实行的。公司信任自己的员工，所有员工也都信任公司、都有做最好的东西的冲动，公司有这样的产品信仰，管理就变得简单了。

M 公司的组织架构为：七个核心创始人-部门 leader-员工。这样的架构不会让团队太大，而且稍微大一点就拆分成小团队。从 M 公司办公楼的布局就能看出这种组织结构：一层产品、一层营销、一层硬件、一层电商，每层办公楼由一名创始人坐镇，能一竿到底地执行。大家互不干涉，都希望能够在各自分管的领域发力，一起把事情做好。

除七个创始人外，公司里的所有人都没有职位，都是工程师，晋升的唯一奖励就是涨薪。不需要员工考虑太多杂事和杂念，没有什么团队利益，一心在做事上。

M 公司强调员工要把别人的事当成头等大事，强调责任感。比如某员工代码写完了，一定要别的工程师检查一下，而别的工程师再忙，也必须在第一时间先检查他的代码，然后再做自己的事情。

M 公司有一个理念，就是要和员工一起分享利益，并且是尽可能多地分享利益。M 公司刚成立的时候，就推行了全员持股、全员投资的计划。

讨论题：
1）案例中 M 公司团队有哪些建立信任行为？
2）为什么建立信任对团队来讲至关重要？

5.3.6 观察练习：信任是如何建立起来的

以实际生活中某个创业团队为观察对象，观察创业团队成员间如何建立信任，其典型的正面行为和负面行为有哪些？

本小节以学校中某个大学生创业团队为观察对象，观察成员间建立信任行为，思考如果是你带领这一团队，会如何改进。

5.3.7 模拟练习：怎样向陌生人求助

自拟情景（例如创业需要通过借钱筹集资金，向陌生人求助等），进行建立信任行为模拟观察，总结出在特定情景下应呈现出的建立信任行为。

本小节以向陌生人求助为模拟情景，通过模拟观察分析如何与陌生人建立信任，应呈现什么样的行为。

操作指导如下。

1）教师向学生阐明训练目的和知识准备。
2）学生分组，每一大组又分为行为模拟小组和行为观察小组。
3）行为模拟小组和行为观察小组分别进行模拟和观察准备。
4）教师指导实施行为模拟观察。
5）观察组阐述行为观察结果。
6）每一大组提交一份行为观察模拟训练总结报告。

5.4 营销

营销能力是创业能力的关键组成部分。创业活动的环境和创业者持有资源状况决定了创业营销不同于通常的企业营销行为。创业活动首要的问题就是将商业机会转化为收入，但这一转化很大程度上取决于创业者的营销能力，只有把产品或服务营销出去了，商业机会才能真正变为收益。创业营销能力一般包括对营销全过程的把控能力。营销过程一般分为五个步骤，包括机会深度分析、渠道建设、促销方案选择、产品定价、搞好售后服务与反馈。营销能力需要在每一过程中体现出正向行为。除此之外，注重外部环境变化、及时调整营销策略、保持灵活性也是营销能力的重要体现。

5.4.1 定义

营销能力（marketing ability）是指发现、引导和创造需求，以最好的方式展示销售的产品或服务，并且有效地满足需求，完成产品或服务营销过程的能力。营销能力涵盖从产品或服务商机把握到产品或服务售后工作的全过程中应具备的能力，包括创业机会深度分析能力、构筑关系渠道的能力、营销资源整合能力、营销策划能力、产品或服务品牌塑造能力、公关能力等。

创业营销（entrepreneurial marketing）是营销的一种，是处在变化、复杂、资源缺少情况下，通过积极的信息搜集处理对创业机会深度分析，运用创新方法开发并维系潜在客户的营销方式，是一种创业导向的营销。与传统营销相比，创业营销具有机会导向、注重关系、灵活多变、整合营销、注重营销反馈等特性。

信息搜集处理能力（information gathering processing capability）是指对信息获取、处理和利用的能力。对信息的有效处理能为组织获得营销机会和差别利益，或者能为组织创造或抢占市场创造有利的时机与条件。

创业机会深度分析（in-depth analysis of entrepreneurial opportunities）是对新创企业或项目商业机会核心特征的分析、对客户需求的深度分析，以发现、引导和创造需求，它是体现创业者营销能力的首要环节，是营销能否实现预期目标的关键。

公关能力（public relations ability）是指有目的、有计划地为改善或维持某种公共关系状态而进行实践活动的能力。在创业人员营销过程中,公关能力主要包括创业者所具备的沟通表达能力、人际交往能力、相关利益体关系网构建能力,以及营销危机处理能力。

整合营销能力(integrated marketing ability)。整合营销是一种对各种营销工具和手段的系统化结合,是根据环境进行即时性的动态修正,以使交换双方在交互中实现价值增值的营销理念与方法。整合就是把各个独立的营销综合成一个整体,以产生协同效应。这些独立的营销工作包括广告、直接营销、销售促进、人员推销、包装、事件、赞助和客户服务等。战略性地审视整合营销体系、行业、产品及客户,从而制定出符合实际情况的整合营销策略,整合营销能力即为在这一过程中所具备的能力。

5.4.2 典型行为(正面和负面)

创业活动要取得成功,首要的问题就是:谁是我的客户?我们该如何吸引他们?如何将产品或服务卖给他们?而这些问题的回答有赖于创业者的营销能力。创业活动的营销有别于传统企业的营销。首先创业活动资源有限;其次市场处于潜在状态,市场认同度低,营销是对新市场的把握;最后创业营销会面临来自营销全过程中不断探索和创新的严峻挑战。营销能力在面对这些困难和挑战时扮演了关键角色,这要求创业者需在每一环节表现出正面的营销能力行为。

本小节以创业机会深度分析、公关能力、整合营销能力为例,分析其典型的正面行为和负面行为,并将其进行对照,帮助创业团队创业者改善营销能力,提高创业能力。

1. 创业机会深度分析

创业营销首先要从识别甚至创造顾客需求开始。创业活动的市场需求多数情况下不明确,也很抽象,需要创业者敏锐地辨识、甚至创造。识别创业机会不仅需要对表面需求的关注,还应分析其潜在需要。苹果公司、摩托罗拉、诺基亚等公司手机发展起伏,原因之一可能是摩托罗拉、诺基亚等公司只注重于手机的通信功能,而苹果公司在通信基础上掌握了顾客在上网、游戏和娱乐上的快乐需求。了解顾客需求,直接询问很少能得到清晰答案,这就需要创业者从创业营销的第一步开始对创业机会进行深度分析与把握。创业机会深度分析典型行为如表5-10所示。

表 5-10 创业机会深度分析典型行为表

行为类型	典型行为
正面行为	1)尽可能地收集与分析创业项目的相关信息 2)对宏观环境进行了透彻分析 3)对行业环境进行了深入分析 4)分析并掌握了顾客显性需求和隐性需求 5)分析了顾客需求在产品或服务属性中的体现,了解产品或服务的独特性 6)对商业机会的客户价值进行了分析判断 7)对商业机会的企业价值进行了分析判断 8)充分考虑了商业机会转化的实现手段与方法 9)充分分析了企业内部资源状况

(续)

行 为 类 型	典 型 行 为
负面行为	1）只了解创业项目但很少收集与分析相关信息 2）未对经济、技术、社会、法律环境进行全面分析 3）未对创业项目所在行业发展趋势进行分析和预测 4）只关注了顾客显性需求 5）不清楚产品或服务的独特之处 6）不清楚哪些产品属性是顾客需要的，产品或服务对顾客的价值在哪里 7）不清楚产品或服务对于企业的价值在哪 8）只知道机会是好机会，如何实现没有考虑 9）没有对自身情况进行深入分析

创业机会深度分析行为是创业者在识别创业机会中呈现的具体行为，是分析能否抓住创业机会的一种行为。它是营销的基础，也是营销成功的前提，是创业者营销能力的最初表现。发现对顾客和创业团队有价值的创业机会是营销成功的第一步，在第一步创业者就要表现出创业机会识别的正面行为，这有助于创业活动顺利取得成功。

典型的创业机会深度分析正面行为表现为在对宏观环境和行业环境进行深度分析基础上，对顾客需求做出准确的判断。例如，尽可能地搜集与分析与创业项目的相关信息，分析了顾客需求在产品或服务属性中的体现，了解产品或服务的独特性，充分考虑商业机会转化的实现手段与方法。相反，典型的负面行为则指了解的创业项目信息少，不能准确把握客户需求，只看重机会，没有注重机会如何转化为收益等。

2．公关能力

创业活动的产品或服务开始市场认同度低，创业者缺乏成功的营销经验，在实际营销中应注重与相关利益方关系网的建立，特别注重公关能力的提升，这可能使营销活动事半功倍。公关能力典型行为如表 5-11 所示。

表 5-11　公关能力典型行为表

行 为 类 型	典 型 行 为
正面行为	1）良好的语言表达 2）善于运用真诚而巧妙的言辞，获得顾客的信任与支持 3）人际交往广泛 4）在和顾客交往的过程中以尊重为本、重视自己的形象和注重行为规范 5）具有较好的社会关系或具有较强的社会关系构建能力 6）具有丰富的公共关系知识 7）能够妥善处理营销过程中的危机，使创业活动始终以正面形象展示给公众 8）有意识地对创业领导者（创业灵魂人物）进行正面形象塑造
负面行为	1）语言表达不够准确、清晰 2）与客户沟通，客户难以理解，时常有误解 3）不善于与人交往，人际交往范围小 4）与顾客接触中，不注意形象和礼节 5）不注重构建社会关系网 6）缺乏丰富的公共关系知识 7）不擅长处理营销过程中的危机 8）创业领导不进行印象管理和象征性行动

在营销工作中，公关能力有助于融洽与客户及利益相关方的关系，从而帮助创业者尽快打开营销局面，促进创业机会商业转化。由于创业者公关能力差异，个体所呈现

的行为也有所差别,在这些行为中既有正面行为,也有负面行为。对公关能力行为进行分析有助于促进组织目标的实现。

公关能力典型的正面行为表现为具有丰富的公关知识,人际交往广泛,具有良好的语言沟通能力和表达能力,善于处理营销中的危机。例如,善于运用真诚而巧妙的言辞,获得顾客的信任与支持,能够妥善处理营销过程中的危机,使创业活动始终与正面形象展示给公众。相反,典型的负面行为则表现为语言表达不够准确,不擅长与人沟通,不注重构建关系网,不进行印象管理和象征性行动等。

3. 整合营销能力

创业活动由于受资源限制,在进行营销活动时需对各种营销资源进行系统化结合,根据环境进行即时性的动态修正,这会真正影响到创业活动未来在整个市场上的稳定性、发展和成长。所以,对于所有创业者所提出的最基本要求就是,要通过整合的方式来进行营销活动。整合就是把各个独立的营销综合成一个整体,以产生协同效应。整合营销能力是创业营销能力的重要体现。整合营销能力典型行为如表 5-12 所示。

表 5-12 整合营销能力典型行为表

行为类型	典型行为
正面行为	1)创业机会的深度分析,掌握机会的特征 2)整合内部资源支持营销活动 3)以人脉关系为核心,构建关系渠道网 4)清晰的产品市场定位和目标市场 5)以顾客为中心,将具体独立的营销策略(产品、定价、渠道、促销)进行整合,有效达到营销目的 6)整合传播媒体和渠道,注重品牌塑造,达成品牌识别和认同 7)将服务作为创业营销组合的重要内容 8)公关处理手段成熟,变危为机
负面行为	1)对商业机会的把握和理解不够准确 2)内部资源制约营销活动开展 3)相关利益关系网建立滞后 4)产品定位与目标市场顾客需求存有差异 5)独立营销策略不协调,脱离以顾客需求为中心 6)只注重产品或服务的销售,忽视产品品牌的塑造 7)产品后续服务跟不上,顾客得不到附加值体验 8)营销危机处理时间滞后,技能需要提升

整合营销能力是一种对各种营销工具和手段进行系统化结合,根据环境进行即时性的动态修正,以使交换双方在交互中实现价值增值的能力。由于创业者在各项资源上的不同,个体所呈现的整合营销行为也有所差别。

典型的正面整合营销行为表现为在创业机会分析、人脉关系管理、公关处理手段呈现的行为,例如,创业机会的深度分析;通过整合内部资源支持营销活动,以人脉关系为核心,构建了关系渠道网;以顾客为中心,将具体独立的营销策略进行整合;整合传播媒体和渠道有效达到营销目的,注重品牌塑造,达成品牌识别和认同等。相反,典型的负面行为则表现为对商业机会的把握和理解不够准确;脱离以顾客需求为中心;相关利益关系网建立滞后;只注重产品或服务的销售,忽视产品品牌的塑造;产品后续服务跟不上,顾客得不到附加值体验;营销危机处理时间滞后,技能需要提升等。

5.4.3 情景与要素分析

与营销能力有关的情景通常表现为组织个体的两个典型任务：捕捉商业机会能力和创业产品营销能力，此处分析这两个典型任务常见的典型情景和具体的要素。

1. 营销能力——捕捉商业机会能力

创业营销首先要从捕捉商业机会开始。商业机会是预期能够产生价值的清晰的目的和手段的结合。目的是满足顾客需求，解决顾客意识或没意识到的问题，是营销成功的关键；手段是顾客价值实现的途径，是将顾客需求转化为产品或服务的方法。捕捉商业机会是创业营销能否成功的决定因素。对捕捉商业机会要素的分析，有助于创业者全面把握捕捉商业机会行为，提高营销能力。捕捉商业机会情景要素如表 5-13 所示。

表 5-13 捕捉商业机会情景要素表

要　素	内　容
信息获取与分析	1）对内外部环境进行深度分析 2）获取别人难以获得的有价值的信息 3）具备优越的信息处理能力 4）把握商业机会
分析客户价值	1）分析顾客显性和隐性需求 2）深度分析商业机会是否能满足顾客需求或帮顾客解决问题 3）分析商业机会对顾客的价值 4）分析商业机会潜在产品哪些属性满足了顾客需求
分析企业价值	1）如何在商业机会中获利 2）商业机会对企业的价值在哪里 3）客户价值能否传导为企业价值
实现手段	1）目的—手段组合 2）客户价值的实现途径 3）企业价值的实现途径 4）如何整合内外部资源支持商业机会转化为创业收益

捕捉商业机会是创业活动的首要环节，识别出有价值的商业机会是创业活动成功的保证。创业机会有价值，未来营销才能有客户基础。捕捉商业机会则是营销能力的体现。捕捉商业机会要求创业者对相关信息进行收集与分析，通过分析客户需求与客户价值、企业价值、机会实现手段识别并评价一个真正的商业机会。

捕捉商业机会情景要素包括信息获取与分析、分析客户价值、分析企业价值、实现手段四点。

信息获取与分析指创业者具备优越的信息处理能力，能对内外部环境进行深度分析，获取别人难以获得的有价值的信息，发现商业机会；分析客户价值是创业者对可能的创业机会进行深度分析，分析顾客显性和隐性需求，深度分析商业机会是否能满足顾客需求或帮顾客解决问题，分析商业机会对顾客的价值，分析商业机会潜在产品的哪些属性满足了顾客需求；分析企业价值是创业者深度思考创业机会如何在商业机会中获利，商业机会对企业的价值在哪里，客户价值能否传导为企业价值；实现手段是商业机会能够实现目的和手段的结合，创业团队在实现客户价值的同时能够获得创业收益。

2. 营销能力——创业产品营销

创业营销的过程是从产品或服务进入市场开始分析，构筑关系渠道，实施促销策略，确定产品价格，搞好售后服务和反馈，其中既包括传统营销组合（产品、价格、渠道、促销），也特别关注创业机会的深度分析和后续服务。因此，创业产品营销能力包括在这一过程中创业者应具备的能力。创业产品营销情景要素如表 5-14 所示。

表 5-14 创业产品营销情景要素表

要　素	内　　容
创业机会深度分析	1）对内外部环境进行深度分析 2）分析顾客显性和隐性需求 3）深度分析商业机会是否能满足顾客需求或帮顾客解决问题 4）分析商业机会潜在产品的哪些属性满足了顾客需求 5）机会导向营销
构筑关系渠道	1）以人脉关系为核心，构建了关系渠道网 2）关系网络良性循环
实施促销战略	1）实施广告、公共宣传营销策略 2）开展人员、关系、事件、网络等销售促进策略 3）实施品牌推进计划 4）实施创业灵魂人物印象管理策略 5）与自身优势资源结合，不断创新促销策略
搞好售后服务	1）做好营销反馈 2）将售后服务作为重要的"软件"开发
灵活调整	1）依据营销环境变化做出策略调整 2）依据顾客反馈进行相应调整

创业产品营销情景下的营销能力表现为对顾客需求与产品属性关联的深度分析，构筑起关系渠道网，有效实施产品、渠道、价值、促销策略，做好售后服务，并能够根据环境变化对产品或服务进行灵活调整。

创业产品营销情景下的营销能力要素主要包括创业机会深度分析、构筑关系渠道、实施促销战略、搞好售后服务和灵活调整五点。

创业机会深度分析指创业者对内外部环境进行深度分析，掌握顾客显性和隐性需求，深度分析商业机会是否能满足顾客需求或帮顾客解决问题，分析潜在产品的哪些属性满足了顾客需求，坚持机会导向营销。构筑关系渠道指创业者以人脉关系为核心，构建了关系渠道网，保持关系网络良性循环。实施促销战略指创业者实施广告、公共宣传营销策略，开展人员、关系、事件、网络等销售促进策略，实施品牌推进计划，实施创业灵魂人物印象管理策略，与自身优势资源结合不断创新促销策略等对设计和实施营销策略的行为。搞好售后服务要求创业者做好营销反馈，将售后服务作为重要的"软件"开发。灵活调整指创业者依据营销环境变化和顾客反馈做出策略调整。

前面介绍了关于营销能力的定义、情景和要素，下面通过具体案例分析和情景模拟练习，进一步展开与营销能力有关的开发。

5.4.4 模拟案例：如何营销你的产品

开始创业后，你该怎么做？比如说你现在公司开了，产品也已经造出来了，下一步该怎么办呢？如果产品造出来没人买的话，公司就白开了，有无数的公司之所以关门大吉，其根本问题之一就是他们不懂如何推销自己的产品、推销自己的公司品牌。因此，我们要把公司的产品或服务"卖"出去，更要随着产品的销售，卖出公司的品牌，即让大众认可你的公司品牌，让大家都知道这个产品是从你公司卖出来的，而这就涉及了营销。营销分两部分：实的营销和虚的营销。实的营销是在卖商品，卖客户的需求。要知道客户的需求是什么，仅营销产品是不够的。在中国做企业，品牌营销往往还跟个人营销结合在一起，企业领导者的形象有时候代表着企业形象，所以要把领导者个人的道德、行为和企业的道德、行为结合起来。比如大家讲到新东方的时候会说，新东方就是俞敏洪，俞敏洪就是新东方；讲到联想公司的时候会说，联想就是柳传志，柳传志就是联想。因此在中国，个人品牌的成长很大程度上就是企业品牌的成长，而企业品牌的成长反过来也在带动个人品牌的成长，这两个加起来就会形成强有力的虚的营销。当然产品本身也要能被老百姓接受，这样产品才会有价值。一个公司要成功，品牌营销有时候甚至比产品营销还要重要，品牌营销的价值是无限的。这就是为什么同样材质的包品牌名气不高时只能卖一千人民币，印上 LV 的标志之后就能卖十万元人民币，背后就是品牌价值在起作用。所以，利用营销能力把产品推销出去、把品牌推销出去、把自己推销出去，变成了企业发展的一个重要手段，也成了创业者必须具备的能力。

讨论题：
1）案例中营销能力包括了哪些方面？在强化营销能力时有哪些正面和负面行为？
2）思考如何在创业团队中提升营销能力？

5.4.5 模拟案例：无法进行的教仪创业项目

这几天李强愁眉不展，深深陷入了创业项目失败带来的打击之中。

李强是刚从某高校汽车学院毕业的研究生，也是最早踏入智能网联汽车项目的创业者。

智能网联汽车（intelligent and connected vehicle，ICV）是指搭载先进的车载传感器、控制器、执行器等装置，并融合现代通信与网络技术，实现车与X（车、路、人、云等）的智能信息交换、共享，具备复杂环境感知、智能决策、协调控制等功能，可实现安全、高效、舒适、节能行驶，并最终实现替代人来操作的新一代汽车。智能网联汽车可以提供更安全、更节能、更环保、更便捷的出行方式和综合解决方案，是国际公认的未来发展方向和关注焦点。

目前，各类院校及科研单位都纷纷加入了智能网联汽车技术研究的大军，从而也引发了对智能网联汽车技术专业人才及教学设备的需求。

目前，智能网联汽车已成为汽车相关行业的研究热点，尤其是各类中高职及本科院校都已初步进行智能交通相关专业体系及实训体系的建设。与此同时，交通行业对智能交通专业人才需求和要求也水涨船高，要求智能交通领域的从业者既要掌握交通技术应用技能，又要了解信息技术，同时还要具备扎实的实操能力。为推动智能交通专业技术人才的培养，各职业院校改革创新人才培养模式，建设和加强教学实训基地，开发智能交通领域专业理实一体化课程。2019 年 4 月，李克强总理对全国深化职业教育改革电视电话会议做出的重要批示强调，加快培养国家发展急需的各类技术技能人才，推动教学、实训的融合。

李强选择的创业项目"智能网联汽车实训台"就在这种时代背景下，为智能车及先进驾驶辅助系统等相关课程提供了实验教学和研究设备，帮助完善其实训体系的建设，进一步改善了理实一体化课程的教学环境，同时为智能交通领域的研究和发展奠定了一定的基础，推动了构建智能绿色汽车交通理念的深入。

李强团队的"智能网联汽车实训台"已申报专利 12 项，其中发明专利 6 项，新型专利 6 项，为产品的市场推广和商业模式的建立奠定了良好基础。

李强团队均来自于专业研究领域的同学和老师，他们对"智能网联汽车实训台"的技术研发非常熟悉，为项目奠定了坚实的技术基础。他们都相信"智能网联汽车实训台"非常有发展潜力。

但令李强团队没有预料到的是自产品上市以来营销局面始终打不开，几乎没有什么销量。对一些使用这种教仪产品的高职院校，团队也没有可联系的渠道，挖掘营销人才的工作也始终没有进展，创业项目严重亏损。项目苦撑了两年后，不得不宣布了失败。

讨论题：
1）本案例中的创业团队缺少了哪些创业能力？你认为应该如何提升创业能力？
2）创业者应具备哪些创业能力？

5.4.6　观察练习：商家如何开展营销

以实际生活中某个产品或服务的销售人员为例，观察其如何营销、其中典型的正面行为和负面行为又有哪些？

本小节以学校周围某商家为观察对象，观察营销行为，思考如果是你如何提升营销能力。

5.4.7　模拟练习：如何将产品卖给别人

自拟情景（例如在 10 天内卖出 100 本英语复习资料，给周围的朋友推荐一款计算机软件等），进行营销行为模拟观察，总结出在特定情景下应如何提高营销能力，要呈现出哪些行为。

操作指导如下。
1）教师向学生阐明训练目的和知识准备。
2）学生分组，每一大组又分为行为模拟小组和行为观察小组。
3）教师指导大组选择情景主题。例如，将身边的某件东西卖给别人。
4）行为模拟小组和行为观察小组分别进行模拟和观察准备。
5）教师指导实施行为模拟观察。
6）观察组阐述行为观察结果。
7）每一大组提交一份营销行为观察模拟总结报告。

第六单元　综合模拟练习

　　前面五个单元的内容分别介绍了基础组织行为、核心技能、管理能力、行为面试和创业能力五个主题的相关能力,但在实际工作中出现的情景通常是复杂和综合的。本单元的目的是对前面学习的五个单元的内容进行综合性练习,同时通过案例分析和情景模拟对前面的学习内容进行复习和巩固。

6.1 基础组织行为综合练习

首先,我们通过案例对基础组织行为进行综合练习。

6.1.1 模拟案例:H 公司的问题

2005 年正是我国经济高速发展的时期,而 H 公司却因为效益不好被 M 集团收购了。H 公司是一家机械制造公司,而 M 集团的主要业务是机械进出口领域,擅长销售,但对于制造业的情况并不十分熟悉。

集团高层黄总认为,H 公司是因为管理不善导致产品质量一直不稳定、造成市场逐渐萎缩的,希望通过加强管理扭亏为盈。他派出了李某领衔担任 H 公司的高层管理职务,李某曾经在一家相近行业的外资企业担任过生产管理工作,因此黄总对他寄予厚望。

为尽快解决质量问题,以李某为首的高层管理人员开始对 H 公司原有员工进行培训,没有与原公司管理人员交流,直接决定对公司各项工作的规范流程进行培训,想要规范组织中工作的各项流程,便于公司的管理,提高企业的工作效率。集团公司对他们寄予厚望,然而,事情的发展并不像想象的那样顺利。他们上任几个月后,即使已经完成了对 H 公司原有员工的岗前规范培训,工作中却仍然出现了很多不规范行为,因为原管理者虽然没有负起企业生存问题的责任,但他们在原有的组织中建立起的非正式组织却坚持原有的组织管理办法,对于新的规范行为培训置之不理,以致出现了企业的经济损失,他们很想尽快解决这个问题。

H 公司过去的总经理张某认为,新管理者培训规范组织成员行为的做法会适得其反,因为这些做法影响了工人工作的效率。工人普遍感觉规范行为的流程操作复杂,对工作岗位有消极的状态。H 公司的工人都希望该集团能撤换这些新管理者,让原来的公司管理者官复原职,按原来方法管理企业。

而新管理者李某却认为,他们是在非常时期到任的,采取的措施规范了组织内部的行为,便于组织的统一管理。如果不是由于他们的努力,恐怕公司早就倒闭了。他们中有人这样辩解:"你们怎么能认为我们是增加企业成本和费用的罪魁祸首了。我们规范了组织行为、疏通了销售渠道、改革了公司体系、为公司争取了长期优惠贷款协议,这些工作不是那么容易的。我真想知道,如果不是我们来了、如果我们没有采取这些措施,公司现在会是什么样子。"同时,他们还认为,过去的管理者之所以认为他们措施不当,是因为这些原来的管理者对新管理者的到来不满意,新管理者的到来,取代了他们原来在公司中的管理地位,他们必然心怀不满。

黄总则认为,新管理者夸大了他们在企业管理中所做的贡献,公司目前存在的问题确实是他们导致的。他认为,H 公司的工人们担心企业集团正在利用标准的组织规范行为来判断工作人员的工作绩效,因为原有的企业员工不完全具备现代化企业员工的要求,对于职场新技术不能很好地掌握和应用,因而害怕自己成为公司裁员的对象。这种担心导致了 H 公司原有员工的工作积极性严重下降。为了验证自己的看法,黄总请教了组织行为学专家李教授，李教授的建议是调查 H 公司工人的满意度状况，确定工人的行为态度与企业培训等管理办法的关系。如果能够做到这一点，而且调查结果能够证明新的管理者是产生以上问题的责任者，就撤换这些人，让原来的管理者张某按照原来的方法管理公司；如果调查结果表明问题是由原来的管理者所导致的，那么这些人可能被解雇，新的管理者李某将继续留任。但他认为后一种情况发生的可能性很小。

讨论题：

1）你是否同意张某的意见，为什么？

2）假如你是黄总，你应该怎样做？

3）新的管理者李某存在哪些问题，他应该怎么做？

提示：

质量管理对操作的规范性要求较高，而由不规范到规范的过程需要管理层的合作。高层管理者处理问题要从全局出发。

6.1.2 模拟案例：小李应该怎么办

某化工设计院是一个大型综合的设计单位，专门承包化工系统各公司、厂家的大、中型项目设计，一贯以高质量设计博得本行业的赞誉和尊敬。高级工程师付海是该院的现任第二设计室主任，担任现职已有 10 余年，业务能力强，管理经验也颇为丰富，被视为该院的骨干。

第二设计室第二设计组由 6 名工程师组成，共同在该组工作多年，彼此关系融洽，该组组长由黄强工程师担任，他是这组资历最深的工程师。

今年研究院招来一个名牌工科大学毕业的研究生李微，是研究院重点培养对象，她年纪才 24 岁，朝气蓬勃，大方直爽。付海把她派到某化工厂扩建工程参加设计工作，同时承担这项任务的还有第二设计室二组的另三位工程师：组长黄强（38 岁，在本院工作 12 年），王山（40 岁，在本院工作也有 10 年之久）和张乐（32 岁，在本院工作 6 年）。

李微刚到化工设计院，很喜欢分配给她的设计任务，珍惜这次锻炼机会。她觉得能在这次任务中充分发挥自己刚从学校学到的新知识，可以大展鸿鹄之志。她全身心投入到了设计任务中，跟同组同事的关系也是友好的，但除了上班，基本没有工作以外的非正式交往。

李微对工作很认真，经常主动加班到深夜，查文献、翻资料、上计算机室，直到问题得到解决。她工作踏实勤奋，专业基础扎实，总比别的同事提前完成设计任务。任务一完，总是去找付海主任要新的设计任务。有时，她还问黄强、王山、张乐能否把手头的活分点给她，好帮他们加快进度，但每次都是一样的回复"谢谢，不需要"。

3 个月之后，有一回黄强来找付海主任汇报工作，汇报完工作进度，付海随口问了问新来的小李的工作情况。他们的对话如下。

付海："对了，我想顺便了解一下，新来的小李表现怎么样？"

黄强："我也想说说小李，就是才来不久的那个硕士李微，工作上挺积极的，也很能干……不过，年轻人嘛……她把人都得罪遍了，做事有些过分，啥事都想参与，我们可不爱跟这种人共事。不好意思，我本不想说这些负面的事情，可组里的好几位同事都有意见"。

付海："黄强，上次你还表扬她很不错，说她分内的设计工作总是完成得很好，也没有出什么问题，布置的活全都干完了，怎么……？"

黄强："自从她来了，大家都感觉别扭。她经常教导我们该怎么干活，要知道我们组的同事可都是老前辈，一个比一个专业，我这组长都不好意思，也没这么干过，也不知道她哪来的优越感，再这么下去，我看全组的工作都要受影响。虽然有时候她主动帮我们干活儿是好事儿，但是她从来都是不弄明白就直接开始干，随便出点小错误，大家就得跟着返工。你看这……"

付海："没想到会这样……我看就这样办吧，她也来了几个月了，我哪天找她谈谈，给她点指导，试试看帮她转变一下。现在的年轻人，怎么都这样，我们刚上班的时候可都是很低调的。"

黄强："我们也理解，人家是高才生，可是她当众点评该这么干、那样干，那架势真叫人受不了。不知道的还以为她在编写什么学术报告，用大堆的什么模型、变量、方程……搞得大家灰头土脸的。她最好别再这样了，大家最烦的就是她张口就说'原先我在学校都是这样做的……'。"

事后，付海好好想了想。他知道，黄强担任组长很久了，一直勤勤恳恳，任劳任怨，大家对他的工作都很认同，而且他一般不轻易发表意见。这次事情的严重性很不一般。星期四下午，付海把小李叫到了自己的办公室。下面就是他俩的谈话。

付海："你是高才生，能力又强，你在技术方面的工作，领导也满意；不过，你在跟组里其他同事的关系方面，可要注意一下。关于你这半年来的表现，还有一方面我想提醒你一下……"

李微："我不明白，谁告我状了吧？我可什么都没做错。"

付海："嗯。你很优秀但有些地方还是要改进的，比如说，要多做事，少说话，尤其是对你们设计组里的几个老同事，要表现得谦虚一点，多请教，少提意见，更不要公开评论人家的工作。这一组的工程师都是老资格了，工作都是挺强的，多年来的工作一直属于优秀的一类。我希望你将来也能像他们一样挑大梁。"

李微："我也有些想法，一直没好意思说。我也知道新来的应该低调一些，所以我一般都是把活先干完了，然后尽量帮他们干点。可是呢，好心没好报，我能看出来，他们的意思是认为我'爱表现'。后来呢，我就埋头干自己的活，其他无关的事情尽量不过问，也再也没有公开发表过任何意见……"

付海："这就挺好啊？可能存在误会？"

李微："有件事我一直想说，我在这个组里干了几个月，已经看得很清楚了，这些老同事工作效率不高，上班时间经常做很多无关的事情，工作节奏慢，他们喜欢在上班的时候谈一些家务事，比如孩子考了多少分？过年发了多少红包……还有宫斗剧、抗日神剧……没一件正经事、年轻点的谈足球比赛、好莱坞大片、逛街、网络游戏、网络段子和旅游景点什么的。总之就是一个字'混'，我可不想这样混下去。因此，在他们眼里，我认真工作就是'破坏气氛''爱表现'，好心帮忙，倒好像是我打搅了他们……你应该去暗地里调查一下，看我说的是不是实情。"

付海："这情况我也了解，可是人家也没耽误工作啊。再说了工作之余聊聊天也是一种放松，大家都是这种工作方式……总之，你干好自己的事，少发牢骚。你将来会很有前途的，不要破坏团结。"

李微离开付海的办公室时，觉得很困惑。难道工作认真是爱表现、发牢骚，上班聊天的才是优秀？她不知道自己哪里不对，也不知道该怎么办，自己工作勤勤恳恳，还被别人在领导面前告状，成了众矢之的。领导刚才分明是说，再这样下去自己就没前途了……真是越想越委屈。自己认真工作到底哪里错了？明天上班又要怎么办？是跟着混？还是找上级投诉？还是另谋出路？……

讨论题：
1）试分析本例中李微的正负面行为？
2）你认为李微在接下来的工作中该如何做？为什么？
3）你认为员工在工作中应具备哪些素质？

6.1.3 模拟练习：有趣的比赛

按下面任务要求分组完成团队任务，并认真观察，任务结束按分组讨论后面的讨论题。事先准备如下。
1）根据人数分组，每组至少4人，准备1个乒乓球，4个球拍。
2）找个宽广的区域，准备椅子，杆子等障碍物。

团队任务如下。

第一个人从出发点，边走边颠球，并跨越障碍物（例如两个椅子之间的狭窄区域，但难度不宜过高），直到将球传给第二个人，期间距离可视区域定。然后第二个人跨越障碍将球传给第三个人如此反复，直到最后一个人将球带到目的地。途中球如果掉落，掉落的人应该从自己起点重新开始。

过程中应该有专门计时人员，时间视区域而定。第一次试验过后应该制定合理的时间目标，等再次实验应该有所调整。

讨论题：
1）本项比赛取得成功的要点有哪些？
2）活动感受、活动中的问题、受到的启发分别是什么？

6.1.4 观察练习：趣味比赛的启示

观察其他小组在实施上一小节模拟团队任务时的正面和负面行为，思考其他小组如何做得更好。操作指导如下。
1）完成任务较好的小组有哪些方面值得学习？
2）本小组的经验教训有哪些？
3）每组总结一个完成任务的注意事项。

6.2 核心技能综合练习

在上一节中我们进行了基础组织行为综合练习，本节我们将通过案例对核心技能进行综合练习。

6.2.1 模拟练习：争吵为什么发生

在部门月度工作布置会议上，一组组长宋阳正和经理吵得面红耳赤。

宋阳："领导，你天天在办公室里坐着，一点不接地气儿，你给我们组定的这个指标是你拍拍脑袋想出来的吗？你有没有用脑子想过啊，我们肯定完成不了这个指标，你根本不知道我们做一线的有多辛苦，现在市场竞争有多激烈，新客户有多难开发。现在你要求这个月的业绩增长20%，而事实上增长10%都是很困难的事情，这根本就不可能实现。"宋阳对于经理布置的本月完成目标非常不满。

经理："二组比你的还高5%呢，怎么也没见他说不行呢？为什么他能完成、你就完成不了？还是你能力不行吧？"

宋阳："领导，你也不看看他们二组负责的地区，我们两个能相提并论吗？况且我人手也不够啊。我带的几个业务员中，要么就是刚毕业的，一点经验没有；要么就是年岁大的，身体不好。没有兵，光我一个光杆司令，这仗你让我怎么打？"

经理："指标我们都是经过核算的，而怎么管理下属就是你的问题了。没有哪个销售一上来就有经验，怎么带新人、怎么让他们迅速进入状态，是你这个做主管应该考虑的事情。"

宋阳："我的问题？那经理你做什么？"

经理："如果你觉得做不了，可以选择辞职，把职位留给有能力的人。"

宋阳："好，遇到你这样没头脑的领导我还真不想干了。"

操作指导如下。

1）请两位同学分别选取角色，模拟这段对话。

2）其余学生观察他们的表现，寻找本案例有关的内容进行讨论，对上述对话进行改进。

3）请其他的学生参与模拟，在模拟中加入自己的理解、自己的话语，改变表述方式，使得沟通有效。

讨论题：

1）本项活动中争吵是如何产生的？

2）改进对话的要点是什么？

6.2.2 模拟练习：不同利益主体间沟通

本案例简要地从测评角度进行角色扮演法操作。下面是一个10分钟的角色扮演实例。

指导语：你将与其他两个人共同合作，而且你们三个角色的行为是相互影响的。请快速阅读关于你所选角色的描述，然后认真考虑你怎样扮演那个角色。进入角色前，请不要和其他两个角色扮演者讨论即席表演的事情。请运用想象使表演持续10分钟。

角色一，软件直销员。你是某软件公司的直销员，你要尽可能多地把公司的各种办公软件推销出去，完成这个月的销售指标，否则你会面临因为业绩不佳而被炒掉的危险。你需要多赚点钱来养活自己，同时还要给老家寄钱，所以你不能失去这份工作。你刚在副总经理办公室进行推销，但副总经理任凭你怎样介绍软件的内容都不肯购买。你认为副总经理可能不能理解软件的具体操作，于是你觉得应该去相应的职能科室，找其负责人进行介绍，由他们去说服领导进行购买，因此你走进了人力资源部。角色扮演要点参考（仅供参考）：1）避免在副总经理办公室的情形再度发生，注意不能强买强卖；2）对人力资源部主管尽量诚恳有礼貌；3）防止副总经理的负面影响。

角色二，人力资源部主管。你是人力资源部的主管，刚才你已注意到一位年轻人似乎正在向副总经理推销一款软件，你所在的人力资源部恰恰需要一款相应的软件，使办公更加高效。你想要购买专业软件，但又不是十分了解，而且也担心购买不当给公司造成损失。你知道副总经理可能一会儿会过来劝阻你不要进行购买，你一直非常忌讳别人觉得你是一个没有主见的人。角色扮演要点参考（仅供参考）：1）尽量检查软件宣传页的内容与软件适配性；2）尽量在副总经理说话劝阻前做出决定；3）副总经理一旦开口，应表明你的观点，说明该软件适用于人力资源部门的工作，并能够提高工作效率与质量。

角色三，副总经理。你对推销员进行上门直销存在反感，认为他们为了业绩可以把黑的说成白的，而根本不考虑购买者个人的意愿与实际的用途。咄咄逼人的表述方式更使你对这种推销行为感到恼火。你现在注意到这位推销员又走进了人力资源部主管的办公室，很可能会利用人力资源部主管想购买办公软件的心理使他向你提出购买申请。你决定去人力资源部阻挠那个推销员，但你又意识到你的行为过于明显可能会引起人力资源部主管的不满，认为你滥用职权，并让他觉得自己无能。角色扮演要点参考（仅供参考）：1）表现出不是故意来为难推销员；2）婉转地表明你的意见；3）注意不要激化与人力资源部主管的个人矛盾，强调对事不对人。

操作指导如下。
1）请两位同学分别选取角色，模拟这段情景。
2）其余学生观察他们的表现，寻找本案例有关的内容进行讨论，对上述活动改进。
3）请另外的学生参与模拟，在模拟中加入自己的理解、话语，改变表述方式，使得沟通有效。

6.2.3 观察练习：行为建议

观察其他小组在实施前面模拟销售任务时的正面和负面行为，思考其他小组如何能做得更好。

操作指导如下。

1）观察角色一的表现？并对他提出改进的建议。
2）观察角色二的表现？并对他提出改进的建议。
3）观察角色三的表现？并对他提出改进的建议。

6.3 管理能力综合案例

在上一节里我们进行了核心技能综合练习，本节将通过案例对管理能力进行综合练习。

6.3.1 模拟案例：李经理的管理措施

李刚原来是公司总部人力资源部经理，做事雷厉风行，在他的领导下，人力资源部连获"优秀集体"称号，公司高层也颇为欣赏他。总部下属液压件生产公司虽然新引进了生产线，但是生产效率依然不能够达到总公司要求。李刚主动请缨去解决问题，公司调任李刚担任该公司总经理，希望能给公司带来新的面貌。

新官上任三把火，李经理到任后不久，就发现原来的制度中有一些不合理的地方，制度可执行度较差，起不到奖罚的效果。为此，李经理大笔一挥，取消了一些旧的规章制度，又增加了一些新的规章制度，目的是提高员工的纪律意识和绩效意识，并提高生产效率。

比如，原来公司每天上班有考勤制度，不论干部还是员工，凡上班迟到者一律扣当月奖金100元。但是李经理发现有些领导干部发现自己可能来不及按时赶到了，便会先去总部或者其他分公司溜达一圈再回来，在考勤人员处报备因公晚来，免于受罚。另外，公司有工人500多人，其中女工较多，因为家务事多、送孩子上学、公司在郊区上班距离较远、城市道路拥挤塞车、天气情况恶劣等原因，有时会出现迟到现象，但是不能完全责怪工人。对于这些情况，还是要严肃劳动纪律。李经理认为迟到有客观原因，但早退不可原谅，因为责在自己，理应重罚。所以凡未到点而提前洗手、洗澡、吃饭者，要扣半年奖金。

在制度制定中，有业务经理提醒李经理，认为公司原考勤制度是有合理性的，并且相对比较宽松，同类公司多有此类制度，甚至更为严格地采用累进式罚款；也有一些车间主管提出新下达的绩效指标不合理，完成有难度。李经理认为改革总是有难度和阻碍的，因此对这些干部的建议没有采纳。

李经理在员工大会上，公布并废除了一些制度政策，工人们对此报以热烈的掌声；同时，宣布了新增加的制度，并详细解释了新制度的公平合理性，用标杆公司的例子鼓励员工，要求大家严格执行，工人们对此反应有些冷淡。

新制度颁布不久，便发现有几名女工提前2分钟至3分钟去洗手、洗澡，李经理令行禁止，让人力资源部照规扣半年奖金，早退现象刹住了车。但李经理得意之余却发现了新的问题，迟到现象日益严重，不少女工个人生产效率下降，生产车间效率也没有提上去。

李经理找到部分员工深入了解情况,发现公司共有女工 300 余人,分两班倒,女浴室条件较差,下班后排队洗澡时间太长,因此部分员工觉得洗澡占用了自己的下班时间,产生了通过迟到、怠工来"找补"的心理;生产车间的劳动防护措施较老,穿戴麻烦且比较笨拙;车间的原料仓库较远,车间辅助设施陈旧,无法保证生产线的供应需要;部分干部的绩效意识也有些问题,无法起来带头作用……种种问题,情况十分复杂。

李经理觉得,自己对这些有关情况欠缺调查了解。下一步怎么办?处分布告已经公布了,难道又收回不成?经理新到任订的规则,马上又取消或更改,不就等于经理公开认错,以后还有什么威信?对一些不合理的规则,采取不了了之的方式,又行不通吧?李经理皱起了眉头。

讨论题:
1)李经理在制定规则管理员工时,有什么正面行为和负面行为?
2)如果你是李经理,你准备怎样管理员工?你想采用什么样的激励手段和管理方式?

6.3.2 模拟案例:吴钢跳槽

吴钢是一个有着自信和抱负的学生,大学的专业是机械工程,但毕业后选择了在一家电器制造公司当销售员。公司对销售人员采用固定工资,而不是佣金制。

头两年,吴钢虽然工作兢兢业业,但工作业绩一般;随着业务的熟练和经验的积累,吴钢逐渐掌握了一些优质的客户资源,业务量渐渐上升;到第三年年底,吴钢自觉自己已在销售员中属于中等水平了;第四年,根据和同事们的私下聊天,他估计自己应当在销售员中属于上等水平了。由于公司采取保密的政策,不公布每人的销售额,也不鼓励互相比较,所以吴钢对自己的成绩究竟如何没有太大把握。不过,因为没有利害关系,同事们之间关系比较融洽,老员工闲来也会指导一下年轻的员工,吴钢的日子过得很舒坦。

然而,去年,公司更换了高层管理团队,大力实施改革,一切向效率看齐。销售部实行了佣金制,不再干多干少一个样,并且销售佣金构成了销售人员的大部分收入,还要实行末位淘汰制。

吴钢本就是有理想和抱负的好青年,在技术业务方面也日益老道成熟了,便比之前更铆足了精神跑业务。尽管定额比上一年提高了 20%,但是吴钢在第三季度就完成了全年定额。随着销售额的提高,吴钢的佣金在公司销售人员里已经是头一档了,部门经理也很是欣赏他,并私下透露,公司要新增一名销售部副经理,吴钢和另外一名业务高手都有希望。为此,他的干劲更足了。不过,部门经理最近经常要他干一些管理工作,这会占用他的销售时间,销售业绩也会受到一些影响,吴钢渐渐有些不耐烦。

因为销售奖和绩效大幅度挂钩,同事们之间的关系变得紧张起来,大家对自己的客户、信息和高招都保密,不互相通报信息。有时会出现多个销售人员通过不同渠道联系发展同一个客户的情况,不仅造成了同事之间的不当竞争,也对公司的销售形象和销售策略产生了影响。

最近,公司人员流动越来越频繁,除了末位制淘汰下来的员工被辞掉以外,与吴钢一起竞争销售部门副经理的那个业务高手也酝酿着要跳槽。人力资源部进行离职面谈时，业务高手坦言，感觉公司一直在考核自己，工作比较紧张和压抑，想有更多的时间和空间去提升自己。

随着竞争对手的离职，吴钢被内部确定为销售部副经理。但就在结果公布的前夕，吴钢向公司递交了辞职信。因为另一家公司看中了他，许以更高的佣金把他挖走了。

讨论题：
1）公司在对销售人员的管理上，出现了什么问题？
2）你对吴钢公司的绩效管理和企业文化建设有何意见和建议？

6.3.3 模拟练习：信息会失真吗

活动目的：让学生感受部门间层层传递信息的过程并培养其领导能力、沟通能力和学习能力。

操作程序指导如下。

1）分组，每组5人左右，教师随机选出一名学生当总经理。
2）剩下的学生由总经理安排，分别担任副总经理、部长及普通员工的职务。
3）进行分组后，所有人背对总经理根据职位等级一字排开成一列，并保持一定的间隔（若普通员工有多人的话，可以并列站位）。需要注意，只有传递到自己的时候才能面向传递者。
4）教师带总经理到角落进行交流，告诉其要传达的话。
5）传达任务完毕，教师须确保总经理明白其要传达的话，并给予一定的时间（3分钟左右）思考，第一轮传达过程时只允许动作描述，禁止出现过分明显的动作。每次传递时间只有2分钟。
6）传递结束由普通员工告知教师其获得的信息内容大致是如何的。
7）同一名总经理共进行三轮信息传递，方便结束后总结：第一轮，总经理只允许肢体动作的传递；第二轮，总经理允许加入语言进行传递；第三轮，所有成员一字排开成行，同时猜测总经理传达的信息，允许交流。
8）活动结束可更换总经理人选，再次进行模拟活动。
9）活动时间为15分钟，结束后，教师带领学生进行回忆、讨论、点评。

讨论题：
1）作为总经理，你是如何分配这些人员的？
2）作为副总经理，你认为你在传递过程中扮演的角色是什么？
3）作为部门领导，你是最接近员工的，你认为传递失败谁的责任比较大？
4）作为员工，你在模拟活动中最大的感受是什么？
5）小组成员讨论在执行的过程中，大家的沟通状况怎样？最大的障碍是什么？
6）通过比较不同轮次的模拟，大家有什么感悟？请结合实际谈谈你的看法。

提示：

1）本次活动最大的一个感受就是团队合作的精神，层层传递信息，没有谁的责任更大，也没有谁的作用最大。合作是企业发展至关重要的一点，若无合作，企业就犹如没有动力的机器，无法运作起来。合作也并非一日练就的，是需要后天的磨合才能慢慢培养出来的。

2）本次活动是通过肢体及语言的传递进行交流与沟通，模拟部门间任务从上至下的传达过程。其中总经理是唯一知道自己要传达什么信息的人，对他的操作应进行相应的规范，而副总经理是直接面对总经理的人，如果他的操作有误可能就完成不了相应的任务了。

3）本次活动主要的内容是理解，若下级能很好地理解出上级的动作要领，明白其传达的信息，那么下面的任务也就很好完成；若无法很好地领悟出相关内容，那么在后面的过程中就会比较吃力。员工之间相互理解、上下级之间相互理解，能够减少日常工作中不必要的麻烦。

4）主动性体现在若接受信息时，你没有很好地理解上级的意思，在有效的时间内，你应该主动询问相关细节，以避免传达后续信息时出现不必要的麻烦。

6.3.4 观察练习：合适的行为

观察其他小组在实施模拟信息传递任务时的正面和负面的行为，思考其他小组如何能做得更好。

操作指导如下。

1）观察总经理如何表现？并对他提出改进的建议。
2）观察副总经理如何表现？并对他提出改进的建议。
3）观察部长如何表现？并对他提出改进的建议。
4）观察员工如何表现？并对他们提出改进的建议。

6.4 行为面试综合案例

在上一节里我们进行了管理能力综合练习，本节将通过案例对不同情景中的行为面试进行综合练习。

6.4.1 模拟案例：某快递公司选拔分部经理的情景面试

某快递公司年会聚餐中穿插了一个实际操作游戏：现场由主持人分发给在场的14位储备分部经理一人一枚生鸡蛋和分点部日常用于货物包装的填充材料，要求每位储备分部经理利用所提供的包装材料包装鸡蛋，包装完成后由地区总经理亲自逐个上抛到2米高空，掉下后拆开包装，鸡蛋完好者胜出，给予奖励。以下是具体规则。

1）所有储备分部经理用于包装鸡蛋的时间不超过10分钟，超出规定时间自动出局。

2）包装材料包括胶带、胶带卷、面巾纸、塑料袋、小硬纸盒子、碎纸，分给每位储备分部经理的材料种类相同，数量相当。如果试验结束鸡蛋不碎者有多位，则根据消耗的物料多少排序决出名次。

3）10分钟之内完成包装鸡蛋者，如果试验结束鸡蛋不碎，则用时少的储备分部经理优胜。

4）由客服部经理、运营部经理、行政部经理、运作部经理组成查验结果小组，结果查验小组成员共同验视被抛出后落地的鸡蛋，将结果报告地区总经理，由后者当场公布鸡蛋完好情况。

5）结果查验小组对多位鸡蛋完好者的用料、用时情况进行排序，将结果告知地区总经理，由后者公布获胜者名次。

6）总经理向优胜者颁奖。

游戏经过：

第一位完成鸡蛋包装的是静海分部储备经理小李，包装材料是胶带和面巾纸，缠了厚厚的几层。地区总经理用力向上抛出，鸡蛋及包装掉到地上，发出了"啪"的蛋壳碎裂声音，拆开验看，结果是鸡蛋破碎。静海分部的王经理叫嚷：这次不算，再来一次，全场哄笑。当然，小李被主持人礼貌地拒绝后出局。

第二位完成鸡蛋包装的是河东分部储备经理小柴，他用的包装材料是胶带、碎纸，与静海储备分部经理的包装方法相似，结果一致：鸡蛋破碎、出局。

第三位完成包装的是河西分部储备经理小王，使用了胶带、面巾纸、小硬纸盒子等包装材料。当地区总经理把包装好的鸡蛋抛向空中，鸡蛋落地后盒子翻转了两次，查验结果是鸡蛋壳略有破损，但蛋液并未流出，算基本完好。

其他储备分部经理都在规定的10分钟时间内完成了鸡蛋包装工作，但令人遗憾的是，仅有两位储备分部经理采用的包装方法和材料保证了鸡蛋不碎。第二位鸡蛋不碎的储备分部经理是武清分部的小张，他用于包裹鸡蛋的时间稍长，但鸡蛋完好无损。他选择的包装材料是胶带、面巾纸、胶带卷（硬纸筒），用软纸填充胶带卷后放入鸡蛋再用软纸填充空腔，用胶带缠绕裹紧，形成一个椭圆形。当鸡蛋从半空落地时，鸡蛋包裹在地上弹起来后再次落下，拆开查验，鸡蛋完好无损。

地区总经理宣布获胜的两位经理，并请两位胜出者分别演示了自己的包装经过，做了总结发言。最后，在欢快的乐曲声中，区总为两位储备分部经理颁了奖，游戏结束。

讨论题：

1）假如你是该快递公司的地区总经理，请说明设计"抛鸡蛋"游戏的目的。

2）假如你是游戏中失败的储备分部经理，会如何扭转自己在地区总经理心目中的形象？

6.4.2 模拟练习：无领导小组面试

2020年新春伊始，某从事电动汽车生产的科技小巨人企业为招聘两名分公司总经理组织了一场分公司总经理专场招聘会。共有 12 位候选人通过了简历筛选和笔试环节，进入到面试环节。根据人力资源部的策划，面试的第一个步骤是进行无领导小组讨论，以快速了解候选人，发现其中的优秀者。12 位候选人被分成两个小组，分别在不同的房间开展无领导讨论，这两个房间均安装有单向玻璃和录音录像设备，利于候选人自由发挥且方便考官们观察、讨论。公司人力资源部安排的讨论题目是：在某种流行病尚处于爆发性增长的阶段，企业是否应恢复生产？请小组成员在一个小时内讨论出结果。最后，每一个小组选出一个人作总结发言，并请每一个人对自己刚才的表现进行总结。

讨论题：
1）假如你是招聘主管，候选人表现出什么样的典型行为会让你满意？
2）假如你是候选人，你打算在讨论中如何表现？

6.4.3 模拟练习：校园招聘

情景：某公司在某高校现场招聘财会专业学生。

操作过程：将学生分为考官组、应聘者组和观察组，考官组每组 3 人，应聘者每组 1 人，观察组每组 6 人。考官组根据事先拟定的招聘试题对应聘者进行提问，根据应聘者的回答情况可适当自主拓展部分试题，并用事先拟定的面试评价表对应聘者的表现打分。观察组则观察并记录考官和应聘者的现场表现，对他们的行为打分并做出评价。

观察组评价标准：考官是否按结构化面试要求，有逻辑地了解了相关信息；扩展的问题是否适宜，难度是否适中；考官的态度、行为举止是否使应聘者在放松状态下正常发挥；考官的形象是否友好；应聘者回答问题的逻辑是否清晰；回答问题的有效性如何；应聘者的言谈举止给人的印象如何；应聘者的形象是否友好。

招聘方式题：
1）我司提供的职位是否与你专业对口？
2）请你自我介绍一下，重点谈一下你性格方面的优缺点。并且谈谈，在朋友眼里，你是一个什么样的人？

6.4.4 观察练习：你的行为有效吗

观察其他小组在实施上一小节的模拟校园招聘时的正面和负面行为，思考其他小组如何做得更好。

操作指导如下。
1）观察考官表现如何？并对他提出改进的建议。
2）观察应聘者表现如何？并对他提出改进的建议。
3）总结校园招聘中考官的操作注意事项。
4）总结校园招聘中应聘者的操作注意事项。

6.5 创业综合案例与情景模拟

在上一节里我们通过案例对不同情景下的行为面试进行了综合训练，本节将通过案例对创业情景进行综合练习。

6.5.1 模拟案例：微商创新营销

微商发展到今天，已经经历了很多风雨，一大批微商品牌也趁势崛起。时至今日，微商仍然是一支不可忽视的强大队伍。但微商对人们日常生活的打扰或许每个人都深有体会。老套的微商营销让人十分厌烦。

这些老套的营销形式如下。

1）疯狂建群。很多微商在代理初期，就把所有的目标好友拉进一个微信群，然后疯狂地进行广告轰炸，这个时候就会有一大批人退群。群主还继续发广告，三天过后，群成死群了。

2）借群发广告。有的微商会在别人的群里打广告，先和群主打好关系，发完广告之后还立马发个大红包。这样的操作也许能吸引一部分人，但大部分人并不会帮助传播信息，还容易引起反感，偷鸡不成蚀把米。

3）朋友圈轰炸。每天从早到晚，在朋友圈发布十几条微商产品信息，殊不知自己的朋友圈可能早就被屏蔽了。

当下微信营销已经成了一种必要的营销手段，但是其方式有千千万万，企业该如何做才能达到四两拨千斤的效果？

一位以卖祛痘护肤产品为主的微商，在微信建了一个"战痘群"，仅仅30天就通过该群收入50万，她是如何做到的？这位商家起初只是简单地代理了一款祛痘产品，依赖多年积累的人脉圈做零售，销售情况还可以，但很难裂变出去。终端动销始终是微商绕不过去的问题，代理本就压货严重，再加上如今微商行业整体趋势不乐观，出货更是难上加难。这位微商是这样做的。

1）她做了一个以传播祛痘护肤的产品知识以及多年积累的客户实际效果的案例为中心的微课语音课程，发到朋友圈，并在最后加上了群二维码和进群链接。

2）微信语音课程吸引了几百人扫码进群，她又推出了7天29元祛痘课程，最终吸引了150人报名。

3）开课之前她邀请了两位老师进来，包括她自己，在群里分享祛痘的知识并解答学员问题，同时在群里发红包、发奖品，促进群员交流活动，建立信任。

4）到了第5天以后，群员彼此熟悉了，对群主也开始产生信任，该微商就开始透露自己是做产品的。这个时候如果她开始卖自己的祛痘产品，会有人买，但是不会多。因为大部分群员都抗拒排斥广告，会认为群主之前讲的都是套路。

5）这位微商是怎么做的？她不是卖，而是送，在群里发红包并抽奖三套产品，中奖的人可以免费获得一个月疗程的祛痘产品。

6）当然不是送出去就算了，还有更厉害的后续环节。如果这三位中奖者按照正确的流程服用产品，祛痘成功，将获得奖励 3000 元。

7）在祛痘之前，群主亲自到中奖者家里去拍照、录视频。让群员看到中奖者之前真实的皮肤状况。

8）每天这三位中奖者在群里晒服用心得，以及面部皮肤的变化。

一个月后，这三位中奖者果然祛痘成功，也获得了奖金。在这个过程中，群友们亲眼见证了祛痘的全程效果，对群主的产品也更加信任了，于是纷纷购买。这个群总共产生了 50 万的祛痘产品销售额，而且更厉害的是，她找到这些购买产品的人中的一部分愿意做代理的人，复制她的这个方法继续推广产品，这就产生了团队的裂变。传统微商代理某个产品时，通常只有产品，没有销售方案，现在则既有了产品，还有了销售方案，只要复制第一个群群主的做法即可。

讨论题：

1）案例中体现了创新能力的哪些正面行为和负面行为？

2）案例中体现了营销能力的哪些典型行为？

6.5.2 模拟练习：成功销售

将参与情景模拟人员按 6 人一组进行分组，并按照以下安排进行角色分配。

1）3 位同学扮演顾客，3 位同学扮演销售员。

2）顾客 1：职业女性。

3）顾客 2：新潮年轻人。

4）顾客 3：大学生。

5）3 位销售员为一线销售员。

游戏背景与方法：以学生身边的一件物品为销售品（例如，一件衣服或一个水杯等），销售员依次向三位顾客介绍并销售该物品，并说服顾客下单购买。

讨论题：

1）每个销售员分别对每个顾客的需求进行了解，并对每个顾客的需求进行描述。

2）销售员应如何使顾客购买物品？

6.5.3 观察练习：销售过程各方表现

观察其他小组在实施上一小节情景模拟任务时的正面和负面行为，思考其他小组如何能做得更好。

操作指导如下。

1）观察销售人员的表现？并对他提出改进建议。

2）观察顾客的如何表现？总结顾客购买行为的规律。

3）总结应对不同类型顾客的销售策略。

6.6 拓展讨论题

1）假设你的同学是一家企业新招聘的员工，请结合第一单元所学内容对他提出一些建议，指出哪些行为应该提倡，哪些行为应该避免。

2）假设你的朋友是一家企业入职两年的员工，他希望自己的职业能够有更好的发展机会，请结合第二单元所学内容对他提出建议。

3）如果你是一家公司新任命的经理，请结合第三单元内容讨论你应该采取哪些行动管理好你的部门。

4）假设你所在的部门派你去面试一批应聘人员，并重点考察他们的沟通能力，请结合第四单元拟出面试问题，并给出评分标准。

5）你的朋友搞了一个创业项目，希望你能给出一些建议，请结合第五单元列出你的建议。